DUMONT

RITA KLAUS

TATSÄCHLICH TRANS-SILVANIEN

Aus dem verrückten Alltag einer bayerischen Auswandererfamilie

DUMONT

FSC
www.fsc.org
MIX
Papier | Fördert gute Waldnutzung
FSC® C018236

1. Auflage 2023

Dieses Buchprojekt wurde vermittelt durch die Verlagsagentur Lianne Kolf, München.

Lektorat: Patrick Schär
Gestaltung Umschlag und Fotostrecke: Birgit Kohlhaas
Fotos: Rita Klaus; mit Ausnahme der beiden Familienfotos Umschlag hinten und Fotostrecke S. 15 o.: Paul Buchfellner / 4x4Karpatenhilfe; Klebestreifen Umschlag und Fotostrecke © Studio 2am
Satz: Anja Linda Dicke

Printed in Poland

ISBN 978-3-616-03234-4

DUMONT

www.dumontreise.de

Für meine Omaria, die niemals in Rumänien war.
Es hätte dir gefallen.

ACHTUNG, TRIGGERWARNUNG!

In diesem Buch fließen Blut, Schweiß, Diesel, diverse Körperflüssigkeiten, selbst gebrannter Schnaps und nochmals Blut.

In Strömen.

Es stoßen bayerisches Grantlertum auf rumänischen Rebellengeist, Milchzähne durch Unterlippen und überhaupt Menschen und Tiere an ihre Grenzen. Wer das nicht ertragen kann oder will, ist hier falsch. Der muss weiterhin brav *Goodbye, Deutschland* gucken, wo aus irgendwelchen mir komplett unverständlichen Gründen noch nie jemand nach Rumänien ausgewandert ist.[1]

Alle in diesem Buch auftretenden Personen, Tiere und Plumpsklos gibt es wirklich. Sämtliche geschilderten Begebenheiten sind real passiert. Wir haben nichts zu verbergen und wür-

1 Mal ehrlich, ihr Produzenten und Redakteurinnen – schämt euch! Unverzeihliche Lücke! Und falls ihr jetzt nachträglich auf Ideen kommen solltet und euer Versäumnis verzweifelt nachholen wollt: Nein, sorry, wir haben unsere Pleiten, Pech und Pannen schon ganz allein dokumentiert.

den auch jederzeit allen Interessierten die Benutzung unserer mechanischen Zeitmaschine (Plumpsklo) gestatten. Damit sich aber kein Bauer-Nicolae-Fanclub bildet (obwohl Bauer Nicolae selbst da bestimmt sehr aufgeschlossen wäre) oder wild gewordene Touristen-Flashmobs die fünf verbliebenen Dorfpferde scheu machen, habe ich die Nachnamen der Protagonistinnen und Protagonisten geändert. Bei den Vornamen hingegen liegt die beste Tarnung in der Statistik: Da sowieso gefühlte neunzig Prozent aller bis 1989 geborenen Rumänen Nicolae oder Elena und bestenfalls noch Maria oder Nicuşor heißen, habe ich das einfach mal so gelassen und nur großzügig ein paar Vlads, Vioricas und Radus eingestreut. Die »echten« Elenas und Nicolaes werden es mir verzeihen.

1

Wie man sich am besten auf ein fremdes Land vorbereitet

Als ich etwa vierzehn Jahre alt war, brachte meine gleichaltrige Cousine für ein paar Tage ihren US-amerikanischen Austauschschüler mit zu uns ins oberbayerische Grainau. Ja, die bergige Schönheit meines Geburtsortes kann einen schon übermannen, wenn man aus der, sagen wir, eher unspektakulären Mitte Ohios kommt. Immerhin ragt quasi unmittelbar hinter meinem Elternhaus der höchste Gipfel Deutschlands knapp dreitausend Meter in die Höhe. Seit der Tourismus sein Medusenhaupt erhoben hat, ist das Zugspitzdorf Grainau ein Sehnsuchtsziel von Millionen. Einheimische Kinder wie ich sind es gewohnt, auf dem Schulweg Slalom um fotografierende Gäste aus aller Herren Länder zu laufen und an schönen Nachmittagen besser keine Termine im Nachbarort Garmisch-Partenkirchen auszumachen, weil man es durch den Ausflüglerstau sowieso nicht rechtzeitig hinschaffen würde.

Doch James Taylor Matthew III. Rickenbacker (so ähnlich jedenfalls hieß der Knabe) verhielt sich ganz anders als erwartet.

Anstatt bewundernd durch die Zähne zu pfeifen oder wenigstens irgendeine anerkennende Lautäußerung von sich zu geben, würdigte er die majestätische Bergkulisse keines Blickes. Er nickte uns zu, stellte sich kurz vor und verschwand dann vom Parkplatz direkt in unserer Wohnung, wo er mit zusammengekniffenen Augenbrauen und neutraler Miene die Dekoration auf dem Fensterbrett studierte. Er faltete die Hände hinter dem Rücken und steckte die Nase ganz tief in unser Bücherregal, bevor er die Anzahl der Kaffeetassen im Buffetschrank untersuchte und sogar in die Besteckschublade unter dem Esstisch guckte. Wie mit einer eingebauten Leselupe oder einem unsichtbaren Mikroskop nahm er sich systematisch unser Familienwohnzimmer vor, als wären wir nur die schmückende Staffage in einem Museum.

»Bestimmt will er mal Forscher werden«, kommentierte meine Mutter milde lächelnd, aber mit durchaus sarkastischem Unterton. Mein vierzehnjähriges, schwer pubertierendes Ich stand befremdet daneben und nahm sich fest vor, sich NIE, NIEMALS derart danebenzubenehmen, wenn es jemals von irgendjemandem irgendwohin eingeladen werden würde. Noch dazu im Ausland. Wie *peinlich*!

Später, als wir bei Tee und Keksen saßen, brach James III. endlich die *awkward silence* mit einer Frage, die uns gleichzeitig entsetzte und uns tiefes Mitgefühl für das US-amerikanische Bildungssystem empfinden ließ: »So, how many Jews do you burn a year?«

Na, wie viele Juden verbrennt ihr so im Jahr?

Dass sich auf diesem Gebiet in den vergangenen zwei Generationen zum Glück einiges geändert hat, wusste er gar nicht. Seiner Meinung nach befand er sich auf einer Studienreise ins Herz der Finsternis. Und da wollte er eben mal ganz genau hingucken, wie *die* so leben.

Knapp drei Jahrzehnte später hat sich das Blatt gewendet. Heute bin ich es, die in fremden Wohnzimmern herumstöbert, Traditionen missversteht und blöde Fragen stellt. Immerhin auf dem gleichen Kontinent, auch wenn man das manchmal kaum glauben möchte. Und es ist mir überhaupt nicht peinlich. Allerhöchstens meinen pubertierenden Kindern. James III., I see you! Denn du hast mich drei ganz wichtige Lektionen gelehrt:

1) Man kann auf eine andere Kultur sowieso nie gut genug vorbereitet sein.
2) Öfter mal (und am besten rechtzeitig) nachfragen hilft ungemein.
3) Durch Nichtbeachtung von Punkt 1 und 2 entstehen die besten Geschichten.

2

Melanie Griffith steht auf Seeräuber

Dieses Buch kam auf einem Plumpsklo zur Welt.

Nein, ehrlich. Diese Geschichte beginnt mit dem Ende des menschlichen Verdauungsvorgangs. Mit jenem Örtchen, wo selbst der Papst zu Fuß hingeht. Wobei der Papst bei der größtenteils orthodoxen Bevölkerung Rumäniens relativ wenig zu melden hat. Aber auch der Patriarch in Bukarest, der sich von seinen Schäflein ganz volksnah Daniel nennen lässt, geht bestimmt zu Fuß dorthin – wenngleich er hoffentlich über ein etwas komfortableres Örtchen verfügt als wir.

Unseres ist ein annähernd hundert Jahre altes Plumpsklo, innen rundherum mit buntem Altpapier vorwiegend der Sechziger bis frühen Neunziger richtiggehend tapeziert. In sich überlappenden, sorgfältig mit Reißzwecken befestigten Schichten finden sich Zeitungsausschnitte, Werbeprospekte, Kalenderblätter, Strumpfhosenverpackungen ebenso wie Postkarten aus aller Welt und jede Menge Plattencover. Inhaltlich deckt das Material die kapitalistischen Wunschträume des weißen Mannes ab: Über dem »*Noul BMW Seria 1. Incepand cu 16'900 Euro*« und dem »*Dacia Logan – Alegerea potrivita familiei tale*« winden sich die Spice Girls und gruseligerweise auch die Boyband Caught in the Act. Sehr musikalisch ist es sowieso. Rechter Hand überwiegen nationale Sanges-Sternchen der Swinging Sixties: Aida Moga, Sonia Crucera, Roxana Matei, Ingela Brandner ... Besonders kess gleich über dem Klopapierhalter: Doina Badea und Zizi Serban. Pompilia Stoian kommt viermal vor. Wie meine Recherche ergab, gibt es sie sogar immer noch: Die Englischlehrerin, die es 1966 mit ihrem Hit »*Prieten drag*« – Lieber Freund – zu nationaler Berühmtheit brachte, singt heute in den Seniorenheimen von Braunschweig. 1972 verheiratete sie sich in die DDR. Das war zwar erlaubt, wurde aber dennoch von den Autoritäten als eine Art Verrat betrachtet. Auf Anordnung des persönlich beleidigten Ceauşescu nahm man ihre Lieder aus dem Umlauf und verbot ihre Musik in Radio und Staatsfernsehen. Pompilia Stoian-Lederle sollte aus dem kulturellen Gedächtnis getilgt werden. Doch die Liebe der Rumänen ist unerschütterlich: Knapp dreißig Jahre später wurde »*Prieten drag*« trotz oder gerade wegen des jahrzehntelangen Verbots zum Song des Jahrhunderts gewählt.

Wenn man sich auf das von drei Generationen blanker Hinterteile schön glatt gewienerte Holzbrett vor dem runden schwarzen Abgrund setzt, liest man auf Augenhöhe rechts neben dem Türriegel:

»*EHE AM ENDE! Charles und Diana seit acht Tagen getrennt*«

Und daneben:

»Seeräuber, Musketier und Cyrano de Bergerac? So verwegen sah Don Johnson noch nie aus! Dabei schlägt der Hollywoodstar gleich zwei Fliegen mit einer Klappe. Erstens braucht er den Bart für eine neue Filmrolle. Und zweitens will Don mit dieser männlichen Zier seiner Gattin Melanie Griffith imponieren. Don Johnson tobte nämlich vor Eifersucht, als er erfuhr, daß seine Frau mit ihrem Filmpartner Michael Douglas mehr flirtete, als das Drehbuch erlaubte. Flugs ließ er sich einen Bart stehen. Denn Melanie steht auf Seeräuber ...«

Leider kann man nicht mehr erkennen, in welchem Magazin und wann dieser clevere Schachzug von Don Johnson einst erschien. Auch das Foto ist schon zu verblichen, um die Attraktivität von Don als Seeräuber stichhaltig zu ermitteln. Ich habe recherchiert: Don Johnson, heute Anfang siebzig, war zweimal mit Melanie Griffith verheiratet. Einmal nur ein paar Monate lang im Jahr 1976, dann längere Zeit zwischen 1989 und 1996. Bei dem Film, den Melanie zusammen mit Michael Douglas drehte und bei dem die beiden angeblich so heftig flirteten, kann es sich eigentlich nur um den Thriller *Wie ein Licht in dunkler Nacht* von 1990 handeln. Melanie und Michael spielten die tragischen Liebenden, die am Ende heirateten und zwei Kinder bekamen. Die Schurkenrolle – der böse Wehrmachtsoffizier – wurde von Liam Neeson verkörpert. Das historisch sehr frei ausgelegte Nazi-Rührstück kam bei der Kritik gar nicht gut an.

Welchen Film Don, der alte Seeräuber, währenddessen selbst drehte, konnte ich nicht herausfinden. Es wird wohl für immer ein Geheimnis meines Plumpsklos bleiben.

Jedenfalls habe ich, als ich in meinem ersten Frühling in Rumänien sehr viel Zeit dort drin verbrachte, viel über die drei nachgedacht. Ich hoffe, es geht heute allen Beteiligten gut.

Ein Plumpsklo ist überhaupt ein guter Platz, um nachzudenken. Es ist der – man verzeihe das Wortspiel – denkbar *anal*ogste Ort in unserer digitalisierten Welt. Ein Ur-Ort. Ein tiefes schwarzes Loch, aus dem betäubende Dämpfe dringen und das man nur in dringlichen Situationen aufsucht. Damit einem nichts Wichtiges hineinfällt (Autoschlüssel, Portemonnaie, Smartphone), empfiehlt es sich, alle materiellen Besitztümer und schnöden Ablenkungen der modernen Konsumwelt draußen zu lassen.

Oh, diese vollkommene Leere bei der Entleerung. Es ist eine sehr ganzheitliche, metabolische Meditation, wenn man so will: Man lässt es laufen, unten wie oben, körperlich wie geistig.

Ich habe dort drin jedenfalls bereits einige bahnbrechende Erkenntnisse gehabt. Analogien angesammelt, sozusagen, höhö. Sachverhalte von ganz tief unten her durchdrungen. Und als ich merkte, wie gut die Gedanken auf dem Örtchen fließen, habe ich mir unter dem Klorollenhalter einen Notizblock samt Kugelschreiber bereitgelegt. Diese über die Monate gesammelten sogenannten »Plumpskloweisheiten« bildeten den Grundstock für dieses Werk.

Das Plumpsklo steht auf dem Hof einer alten Villa im Herzen Rumäniens, die wir nach langer Suche vom Fleck weg gekauft haben. Erbaut wurde sie um 1930 von dem wohlhabenden Mühlenbesitzer-Ehepaar Popa, deren Enkel Nicolae 2018 als kinderloser Witwer verstarb. Zum Glück für uns. Keiner der beiden Neffen Nicolaes, selbst bereits gesetztere Herren mit eigenen Anwesen, wollte sich die überfällige Sanierung antun.

Wir dagegen schon.

Wir gingen nach dem ersten Corona-Jahr mit vier kleinen Kindern nicht mehr bloß auf dem Zahnfleisch, sondern bereits auf zermalmten, zersplitterten Kieferknochen. Wir wollten – nein, wir mussten – einfach nur noch *raus*.

Wir brauchten einen Neuanfang.

Ein Abenteuer.

»Schau mal«, sagt mein Mann eines Abends Ende Januar 2021. Wieder einmal hat ihm der Suchauftrag *»Casă de vânzare Sibiu«* (Haus zu verkaufen Hermannstadt) ein neues Ergebnis ausgespuckt.

Schweigend blicken wir auf die Fotos des Hauses. Erst auf unseren Smartphones, dann auf dem Notebook. Schließlich sitzen wir am Esstisch und betrachten das Angebot auf dem darüber angebrachten großen Flachbildschirm, den wir sonst zur Videotelefonie mit der Frankfurter Schwiegermutter nutzen.

Es ist ein großes, altes weißes Haus an einer Straßenkreuzung, gleich unterhalb des Friedhofshügels. Darüber thront die Kirche, direkt schräg gegenüber liegt die Dorfschule. Vor der Schule steht ein Strommast aus Beton samt Storchennest.

»Halbrunde Fenster«, seufzen wir gemeinsam.

»Original-Dielenboden.«

»Sind das aufgemalte Tapeten?«

»Die Flügeltüren!«

»Die hohen Decken!«

»Eine Badewanne mit Löwentatzen!«, jauchze ich. »Und was ist das, ein Badeofen?«

»Da steht, es gibt schon Glasfaser im Dorf«, sagt Jürgen mit Sehnsucht in der Stimme.

»Es ist hundert Jahre alt«, sage ich und meine das durchaus anerkennend. Unsere Zeit. Ich bin eine Flohmarktfee und Antiquitätenjägerin, mein Mann ein Heimwerker-Allrounder mit Weltraumfimmel. Beruflich schreibe ich Wörter, er schreibt Code. Beide sind wir immer schon passionierte Selbermacher.

»Aber es hat garantiert kein Klo, sonst hätten sie es auf den Bildern ja irgendwo gezeigt«, sage ich. In dieser Hinsicht hielt sich die ansonsten recht wortreiche Beschreibung auffällig bedeckt.

Jürgen nickt. »Ich hab recherchiert. Die ganze Region hat kein fließendes Wasser. Und keine Kläranlage. Also auch kein Klo.«

Noch einmal studieren wir den Innenhof ganz genau, vergleichen das Portfolio mit dem Satellitenmodus auf Google Maps. Es gibt jede Menge Stall- und Scheunentüren, die wir zuordnen können.

Eine davon nicht. Das ganze Häuschen mit einer Grundfläche von etwa einem Quadratmeter besteht aus Holz, bis auf das etwas windschiefe Ziegeldach.

Das muss es sein. Ein klassisches Plumpsklo.

Jürgen und ich schauen uns an. Zu diesem Zeitpunkt sind wir zehn Jahre glücklich verheiratet und Eltern von vier Kindern. Als wir uns 2009 kennenlernten, schafften wir uns innerhalb eines Jahres ein Auto, eine Wohnung, Eheringe und einen Erstgeborenen an (in genau dieser Reihenfolge, wobei der Erstgeborene ja ein paar Monate Vorlaufzeit hatte und es Jürgen dadurch ermöglichte, im zarten Alter von vierunddreißig noch schnell den Führerschein nachzuholen). Um wagemutige, womöglich etwas überstürzte Entscheidungen waren wir noch nie verlegen. Was ist dagegen schon ein fehlendes Klo?

»Egal«, sagen wir beide.

Verkehrsgünstige Bestlage im Ortszentrum, nur fünfundzwanzig Kilometer nach Sibiu, auf Deutsch Hermannstadt, trotzdem ruhig. Eine Villa, aber gleichzeitig auch ein Spätjugendstil-Bauernhof. Ein dreihundert Quadratmeter großer, uneinsehbarer, vollständig ummauerter sonniger Innenhof, ein großzügiger Gewölbekeller, jede Menge Stallgebäude und ein eigener Brunnen. Ein richtig echter Ziehbrunnen mit Schwungrad zum Kurbeln und einer Eisenkette, an der ein Blecheimer hängt. Wie im Märchen. Gut erhaltene individuelle Details wie ein bunt verglastes Oberfenster über der Haustür, hochwertige Originalmöblierung, Messinglampen, kassettierte Flügeltüren … und das Beste: trotzdem kein Denkmalschutz. All das für einen mittleren fünfstelligen Bereich. In unserer alten oberbayerischen Heimat wäre für solch eine geschichtsträchtige Immobilie sicherlich das Zwanzigfache fällig geworden, im Speckgürtel von München vermutlich das Dreißigfache. In München-Schwabing würde man dafür höchstens einen Tiefgaragenstellplatz kriegen.

Im Nachhinein, nachdem wir die ersten paar zehntausend Euro, Hunderte Liter Schweiß und zahllose Kilometer Nervenbahnen in die Villa versenkt haben, sind wir selbst ganz erstaunt über unseren Mut und – ja, auch die Naivität von damals. So ein Riesenvorhaben!

Aber *ce să face*, wie die Rumänen sagen. Was kann man machen? Nix kann man machen. Wir hatten uns nun mal unsterblich in das historische Flair des Hauses verliebt. In die Tatsache, dass es sich im unveränderten Originalzustand der frühen Dreißigerjahre befand, aber an der Straßenecke schon die Vernetzung der Zukunft lauerte: Glasfaserkabel und Plumpsklo – sozusagen die Version 2.0 des berühmten bayerischen Stoiber-Diktums von Laptop und Lederhose –, das fasst unsere Faszination ganz gut zusammen.

Im Grunde ging es uns nicht anders als dem jetzigen britischen König Charles, der heute noch als ewiger Prinz an unserer Plumpsklotür pappt und schon lange für seine Transsilvanienliebe bekannt ist. Ich frage mich, wie sein Umfeld damals wohl auf den plötzlichen prinzlichen Wunsch nach Immobilienerwerb in Rumänien reagierte.

Uns hält man noch ein Vierteljahrhundert später für nicht ganz knusper, wenn wir über unsere Liebe zu Rumänien sprechen. Über unsere wiederholten Reisen dorthin und den Wunsch, dort ein Haus zu kaufen. Rumänien? Ernsthaft? Warum?!

Auch die Rumänen in meinem Freundeskreis verstehen uns nicht hundertprozentig.

»Warum denn so weit weg von der Grenze?«, fragt Cami aus der Nähe von Oradea. »Kauft doch was bei Arad, da musst du nur zehn Stunden Auto fahren!«

»Warum denn nicht am Schwarzen Meer?«, fragt Mircea aus Predeal, dem Wintersportort in der Nähe von Braşov (Kronstadt). »Kauft doch was bei Constanţa, da wollen alle hin!«

Eben. Wir wollten aber nicht dahin, wo alle hinwollen. Wir wollten genau dieses große Haus im kleinen Dorf und kein anderes.

Nur einer meiner rumänischen Freunde in Deutschland lacht, als er von unserer Entscheidung hört. Es ist Mark, dessen deutschstämmige Eltern es nach der Revolution ins Bayerische verschlug.

»Haha«, sagt er. »So teuer! In Rumänien kann man doch auch Häuser für zehntausend Euro kaufen.«

Womit er tatsächlich recht hat. Ja, das kann man. Immer noch. Sogar bei uns im Dorf.

Aber nicht so eines.

Mit dem Verkauf ist eine auf Osteuropa spezialisierte Immobilienfirma mit Firmensitz in Österreich betraut. Zufällig kennen wir diese Firma schon, weil wir über sie im Sommer 2020 zwei Wohnungen in Hermannstadt besichtigt haben. Die eine davon war uns damals zu seelenlos neu gewesen, die andere zu seelenvoll alt: Barocke Türstockhöhen von einem Meter siebzig vertragen sich schlecht mit Söhnen, denen der Kinderarzt schon bei der U5 prophezeit hat: »Na, der wird aber garantiert mal die eins neunzig knacken!«

Aber diese Bude hier scheint genau richtig.

Elektrisiert schreiben wir dem zuständigen Makler, dass wir gerne schnellstmöglich zur Besichtigung kämen, unser Kaufinteresse sehr ausgeprägt sei und wir deshalb sogar bereit wären, eine Anzahlung zur Reservierung zu tätigen. Schließlich wollen wir nicht mitten im ersten Corona-Winter 1333 Kilometer einfache Strecke quer durch Europa fahren, um uns die Bude dann vor der Nase wegschnappen zu lassen.

Der Makler zeigt sich milde verwundert; nein, nein, keine Sorge, wir könnten in Ruhe unsere Anreise organisieren und ganz cool bleiben. Er verkaufe das Haus bis dahin garantiert an niemand anderen. Also bitten wir meine Eltern um eine Runde exzessives Babysitting, packen unsere Tochter, die Bestätigungen unserer im Dezember durchgemachten Corona-Infektion und Proviant ein und fahren nach Rumänien.

Im Nachhinein stellt sich heraus, dass unser germanisch-entschlossener Übereifer trotzdem das richtige Auftreten war.

Denn wir waren beileibe nicht die einzigen Interessenten. Die Anzeige trug den Titel »*Casă de vânzare în stil săsesc*«: Haus zu verkaufen im sächsischen Stil. Der sächsische – also deutsche – Stil steht in Transsilvanien nach wie vor für Qualität und guten Geschmack. *Made in Germany* im allerursprünglichsten Sinne sozusagen. Davon fühlten sich einige rückkehrwillige Siebenbürger Sachsen angesprochen, genauso wie mehrere gut gestellte Roma-Sippen und von der Landlust infizierte Großstadt-Yuppies.

Doch alle redeten das Haus schlecht: Unrenovierter Originalzustand? Keine Kanalisation? Nicht mal ein Klo? Na, da muss aber ja wohl noch was gehen beim Preis! Alle wollten verhandeln.

Und die Verkäufer, die zwei liebenswürdigen Brüder Popa, wollten das vom angesehenen Onkel geerbte Schmuckstück auch nicht *irgendwem* anvertrauen. Es sollte seine Seele behalten dürfen und wieder das werden, wofür es vor fast hundert Jahren gebaut wurde: ein respektables Zuhause für eine respektable Familie.

Ich glaube ja, den wahren Ausschlag gab dann nicht nur unser Geld, sondern unsere Tochter. Als die damals Siebenjährige in ihrer zerknautschten lila Winterjacke aus dem Auto kletterte, sich vor dem Haus aufbaute und mit der ganzen grußlosen Grazie einer im Nahkampf mit drei Brüdern gestählten Einzelprinzessin den Noch-Besitzer anpampte: »Und das soll es jetzt sein, oder was?«

Da war es endgültig um uns alle geschehen.

Dieses Haus hat sozusagen nur auf uns gewartet.

3

Our Gothic Novel begins

Das Erste, was wir von unserer neuen Heimat sehen, ist ein Leichenwagen. Es ist ein klirrend kalter, aber sonniger Tag Ende März, als wir das erste Mal alle sechs nach Transsilvanien fahren.

Normalerweise ziehen wir solche Distanzen möglichst am Stück mit Fahrerwechsel durch und fahren auch gerne durch die Nacht, um das Gezanke auf den billigen Plätzen zu reduzieren. Diesmal jedoch haben Käpt'n Eisenarsch und Lady Steelbehind sich dem noch Windeln tragenden Jüngsten geschlagen gegeben und eine Hotelübernachtung in der gleich hinter der ungarisch-rumänischen Grenze gelegenen Stadt Arad organisiert. Wir sind also erst vier Stunden unterwegs und in durchaus gelöster Stimmung, als uns am Ortsrand der Leichenwagen entgegenkommt. Es ist ein schöner, uralter Mercedes mit weißen Spitzenvorhängen, der in mir sofort nostalgische Gefühle weckt: Im Laderaum solch stilvoller Fahrzeuge – gerne mit Zebramuster-Plüsch, Discokugeln und kleinen Gruselpuppen dekoriert – habe ich zwanzig Jahre zuvor die schönsten Party-Picknicks gefeiert und auch schon mal meinen Festivalrausch ausgeschlafen. Freunde von mir fuhren damals für ihren idealen Traum-Leichenwagen bis nach Schweden und opferten von da an alle Ersparnisse und Wochenenden dem Umbau zum Wohnmobil. Ich alter Grufti beschließe also, den Leichenwagen als gutes Omen aufzufassen. In seligen Erinnerungen an meine wilde Jugend schwelgend, winke ich dem Fahrer des Totentransporters lächelnd zu. Er nickt gemessen zurück.

Herr Popa, den wir per WhatsApp über unseren Reisefortschritt auf dem Laufenden gehalten haben, steht schon rauchend vor dem Hoftor. Unsere Kinder purzeln aus dem Bus und benehmen sich gar nicht mal soo schlecht. Ein Hund jault. Neugierige Nachbarn radeln vorbei, winken und grüßen.

Seit Herr Popa unsere Tochter kennt, vertraut er uns. Er hat sogar vorgeheizt und in der Sommerküche ein prächtiges Buffett mit regionalen Köstlichkeiten aufgetischt, obwohl der Kaufvertrag noch gar nicht unterzeichnet ist: eine riesige Speckseite, eine Zwei-Kilo-Packung Kartoffelbrot, frische Hühnereier, ein Bund Frühlingszwiebeln, ein Klotz Weichkäse, zwei Sorten pikante Würste, selbst eingelegte Essiggurken, hausgemachte Marmelade und sogar mein persönliches rumänisches Lieblingsnahrungsmittel *zacuscă* (ein Brotaufstrich auf Auberginenbasis – dazu später mehr!). Außerdem gibt es noch ein Schraubglas mit sauer eingelegten kleinen grünschwarzen Ästchen, dicht gestopft. Es bedarf einiger Recherche, bis ich herausfinde, um was es sich handelt: *tarhon in oțet*, fermentierter Estragon. Wichtig als Zugabe für die beliebten *ciorbe,* die leicht säuerlichen dicken Eintöpfe.

»Das kommt alles von hier. Alles, sagemol, bio«, erklärt Herr Popa in seinem ausgezeichneten Deutsch, das nach siebzehn Jahren Arbeit auf einem pfälzischen Gemüsehof einen deutlichen Dialekteinschlag hat.

Am 1. April unterschreiben wir den Kaufvertrag.

Um den Hauskauf abzuschließen, braucht man eine rumänische Steuernummer. Da beißt sich ein wenig die Katze in den Schwanz, weil man zur Erlangung einer solchen eigentlich erst einen Wohnsitz benötigt, den man aber ja ohne Steuernummer noch gar nicht rechtsgültig haben kann … Egal, jedenfalls anerbot sich unser rühriger Makler, uns eine vorläufige Steuernummer zu besorgen. Er erschien zum vereinbarten Termin pünktlich mit allen korrekten Dokumenten und unserer Vollmacht auf dem Amt, nur um vom zuständigen Beamten die Bürotür vor der Nase zugeschlagen zu bekommen: Feierabend.

»Aber ich habe doch einen Termin!«, empörte sich unser Makler. »Meine Kunden brauchen die Steuernummer!«

»Kann sein, aber *ich* brauche jetzt ein Blumengesteck für meine Frau, die hat nämlich Geburtstag«, sprach der Beamte. Bereits im Aufbruch begriffen, schilderte er noch, wie groß und prächtig er sich die Blumen vorstelle und dass er dafür natürlich rechtzeitig losmüsse. Denn eine Schachtel Pralinen wolle er auch noch besorgen, und zwar keine von der billigen Sorte, schließlich sei seine Frau ihm schon etwas wert. Er zwinkerte, und endlich verstand unser Makler.

»Ja, gute Beziehungen müssen gepflegt werden«, sagte er und schob einen Zwanzig-Euro-Schein unter die transparente Dokumentenmappe.

Drei Minuten später hatten wir unsere Steuernummer.

Innerlich sind wir mehr als bereit, unsere Zelte in Bayern abzureißen. Es fällt uns nicht besonders schwer. Man kann ja sowieso nichts Schönes machen: Skilift, Schwimmbad, Restaurants, Kindergeburtstagsfeiern, sogar die Schulen – alles dicht. Seit Monaten fauchen wir uns nur noch gegenseitig an in frustrierter Hilflosigkeit und Überforderung. Die anstehende Auswanderung ist ein wahrer Lichtstreifen am Horizont der Pandemienacht. Endlich machen wir wieder etwas! Klar, unser Vorhaben ist krass. Fühlt sich aber wirklich gut an.

Den ganzen April verbringen wir mit allen Kindern im unrenovierten Haus. Es sind Osterferien, und darum herum ist sowieso Distanzunterricht angesagt, bei uns eben mit etwas mehr Distanz. Wir kaufen eine vier Quadratmeter große Siebdruckplatte und bocken sie in der Mitte des Zimmers mit den meisten Fenstern auf: Das wird der Arbeitsplatz für mich und die Kinder, während sich Jürgen zwei Räume weiter mit seinem Notebook beschäftigt.

Neben dem nervenaufreibenden Homeschooling und Homeoffice finden wir heraus, wie das Haus und wir am besten zusammenpassen. Wer fühlt sich wo am wohlsten? Wie könnte die Raumaufteilung funktionieren? Was muss am dringlichsten renoviert oder repariert werden?

Wir lernen, Brennholz zu hacken.[2] Die Kachelöfen richtig anzuheizen ist besonders knifflig. Zum Glück zeichnet sich der kommende Frühling schon ab.

Wir kaufen einen *aragaz,* einen Herd mit Gasflasche, damit wir gegen die häufigen Stromausfälle gefeit sind und ich endlich osteuropäisch korrekt Auberginen häuten kann.

2 Leidgeplagte Holzöfenbesitzer wissen: Das eigentliche Problem am Brennholz ist gar nicht so sehr das Hacken, sondern das Beschaffen. Es sollte noch ein paar Monate dauern, bis wir die richtigen Connections hatten. Bis dahin kauften wir tatsächlich Brennholz im Baumarkt – wie peinlich!

Wir knüpfen erste Kontakte. Wenn ich an unseren Empfang durch die Nachbarschaft denke, an die offenherzige Natürlichkeit der Dorfbewohner, kriege ich heute noch feuchte Augen. Ich fürchte, andersherum geht es nicht immer so herzlich zu, auch wenn rumänische Gastarbeiter überall auf der Welt eine lange Tradition haben.

Rumänen sind es zwangsweise gewohnt, ihr Schicksal selbst in die Hand zu nehmen. Es bricht sich niemand einen Zacken aus der Krone, wenn er sein Glück in der Ferne sucht. Muss ja nicht für immer sein! So hat es jedenfalls auch der Erbauer des Hauses gemacht, und vielleicht fühlen wir uns seinem Lebenswerk deshalb so verbunden.

Denn die Entstehungsgeschichte unseres neuen Zuhauses ist ebenso märchenhaft wie die Geschichte seiner Wiedererweckung aus dem Dornröschenschlaf. Ich bin glücklich, dass ich dieses Stück dramatischer Zeitgeschichte zwischen zwei Kontinenten nicht nur erzählen, sondern auch *bewohnen* darf.

4

Der Onkel aus Amerika

Im Jahr 1906, noch zu Zeiten des Habsburgerreiches, machte sich ein dreizehnjähriger Junge aus dem tiefsten Transsilvanien auf nach Amerika. Ilie Popa hieß der Bursche, er hatte zwölf Geschwister, die Mutter war im Jahr zuvor gestorben. Sein älterer Cousin Moise lebte schon länger in Cleveland am Rande des Eriesees und hatte nach Rumänien geschrieben, dass es in der Region genug Erwerbsmöglichkeiten für überzählige, unerschrockene kleine Brüder gebe. Also kratzte die arme Familie auch für diesen Sohn noch das Geld für die Überfahrt in der billigsten Klasse zusammen, und Ilie nahm die Herausforderung gerne an. Er wollte etwas erreichen, er wollte etwas verändern, und vor allem wollte er sich beweisen! In Detroit, Cleveland und Chicago sollte er seine Aufstiegsmöglichkeiten bald finden. Man munkelt, sein schneller Erfolg habe etwas mit der Prohibition, mit Alkoholschmuggel über die kanadische Grenze und sogar mit Al Capone persönlich zu tun gehabt. Ilie sprach später nicht gern darüber. Jedenfalls – wie genau auch immer – kam er auf der Karriereleiter vom Tellerwäscher zum Millionär ziemlich weit nach oben.

Um zu zeigen, dass es ihnen in der Ferne gut ging, sandten Ilie und seine Cousins immer wieder Fotobeweise in die alte Heimat, die von den zurückgebliebenen stolzen Verwandten sorgfältig aufbewahrt wurden. Und den abgebildeten, unbewegt dreinblickenden Kerlen mit den modischen Krawatten und den scharf ausrasierten Schläfen möchte man wirklich nicht im Dunkeln begegnen. Auch über hundert Jahre später verströmt der junge Ilie Popa in Trenchcoat, Melone und schwarzen Lederhandschuhen noch wahre Der-Pate-Vibes.

Nach fünfzehn Jahren in den USA hatte Ilie es bereits zu zwei schönen, eigenen Häusern gebracht, als zwei Dinge gleichzeitig passierten: Erstens packte ihn doch das Heimweh, zweitens wurde ihm der Boden zu heiß. Beziehungsweise zu kalt, denn mit dem Ende der Prohibition ging für seine wie auch immer gearteten Geschäfte offenbar der Ofen aus. Mit achtundzwanzig Jahren verkaufte er alles und reiste zurück nach Rumänien. Diesmal natürlich nicht in der Holzklasse, sondern ganz luxuriös mit dem noblen Passagierdampfer RMS Aquitania, die von den Medien nur »The Ship Beautiful« genannt wurde.

Ilie Popa war jetzt ein gemachter Mann. Die Zeit der dunklen Machenschaften lag hinter ihm, in seiner Heimat wollte er ein anständiges Mitglied der Gesellschaft sein. Er heiratete Elisaveta, die beste Partie des Dorfes, gründete eine moderne Mühle mit Maschinen aus Deutschland und baute sich eine standesgemäße Villa dazu. Alles nur vom Feinsten, versteht sich. Fünfzig Zentimeter dicke Mauern aus den besten Ziegeln, ein bombenfester Dachboden aus puren Balken mit einer Betonschicht drauf, auf dem man tonnenweise Getreide lagern konnte. Und im vornehm erhöhten Erdgeschoss gab es etwas ganz Besonderes, das der junge Unternehmer in Amerika kennen und schätzen gelernt hatte: ein *Badezimmer*! Das erste im ganzen Dorf, wenn nicht sogar im Umkreis von einigen Kilometern.

Normale Leute badeten damals in Zinkwannen, die man am Badetag in der Waschküche aufstellte. Oder gleich in den Holzzubern, in denen man auch die Wäsche wusch. Wenn man überhaupt badete – der Waschtisch mit der praktischen Schüssel zum Auskippen war die bewährte, sparsame Alternative für den Alltag. Dass jemand einen eigenen Raum speziell für den Zweck der Körperpflege einrichtete, muss für diese Zeit geradezu revolutionär dekadent erschienen sein.

Ein ausgeklügeltes System pumpte das Regenwasser aus der Zisterne im Keller sieben Meter weit hinauf bis in einen temporären Speicher, aus dem wiederum der Boiler des Badeofens befüllt werden konnte. Und wenn das Dienstmädchen den Ofen richtig befeuert und das Wasser auf die gewünschte Temperatur gebracht hatte, dann durfte sich der Hausherr endlich in seine Emailwanne mit den Löwentatzen legen und in Erinnerungen schwelgen …

Nicht einmal mit seinen beiden Söhnen Ilie und Nicolae, geboren Mitte der Dreißigerjahre schon im neuen Haus, sprach Ilie Senior über die Details seiner Karriere in den USA. Doch die amerikanische Episode schlug sich noch fünfzig Jahre später nieder: Als Sohn Nicolae Anfang der Neunzigerjahre zum ersten Mal eine Urlaubsreise ins Ausland antreten wollte, berief er sich bei der amerikanischen Botschaft in Bukarest auf die Staatsbürgerschaft seines Vaters und erhielt problemlos einen US-Pass – ohne selbst auch nur ein Wort Englisch zu sprechen. Das machte aber nichts, denn mit dem amerikanischen Pass konnte er endlich unbehelligt nach Deutschland einreisen und dort die entfernte Verwandtschaft besuchen, ohne an der Grenze gefilzt und des Schmuggels oder sonstiger Untaten verdächtigt zu werden.

Nicht so wie wir heute, die wir ein rumänisches Nummernschild haben und auch sonst durch unseren ungewöhnlichen Aufenthaltsort automatisch auf Misstrauen stoßen …

5

Der ewige Kreislauf

Während unsere Villa also den Glanz des aufstrebenden Bürgertums atmet, herrscht draußen ganz selbstverständlich das Selbstversorgerparadies. Über den mit Flusskieseln gepflasterten Innenhof geht es zur Sommerküche mit dem angeschlossenen Backhaus. Beide sind deshalb so großzügig dimensioniert, weil dort jeden Mittag zehn hungrige Müllerburschen verköstigt wurden. Auf der anderen Hofseite folgen große Scheune, kleine Scheune, Kuhstall, Misthaufen, Schweinestall, Plumpsklo. Und eben der Brunnen, dem ich dieses Buch verdanke.

Warum das? Der Brunnen ist ein anachronistisches, tief in das kulturelle Kollektivgedächtnis eingespeichertes Symbol: ein Quell der Weisheit. Aus dem Brunnen kommt das Element des Lebens. Der Schoß der Mutter Erde. Und so wie Geburt und Tod mehr oder weniger fließend ineinander übergehen, trennen auch meinen märchenhaften Ziehbrunnen nur wenige Meter von meinem Plumpsklo. Eventuell zu wenige Meter. Ein ewiger Kreislauf!

Natürlich wusste ich, dass man das Brunnenwasser nicht trinken darf. Dass der märchenhafte Ziehbrunnen mit dem Blecheimer nach jahrelanger Nichtbenutzung nicht mit unserem heimischen Bergquellwasser mithalten konnte, war ja klar. Auch der Verkäufer Herr Popa klärte uns in seinem gebrochenen Pfälzisch über die fehlende Trinkwasser-Eignung auf, gleich bei der ersten Besichtigung im Februar. »Muss man, sagemol, abkochen.«

Logisch. Erstens hat das gesamte Dorf keine Kanalisation, allein im Umkreis von hundert Metern befinden sich geschätzt zwanzig Sickergruben. Zweitens wurde das Anwesen zuletzt vor drei Jahren bewohnt, und auch da nur jeweils für ein paar Wochen im Sommer. Selbstverständlich kann man seit Jahren dumm herumstehendes Brunnenwasser aus einem sandigen Boden voller Kacklöcher nicht trinken. Das sagt auch einer Akademikerin aus gutem süddeutschem Hause der gesunde Menschenverstand.

Aber zum Zähneputzen wird es ja wohl reichen, dachte ich mir in meiner Unvernunft an unserem zweiten Tag. Es ist ein so schöner Abend, und Zähneputzen im Hof, das wäre doch praktisch! Ich trinke das Zeug ja nicht. Ich bin schließlich nicht doof. Ich spucke es ja gleich wieder aus.

Falsch gedacht! Es reichte nicht. Ich bin offenbar doch doof. Der kurze Kontakt mit meiner Mundschleimhaut genügte dem fiesesten Keim aller Zeiten, um sich in mir einzunisten. Obwohl ich das Wasser nach dem Gurgeln sofort wieder ausgespuckt hatte, überwältigte mich das unsichtbare Böse aus dem Brunnen. Am Tag danach fühlte ich mich schlecht, zwei Tage danach lag ich flach. Eine Woche lang konnte ich kaum aufstehen und überhaupt nichts bei mir behalten. Ich besuchte das Plumpsklo erst sehr häufig und dann vor lauter Schwäche kaum mehr. Weil ich mich nicht traute, mehr als ein Schlückchen (Supermarkt-)Wasser zu trinken, dehydrierte ich richtiggehend. Einen ganzen Tag und eine Nacht stand ich überhaupt nicht auf, lag teilnahmslos auf der Matratze und döste vor mich hin. Wenigstens ging es nur mir so schlecht: Meinen Mann und die Kinder erwischte es zwar auch, aber viel weniger schlimm (die hatten sich ja auch nicht die Zähne geputzt).

Trotzdem war das alles schon ganz gut so. Ohne die geschenkten Mußestunden auf dem Plumpsklo hätte ich dieses Buch womöglich nie geschrieben, hätte ich keine Zeit für den zündenden Anfangsgedanken gefunden. Auf meinem Plumpsklo ist die Welt noch in Ordnung. Auf meinem Plumpsklo habe ich nichts zu tun, außer auf meinen Bauch zu hören, und zwar im Wortsinne. Ein »stilles Örtchen« dagegen ist es nicht, vielmehr ein Zwischenstadium, ein merkwürdig aus Zeit und Raum gefallener Nicht-Ort: Man ist hier und gleichzeitig auch wieder nicht, abgespalten von der Gesellschaft und dennoch anwesend, wie im Schlaf. Ein abgetrennter, abgesicherter Raum, der trotzdem Teil der Außenwelt bleibt, ein vergessenes Stiefkind der Realität. Man befindet sich in einem Übergangsbereich zwischen den verschiedenen Lebensstadien: Draußen toben die Kinder über den Hof, spielen Verstecken im Kuhstall. Der Klapperstorch von gegenüber klappert, doch aus der ewigen Dunkelheit unter mir zieht der Hauch des Todes herauf. Ein olfaktorisches Memento Mori. Der April-Sonnenschein fällt durch die Ritzen im Holz auf die stockfleckigen Gesichter längst vergessener rumänischer Popstars. Sie lächeln lasziv zu mir herab. Ob sie auch mit Plumpsklos aufgewachsen sind?

Der Geruch ist recht befremdlich. Gar nicht so sehr wegen dem, was da aus den Tiefen des Abortschachtes heraufdünstet. Nein, eher wegen der Zehnerpackung Klopapier, die Teil unseres Willkommenspakets war. Es ist nämlich kein normales Klopapier.

Es ist parfümiert! Und zwar mit »Peach«. Jedes Mal, wenn ich die Tür öffne, ist da dieser Aha-Moment: Hallöchen, Geruchsrezeptoren! Sobald sich dann der Pfirsichpopo wieder vom Holz erhebt, folgt Aha-Moment Nummer zwei: Ach, ich bin ja schon fertig! Händewaschen ist nur unter Einschränkungen im Haupthaus möglich, Spülen fällt sowieso aus. Das Gefühl, irgendetwas vergessen zu haben, verfolgt uns verwöhnte Wasserklosett-Wichte noch wochenlang.

Trotzdem freut mich der penetrante Geruch: Es bedeutet, dass ich nach der glimpflich überstandenen Corona-Infektion endlich wieder meine sechs Sinne zusammenhabe. Monatelang konnte ich nicht richtig schmecken oder riechen.

In meinem ganzen achtunddreißigjährigen Leben hat mir noch nie etwas so gut gemundet wie die erste warme Mahlzeit nach einer Woche Plumpsklo-Exil: leicht verdauliche *ciorbă de burtă* im Autobahnrestaurant. Die berühmte saure Kuttelsuppe, an die ich mich bei meinem ersten Rumänien-Besuch fünfzehn Jahre zuvor nicht herangetraut hatte und der ich seit meiner Genesung verfallen bin.

Als ich endlich wieder ohne Schwindelgefühle aufstehen und in den Spiegel gucken kann, bin ich ein halbes Skelett geworden. Meine Schlupflider haben sich in tief in den Schädel eingesunkene Marlene-Dietrich-Schlafaugen verwandelt. Blass bin ich natürlich auch, es ist schließlich Anfang April. Ich ertappe mich bei dem Gedanken, dass das eigentlich ganz schick aussieht. Moment, eine bleiche magere Gestalt, die durch eine modrige alte Villa im tiefsten Transsilvanien schleicht?

Vielleicht ist dies die richtige Gelegenheit, um einen kleinen Exkurs in die Geschichte des Vampirismus einzuschieben.

Schließlich habe ich bereits meine Deutsch-Facharbeit auf dem Erzbischöflichen St.-Irmengard-Gymnasium Garmisch-Partenkirchen über die *Gothic-Szene Deutschland: Lyrik einer Subkultur* geschrieben. An der LMU München beschäftigte ich mich neun Semester lang bis zum Magistertitel in Allgemeiner und vergleichender Literaturwissenschaft mit dem Schwerpunkt Schauerroman/Gothic Novel. Zu irgendwas muss mein Studium ja auch mal gut gewesen sein.

Achtung, jetzt kommt deshalb eine …

6

Kleine Geschichte der Vampire (und wieso es sie hier, wo alle Welt sie vermutet, gar nicht gibt)

Wer hat's erfunden? Nein, nicht die Schweizer, aber nahe dran. Kein Geringerer als Johann Wolfgang von Goethe war es, der sich im Jahr 1797 mit dem epischen Gedicht *Die Braut von Korinth* hervortat. Darin geht es um ein verliebtes junges Paar, dessen weiblicher Part ausgerechnet am Hochzeitstag das Zeitliche segnet – und später dennoch weiß gekleidet ins Schlafgemach schleicht, um den versprochenen Ehegatten auszusaugen. Das war schon ein ziemlicher Horrorschocker für die damalige Leserschaft. Und ein großer Erfolg bei den abendlichen Kaminrunden der besseren Gesellschaft. Der Mix aus Leidenschaft und Lebenssaft, der brachte es.

Bis das Vampirmotiv auch außerhalb erlauchter Lyrikkreise so richtig bekannt wurde, dauerte es exakt hundert Jahre: 1897 erschien Bram Stokers Roman *Dracula*. In seinen immer wieder neuen Erscheinungsformen zu Recht ein Gassenfeger bis heute, seien es die zahlreichen Verfilmungen, die clevere Umsetzung als chronologisch angeordneter E-Mail-Verteiler[3] oder einfach die vielgestaltigen blutigen Epigonen à la *Twilight*. Ob Bram Stoker jemals persönlich in Rumänien war, ist übrigens sehr umstritten.

Mit der eigentlichen Mythologie der Rumänen hatte das alles nie viel zu tun. Das einzige Sagenwesen, das einen annähernd ähnlichen Tätigkeitsbereich abdeckt wie der klassische Vampir westlicher Prägung, ist der *strigoi,* Mehrzahl *strigoii*. So ein *strigoi* fliegt bisweilen bei Dunkelheit in die Schlafzimmer von schlechten Menschen und würgt sie. Er ist lang und dünn, hat einen Vogelkopf und erinnert mich auf den wenigen historischen Darstellungen an diese Gummihühnchen, die man als Hundespielzeug kaufen kann. In der siebenbürgisch-sächsischen Variante ist er übrigens weiblich – die Striege, ebenfalls abgeleitet vom lateinischen *striga*.

Das Verhalten der Striegen ist im Grunde eher albern als bedrohlich. Man könnte sein Leben lang eine Striege sein und selbst überhaupt nichts davon wissen! Und das ist genau der Punkt: Es gibt nämlich zwei Sorten, *strigoii vii* und *strigoii morţi*, lebende und tote Striegen.

Eine lebende Striege zu sein, wozu man durch Fluch oder eine echt fiese Mutter werden kann, ist nicht weiter schlimm. Nur einmal im Jahr zeigen sie ihre wahre Natur: In der Sankt-Andreas-Nacht vom 29. auf den 30. November (der Heilige Andreas gilt auch als der »Herr der Wölfe«) kommen sie des Mitternachts aus ihren Häusern gewankt und treffen sich an der nächsten Straßenkreuzung mit den anderen Striegen. Dort kämpfen sie bis zum

3 Daily Dracula. Vielleicht tragen Sie sich ja auch ein, es ist eine wirklich schöne Idee zum portionsweisen Vampirgenuss für unterwegs.

Morgengrauen um ihre interne Hackordnung. Und zwar nicht mit Zähnen und Klauen, sondern mit einem Haushaltsgegenstand, der früher in jedem Bauernhof zu finden war: einer Art hölzerner Zange zum Quetschen und Aufbrechen von Flachs, dem sogenannten *melițoi*. Am besten mischt man sich als Normalsterblicher einfach nicht ein und lässt die Striegen das unter sich ausmachen, denn am nächsten Morgen können sie sich an nichts erinnern und wundern sich allerhöchstens, woher die blauen Flecken kommen. Wer natürlich nicht möchte, dass eventuelle unerkannte Striegen im eigenen Haushalt bei der Kämpferei zu Schaden kommen, könnte das *melițoi* rechtzeitig verstecken.

Das ist alles.

Gruseliger wird es bei den Striegen erst nach dem Tod: Denn dann sind sie gezwungen, nachts zu ihren Menschenfamilien zurückzukehren und diese als blutsaugender Poltergeist in den Wahnsinn zu treiben. Sieben Jahre lang sind sie so an ihr Grab gebunden, dann können sie sich irgendwo anders als scheinbar ganz normale Menschen niederlassen, ihr Unwesen treiben und weitere Striegen in die Welt setzen.

Es sei denn, die trauernden Hinterbliebenen entnehmen der Leiche rechtzeitig das Herz, verbrennen es und trinken gemeinschaftlich dessen in Wasser aufgelöste Asche. Diese Praxis scheint aber in unserem Dorf nicht mehr allzu verbreitet zu sein. Entweder sind wir hier also alle clean oder sowieso schon unwissentlich voll verstriegt.

Als ich beim Besuch auf einem alten Landlerhof in Großpold (Apoldu de Sus) ein richtig echtes Original-*melițoi* fand, habe ich mich trotzdem gefreut wie ein, äh, blutiges Steak. Auf die nächste Andreasnacht bin ich vorbereitet!

Fazit: Der *strigoi* ist eher unserem deutschen Nachtalb verwandt, einem Verursacher schlechter Träume. Auf Blut ist er nicht allzu erpicht, und zarte Jungfrauenhälse lassen ihn auch eher kalt.

Schloss Bran, das leichtgläubigen Touristen als Draculaschloss verkauft wird – obwohl weder das historische Dracula-Vorbild Vlad III. Drăculea (der Pfähler) je hier gelebt hat noch wenigstens ein Dracula-Film hier gedreht wurde –, ist dennoch einen Besuch wert. Es war der gemütlich-verwinkelte Sommersitz der letzten rumänischen Königin Maria (die, obwohl als Enkelin von Queen Victoria in England geboren, Deutsch als Muttersprache hatte und sich die Liebe und Verehrung der Rumänen erst verdienen musste. Genau wie ich heute ...).

Der »Handwerkermarkt« unterhalb des Schlosses Bran bezieht seine Waren mittlerweile größtenteils aus dem China-Container. Ich bekenne mich schuldig: Ich habe mir hier trotzdem eine schrecklich kitschige Vlad-Drăculea-Kaffeetasse gekauft und hinterher empört festgestellt, dass man sie nicht in die Mikrowelle stellen kann. Was zur Hölle?! Der dunkle Graf trinkt sein Lieblingsgebräu doch auch lieber warm!

Während ich eines Septemberabends an diesem Kapitel schreibe, beginnen die Kinder nebenan zu kreischen: »Mama, Mama, ein Vogel!«

Ich bin mäßig beeindruckt. Wir haben kurz zuvor schon mal einen Vogel »gefunden«, eine tote Taube am Rand unseres Parkplatzes.

»Ja, wo denn?«, frage ich leicht genervt.

»Hier, im Wohnzimmer!«, schreien die Kinder. »Er fliegt überall rum, ganz wild fliegt er!«

Wie sich herausstellt, ist der Vogel in Wahrheit eine Fledermaus. Sie flattert schwarz und faustgroß munter durch unsere Villa, verfängt sich beinahe im Spitzenvorhang, hängt sich über unsere Dachbodentür und lässt sich schließlich widerwillig von Jürgen zur Haustür hinauskomplimentieren.

Ich werte ihren Besuch als das zweite gut-gotische Omen nach dem Leichenwagen. Ein Gruß von Graf Dracula, der wohl mal bei mir nach dem Rechten sehen wollte.

Vampire werden in Rumänien heute nicht mehr mit Angst, sondern eher mit dem großen Reibach assoziiert. Es fließt das Blut, es rollt der Lei. Vielleicht ist diese Monetarisierung auch der Grund, wieso die rumänische Jugend so gar nichts mit der Gothic-Szene am Hut hat. Durch die Städte schlurfen noch ein paar Metalheads, pubertäre Spät-Emos und allerletzte Altrocker, aber das war es dann. Ein einziges Mal, im seinerseits legendären Nachtbus nach Bukarest, habe ich mich kurz über zwei Studentinnen in langen schwarzen Samtmänteln, Kunstlederleggings und viel Lidstrich gefreut – bis sie den Mund aufmachten und sich als Deutsche zu erkennen gaben. Ehrlich. Überall auf der Welt gibt es eingefleischtere Möchtegern-Vampire, sogar in der trockenen Spaßwüste von Las Vegas.[4]

Wir sind hier, in der rumänischen Realität, die mit Vampiren (zum Glück!) so überhaupt nichts am Hut hat.

4 Da war ich 2007 mal auf einer Goth-Party, bei der es *wirklich* gruselig zuging: Das Publikum konnte sämtliche Songs der Band Rammstein auf Deutsch perfekt lippensynchron mitsingen! Aber das ist eine andere Geschichte.

AUS MEINEM RUMÄNISCHEN KOCHBUCH
Der Knoblauchsud mujdei

Mit dieser Knoblauchsoße ist es ein bisschen so wie mit dem Parfum von älteren Damen: Je länger man es verwendet, desto weniger riecht man es selbst und braucht immer mehr und mehr davon ... Ich kippe *mujdei* jedenfalls überall drüber, und es wirkt. Bisher hat mich – durchaus zu meinem Leidwesen – jedenfalls noch kein Vampir gebissen.

Es braucht folgende Zutaten:
3 Knoblauchzehen
Salz
Kochendes Wasser

Die drei Knoblauchzehen mit derselben Menge Salz zu einem Brei zermörsern, mit etwas kochend heißem Wasser aufgießen, abkühlen lassen und fertig! Das heiße Wasser nimmt die Bitterkeit, erhält aber den vollen Knofelgeschmack. Mit Schmand, Quark oder Crème Fraîche verrührt, wird es cremig und heißt *mujdei cu smântână.* Mit Olivenöl, Kräutern oder auch Honig verfeinert ergibt das einen tollen Dip in Tsatsiki-Richtung.

7

Glasperlenketten und Kartoffeln

Lange habe ich mir Gedanken gemacht, was wir wohl den neuen Nachbarn mitbringen könnten. Auf keinen Fall sollte es einen falschen Eindruck erwecken oder den Nationalstolz beleidigen, wir kamen ja weder als Big German Spender noch als Pelzhändler mit Glasperlenketten für die Eingeborenen. Also nicht zu wenig, aber auch nicht zu viel, und dabei nicht gönnerhaft: schwierig.

Am Ende fiel die Wahl, auch aus Platzgründen, auf lokale Liköre und Schnäpse vom Kloster Ettal. Von meiner ersten Rumänienreise 2004 wusste ich, dass die Landbevölkerung dem Alkohol nicht abhold ist.

Doch Jahre später, endlich wieder zwischen rumänischen Privatleuten angekommen, tritt das Gegenteil unserer anfänglichen Überlegungen ein: Anstatt auf milde Spenden aus Deutschland zu hoffen, überhäufen uns die Einheimischen ihrerseits mit Begrüßungsgeschenken.

Den Anfang machte der Verkäufer Dan Popa, indem er in der eiskalten Sommerküche ein Mega-Empfangsbuffett aus lokalen Produkten auftischte.

Beim Notartermin überreichte uns sein Bruder Ilie eine ganze Tragetasche mit zwanzig verschiedenen eingekochten Konfitüren und Kompott.

Es folgte Nachbarin Stefania mit einer Tüte Orangen nebst zwei Gläsern selbst gemachter *zacuscă*.

Von der netten Frau Cretu um die Ecke bekomme ich eine Schüssel bunter Eier von ihrer ebenso bunten Hühnerschar.

Und dann steht in der zweiten Woche plötzlich ein junger Mann im Hof. »*Vecinii, vecinii!*« – Nachbarn, Nachbarn – ruft er, stellt sich als Sorin von gegenüber vor und trägt einen Riesensack über der Schulter. Ein Zentner beste rotschalige Kartoffeln, einfach so, ein Geschenk. Den Ettaler Schnaps im Gegenzug lehnt er geradezu entrüstet ab.

Vielleicht ist das ein Trick der Einheimischen, um die Deutschen festzuhalten: Sie mästen uns. Wir können nicht weg, bevor wir uns nicht durch die Ringwälle aus Nahrungsmitteln hindurchgegessen haben. Sobald ich erleichtert feststelle, dass sich die Kiste Äpfel oder der Beutel Karotten langsam leert, steht schon der nächste Nachbar mit Schnaps und Aprikosenmarmelade parat.

Die Nachbarn kommen (in der Reihenfolge der entsprechenden Reifezeiten) mit Kirschen, Pflaumen, Aprikosen, Maiskolben, Äpfeln, Birnen, Pfirsichen … Manchmal sind es nicht mal Nachbarn, sondern Leute von der anderen Seite des Dorfes. Zum Beispiel der Vater einer Frau, die nach Stuttgart geheiratet hat, der uns in ihrem Auftrag mit dem *richtigen țuică* versorgt. Und wenig später auch mit *ordentlicher* Hauswurst und *anständigen* Äpfeln. Es entbrennt ein kleiner Wettstreit um die besten milden Gaben.

Klar, irgendwann ist es auch wieder gut mit der Gastfreundschaft, irgendwann wird die gereichte Hand nicht nur geschüttelt, sondern »zurückgewaschen«. Wir kaufen nach Möglichkeit die regionalen Produkte, die man uns so ausgiebig probieren hat lassen. Kundenbindung auf Rumänisch eben, auch wenn die Preise und die Verfügbarkeit der Ware je nach Saison natürlich stärker schwanken als im Supermarkt.

Die Hühnereier kosten beim Bauern einen ganzen Leu pro Stück und nicht 65 Bani wie im Dorfladen – fünfunddreißig Prozent Aufschlag! Allerdings, das kann ich bestätigen, darf man hier zu Recht das oft missbrauchte Wort »bio« anwenden. Die Dorfhühner zum Beispiel scharren ganzjährig Open Air, bewacht von prächtigen Gockeln und diversen Hunden.

Doch die Inflation geht natürlich auch an Rumänien nicht vorüber. Im Sommer 2022 beobachte ich, wie im Dorfladen die Eierpreise wöchentlich steigen. Erst sind es 75 Bani, dann ein paar Tage 85, dann 90 und schließlich 1 ganzer Leu. Für eine Weile sind Biobauern und Dorfläden preisgleich, dann ziehen die Bauern nach und erhöhen auf 1,50.

Aber Eier haben keine richtige Saison. Im Winter, wenn das Licht schwach ist, legen die Hennen halt weniger. Dafür sind dann Rüben, Kohl und Kartoffeln richtig günstig, und die machen satt. Apropos Kartoffeln: Zur neuen Ernte im Oktober marschiere ich zu Sorins Leuten und äußere mein Kaufinteresse. Ich dachte, sie würden sackweise verkauft. Aber nein, die Zuteilung erfolgt individuell, je nach Kundenbedürfnis.

»Wie viele brauchst du denn?«, fragt Sorins Onkel.

»Hmm«, mache ich. Zu Hause in Bayern habe ich selbst Kartoffeln angebaut, mehr zum Spaß als zur Überlebenssicherung. Für mehr als vier, fünf Mahlzeiten hat das nie gereicht. Ich koche allerdings gern und viel, und für ein Gratin, eine Kartoffelsuppe oder einfach Pommes satt geht schon mindestens ein Kilo Kartoffeln drauf. Eher zwei. Man muss sie ja auch noch schälen. Doch weil unser bayerischer Keller schön isoliert und beheizt und deshalb zu warm zum Lagern war, hatte ich allerhöchstens mal zwanzig Kilo Kartoffeln auf Vorrat gekauft. Hier habe ich allerdings einen noch unrenovierten, kalten Keller. »Keine Ahnung, vielleicht fünfzig?«, sage ich unschlüssig.

Der Onkel mustert mich eine Sekunde mit zusammengekniffenen Augen. »Ihr seid sechs Leute, gell?« Dann nickt er, schnippt mit den erdigen Fingern und sagt mir auf den Kopf zu: »Achtzig. Das reicht bis März.«

Ich akzeptiere das Urteil des Kartoffelflüsterers und lasse mir zwei pralle Säcke in den Keller tragen, einer komplett und einer fast voll. Der Preis ist absolut in Ordnung, wir sind schließlich Nachbarn. Anfangs mache ich mir noch Gedanken, wie wir diese enorme Menge vernichten sollen. Ich hatte noch nie so viel Frischware zum Verarbeiten. Ich kaufe einen zweiten Kartoffelschäler und fühle mich schlecht, wenn ich zur Abwechslung mal Nudeln koche.

Doch zu Silvester öffne ich den zweiten Sack, und Mitte Februar muss ich schon überlegen, ob es Pommes als Hauptgericht oder doch nur als Beilage geben soll. Der Kartoffelflüsterer sollte recht behalten: Die achtzig Kilo reichen exakt bis März.

Und da gibt es ja noch Bauer Nicolae, meinen tüchtigen Freund mit dem Pferdekarren-Lieferservice. Nicolae beschließt eigentlich relativ selbstherrlich, was wir zu essen und zu trinken haben. Und zwar das, was alle anderen auch essen und trinken – was reif ist und wegmuss.

Im Frühling schenkt er mir einen Riesensack Spinat, weil er den eben gerade abgeerntet hat und den Platz auf dem Acker für was anderes braucht. Im Spätsommer bringt er einen Korb Maiskolben, »für die Kinder«. Im Herbst bringt er Apfelsaft und seinen selbst gebrannten Schnaps, den wirklich guten aus Birnen: »*Doi litri de ăsta si eşti gata cu iarnă!*« Zwei Liter von diesem, und du bist fertig mit dem Winter.

Okay, aber achtzig Kilo Kartoffeln sind auch nicht schlecht.

~

SO GANZ NEBENBEI
Weshalb bei Rumänen immer die Glotze läuft

Reine Traumabewältigung sei das, meint Papa Moga. Denn in seiner Kindheit und Jugend habe es bloß zwei Stunden Fernsehprogramm gegeben, von zwanzig bis zweiundzwanzig Uhr. Auf einem untertassengroßen Schwarz-Weiß-Bildschirm und mit eigentlich nur einem einzigen Schauspieler: Nicolae Ceauşescu. Von diesem täglichen Drama müsse er sich auch dreißig Jahre später noch erholen, genau wie Millionen Leidensgenossen. Medienkonsum vor der Revolution war gleichbedeutend mit Ceauşescu-Konsum. Vermutlich sind die rumänischen Sender deshalb immer leicht neben der Spur. Stets noch einen Tick schriller, bunter und knalliger, als es schön wäre. Das ist man gewohnt. Ceauşescu war ja auch nicht besonders schön.

~

8

Frisches Schweineohr to go

Für mich ist Bauer Nicolae das menschgewordene Rumänentum, um nicht zu sagen: ein lebendes Fossil. Die pure Essenz des transsilvanischen Landlebens von anno dunnemal. Er ist derart *old school*, dass er schon wieder hypermodern der Zeit voraus ist: kein Smartphone, kein Führerschein, keine Fernreisen. Er besitzt zwar recht ausgedehnte Ländereien, aber nicht mal einen eigenen Traktor. Ein rostiges Fahrrad und ein Pferdekarren, das ist alles. Bauer Nicolae hat quasi keinen CO_2-Fußabdruck. Lesen fällt ihm schwer, dabei ist er ein wandelndes Kulturlexikon und ein Partybär, der für sein Leben gern dreckige Witze reißt.[5] Ihm und seiner großen Familie verdanken wir tiefe Einblicke in die rumänische Seele, in hiesige Sitten und Gebräuche. Wie man solche urigen Originale eigentlich kennenlernt, wenn man selbst im Grunde seines Herzens ein schüchterner Schwarzkittel ist?

5 Am meisten amüsiert er sich, wenn ich den Witz nur so halb verstehe und mit gehobenen Augenbrauen nachfrage.

Nun, es empfiehlt sich das Mitführen eines kontaktfreudigen Kleinkinds.

»Ein Fert!«, jubelt Johann beim spätnachmittäglichen Spaziergang. Einige Male haben wir schon Pferde vorbeitraben sehen, aber immer waren sie zu weit weg und in Bewegung. Dieses hier aber steht, der Bauer hat gerade etwas abgeladen und tratscht mit einem anderen Dorfbewohner.

»Ja, ein braunes Pferd. *Un cal maro*«, sage ich und frage, ob wir es streicheln können. Selbstverständlich dürfen wir. Der Bauer schmilzt bei Johanns Anblick sofort dahin. Schafe habe er übrigens auch, ganz viele, gleich um die Ecke. *»Haide, haide!«* Komm, komm! Er winkt uns durch ein rostiges Gatter in einen leerstehenden Hof voller Ziegelhaufen und Brennnesseln. An den bröckeligen Mauern drängen sich bestimmt vierzig Schafe. Dreadlocks aus Wolle fliegen, Schneckenhörner werden in die Luft gereckt, Ohren zucken. Die Herde erschrickt vor uns und galoppiert in wilder Flucht auf die andere Seite des Grundstücks. Weil sie dafür alle gleichzeitig durch eine offene Scheune mit einem bestimmt vier Meter hohen Strohhaufen wollen, kullern die schmutzweißen Wollknäuel empört blökend durcheinander. Der Bauer klatscht sich in kindlicher Freude auf die Schenkel und lacht fast noch lauter als Johann. Morgen bringe er die Widder in die Berge. Da werden sie alle geschlachtet, erklärt er und fährt sich zur Verdeutlichung mit der Handkante über die Kehle. Dann deutet er auf mein Smartphone. *»Faci poze! Poze!«* Mach Fotos!

Das mache ich tatsächlich gerne. Es ist ja auch zu episch, was uns Bauer Nicolae noch alles zeigt. Zusammen besuchen wir

Tante Felicia, die mit Nicolaes mittlerem Sohn Bogdan in einem Hof ums Eck wohnt. In einem anderen, sagen wir deutscheren, Umfeld hätte ich beim ersten Anblick von Bogdan versucht, möglichst viel Land zu gewinnen. Bogdan ist annähernd in meinem Alter, sehr braun und staubig, hat nicht mehr alle Zähne, dafür aber eine dicke Goldkette über dem Brusthaar. Er trägt alte Adidas-Turnschuhe. Seine Hände sind erdverkrustet, der Reißverschluss an seiner Hose ist kaputt.

Aber hey, der Reißverschluss an der Hose meines Mannes ist auch kaputt. Er hat nur zwei Hosen mitgenommen, und das im Schrank gefundene Flickzeug der seligen Popas entpuppte sich als zu altersschwach für meine Nähkünste. Auch unter meinen Fingernägeln klebt Gartenerde. Die Kinder tragen ganz ähnliche Adidas-Turnschuhe, wenn auch etwas neuere. Dreckig sind wir sowieso alle, nur noch nicht so braungebrannt. Aber wir haben ja erst April, das kommt schon noch!

Johann bekommt sämtliche Tiere präsentiert: Die Hühner! Die Katzen! Die Ferkel! Das zwei Wochen alte Lamm, das von seiner Mutter verstoßen wurde und jetzt von Hand aufgezogen wird. Johann darf ihm auch ein Fläschchen Milch geben und will wissen, wie das »Fhaaaf« denn heiße. Ich gebe die Frage an Bogdan weiter. Er runzelt die Stirn und denkt eine Weile nach. Offenbar hat das Lamm als Nutztier mit bereits besiegeltem Schicksal keinen Namen, wozu auch. Um uns einen Gefallen zu tun, sagt Bogdan schließlich das Erste, was ihm einfällt: »Pamela!«

Jetzt reitet mich der Widerspruchsgeist. Triumphierend zeige ich auf die kleinen, aber deutlich vorhandenen Hörner: »Aber es ist ein Bub!«

Bogdan zuckt die Schultern und grinst. Ob eines von unzähligen Schafen nun männlich oder weiblich ist, macht doch wirklich keinen Unterschied.

»Na gut, dann eben Pameluş!«

Und die Hunde. Neben dem eisbärgroßen, cremefarben gezottelten »Schafhund« gibt es noch einen American Staffordshire Terrier im Zwinger – in den meisten deutschen Bundesländern auf der Kampfhundliste –, der sich bei unserem Anblick gar nicht mehr einkriegt vor Glück und – und den *lup*. Der *lup* ist laut Bogdan ein halber Wolf (wobei der deutschsprachige Neffe sagt, es sei maximal ein Viertel Wolf, und auch das nur vielleicht). Das Tier sieht aus wie ein ganz normaler, wenn auch ziemlich großer Schäferhund, hellbraun, kurzhaarig und mit sehr traurigen Augen. Bedröppelt sitzt er da, bellt nicht, springt aber gegen seine Kette, dass die Mauer dahinter bebt.

»Nachts dürfen sie rumlaufen«, beteuert Bogdan. Ich habe keinerlei Zweifel, dass der *lup* es mit ungebetenen Gästen aller Art aufnimmt, ob mit Fell oder ohne.

Wir sind aber ja zum Glück gebetene Gäste. Die Offenheit meines damals noch Zweijährigen begeistert Bauer Nicolae. »*Nu i frică!*«, lobt er immer wieder. Er hat keine Angst. Das liege an den großen Geschwistern, wir hätten noch drei weitere Kinder, sage ich, was Nicolae sehr interessiert. Ah, vier Kinder, das sei schon mal ganz gut. Aber er, er habe doppelt so viele. Acht Kinder, fünf Mädchen und drei Söhne!

Ich lobe ihn. Ist ja auch eine stramme Leistung.

Wie alt ich denn sei? Vierzig?

Achtunddreißig, sage ich, geflissentlich die kleine Beleidigung überhörend. Das war sicherlich keine Absicht, ich habe auch schon mal etwas frischer ausgesehen als jetzt, drei Wochen nach dem Brunnenwasser-Vorfall.

Aha, achtunddreißig. Und mein Mann? Sechsundvierzig. Ah, klagt der alte Bauer. Sein Sohn Bogdan hier, der sei schon dreiunddreißig und immer noch nicht verheiratet! Bogdan steht daneben und macht geduldig gute Miene. Als ich dem armen Kerl erzähle, dass mein Mann erst mit vierunddreißig geheiratet und mit fünfunddreißig zum ersten Mal Vater geworden sei, nickt er dankbar. Für deutsche Verhältnisse ist das ja sogar eher früh. Wir waren in unseren Freundeskreisen die Ersten, die Eltern wurden, teils mit großem Abstand. Ich als Erstgebärende mit achtundzwanzig – in Rumänien gilt da der Zug schon als abgefahren. Frauen in meinem Alter sollten eher langsam mal Oma werden! Ich bin froh, dass es Nicolae und seine Frau Mioara gibt: Die waren bei ihrem achten Kind immerhin schon zweiundvierzig und siebenunddreißig.

Jedenfalls verstehen wir uns alle – Nicolae, Bogdan, Tante Felicia, Johann, Pameluş, die Hunde und das Fert –, und zwar so gut, dass wir im Überschwang der Gefühle zum Schlachtfest eingeladen werden. Denn wir haben ja bereits April, und deshalb ist es am Folgetag, einem Samstag, so weit: Das Osterschwein muss dran glauben. Bauer Nicolae reibt sich den Bauch und grinst: »Kommt morgen um zehn, dann gibt es was Leckeres!«

Als Bayerin habe ich mich schon länger darüber gewundert: Sowohl im Restaurant als auch im Supermarkt gibt es durchaus ansehnliche, aber stets »nackerte« Fleischstücke. Dabei ist doch so eine resche Knusperkruste das Allerbeste am Schweinsbraten! Was machen die denn nur alle mit der ganzen Haut?

Seit Bauer Nicolaes Schlachtfest weiß ich es.

Schlachten ist harte Arbeit, da muss für die Energiezufuhr gesorgt sein. Aber das Fleisch ist ja noch nicht verzehrfertig, die *tocana*[6] fürs Abendessen muss erst stundenlang auf dem *aragaz* vor sich hin schmurgeln. Deshalb gibt es als ersten kleinen Snack vorweg *şorici*. Das ist die frisch abgebrühte oder abgeflammte, quasi kurz gegarte Schweinehaut. Man isst sie direkt vom Schwein gesäbelt mit etwas Salz (ein Schnaps hilft auch). Von der Konsistenz her wie Tintenfisch und geschmacklich ähnlich neutral. Fun Fact: Angeblich werden Calamari manchmal auch heimlich aus Schweinehaut hergestellt.

Die Hausschlachtung ist in Rumänien zwar nichts allzu Besonderes, aber doch auch kein Tag wie jeder andere. Denn das ist es: ein ganzer Tag. Die komplette Sippe hilft mit, es muss viel vorbereitet werden. Früh schon am Morgen beginnt man mit dem Erhitzen des Wassers – gerne auch auf dem gemauerten Holzofen im Freien, den viele noch zum Brotbacken haben.

Mittlerweile war ich schon auf mehreren Schlachtfesten und weiß, dass es natürlich verschiedene, der jeweiligen Ausstattung und auch der Jahreszeit angepasste Varianten gibt. Die einen verwenden einen Gasbrenner, die anderen offenes Feuer, wieder andere haben einen richtigen Hexenkessel, in den die Fleischstücke in der Reihenfolge ihres Herauslösens hineingeworfen werden. Aber die Grundstruktur ist immer dieselbe:

6 *Tocana* bedeutet wortwörtlich so viel wie Eintopf, und den gibt es natürlich auch aus Gemüse. Der Klassiker aber, die *tocana de porc*, besteht aus Fleischresten, die beim Zerlegen anfallen und während des zeitaufwendigen Verwurstens stundenlang gemütlich vor sich hin schmurgeln dürfen.

Schwein abstechen – auslassen – abflammen/brühen – Borsten abkratzen – waschen – Bauchhöhle öffnen – Innereien entnehmen – waschen – grob zerteilen – Kopf und Füße beiseite legen – Speckschwarten abtrennen – Rippchen abhacken – Filets und Schinken herausschneiden – den Rest … Bayern und auch Siebenbürger Sachsen würden »abfieseln« sagen. Ich glaube, hier fehlt ein passendes hochdeutsches Wort.

Spoiler Alert: Offiziell darf natürlich auch in Rumänien nicht einfach jeder in Wildwestmanier Tiere töten. Doch als die Regierung vor ein paar Jahren die Hausschlachtung gleich ganz verbieten wollte, ging eine so gewaltige Woge der Entrüstung durchs Land, dass sie eilig wieder zurückruderte. Schlachten zu Hause ist seither erlaubt, sofern die Betäubung stimmt und/oder ein zertifizierter Metzger anwesend ist.

Ich kenne den zertifizierten Metzger, es gibt ihn wirklich. Er sieht genau so aus, wie man sich einen rumänischen Dorfmetzger vorstellt. Ich kann auch bestätigen, dass er vor allem in der Vorweihnachtszeit ein schwer beschäftigter Mann ist. Doch das neue Gesetz sieht nur vor, dass er *anwesend* ist. Wie lange und für was genau, ist nicht so detailliert ausgeführt. Das bedeutet, der Spielraum zur Selbstbeteiligung der Schweinebesitzer ist sehr groß.

Ja, es gibt gruselige Storys von tatterigen alten Leutchen in Bukarester Vororten, die aus Nostalgie mal wieder ein Weihnachtsschweinderl schlachten wollten und es mangels Routine grausam versauten. Im Wortsinn.

Aber die Leute auf dem Land wissen schon, was sie tun. Das liegt nicht zuletzt daran, dass einige von ihnen – tadaa! – bei Tönnies im westdeutschen Rheda-Wiedenbrück ihr Handwerk erlernt haben. Dort hat es ihnen nicht gefallen, um es milde auszudrücken. Einer dieser ehemaligen Tönnies-Zeitarbeiter hatte nach einem der zahlreichen Skandale beschlossen, seine Profi-Kenntnisse doch lieber der heimischen Dorfgemeinschaft zur Verfügung zu stellen. Statt hundertsechzig Schweine am Tag wie in der Fabrik schlachtet er jetzt nur noch ab und zu eines in seinem Heimatdorf, und alle sind zufrieden.

Für die Zerlegung eines Schweins ist es hilfreich, wenn man a) schon öfter Holz gehackt und b) noch nicht so viel *rachiu* hinter der Binde hat. Denn nachdem mit einem scharfen Messer die Speckschwarten vom Rücken gelöst worden sind, muss man beidseitig der freigelegten Wirbelsäule die Rippen abhacken. Das tote Schwein bekommt sozusagen einen altnordischen Blutaar.[7] Das sieht sehr spektakulär aus.

Die übrigen Tätigkeiten erfordern dann nicht mehr ganz so viel Zielgenauigkeit, sondern eher Fleiß. Der Dünndarm zum Beispiel muss gründlich gewaschen werden, damit man später die Wurst hineinfüllen kann. In den meisten Haushalten werden die Klassiker *cârnați* (je nach Familienrezept mehr oder weniger knoblauchhaltig, werden hinterher getrocknet oder geräuchert) und *caltaboș* (eine Art Leberwurst mit Milzstückchen) hergestellt. Aus Kopf und Füßen macht man *toba*, Presssack. Oder Presswurst, Presskopf, Schwartenmagen, Sausack! Alles großartige Schimpfwörter eigentlich. In Rumänien ist das anders: Da ist »Toba« auch ein ganz normaler Nachname.

Es wird nichts verschwendet außer dem Blut: Das läuft normalerweise unter den Hoftoren hindurch, den Kirchenhügel hi-

7 Wer *Vikings* gesehen hat, weiß Bescheid. Alle anderen bitte nicht googeln. Ist voll eklig!

nunter, über die frisch geteerte Straße in die Sickergräben daneben, wo es sich mit den Abwässern von Wasch- und Spülmaschinen zu einer unheiligen dunkelroten Brühe vermischt, die im Winter über Nacht manchmal eine feine Eiskruste erhält.

Der Anblick veranlasst sogar unseren wortkargen Teenager zu einer poetischen Wortmeldung: »Mama, das ist wirklich ein Bild aus einem Horrorfilm. Es sieht aus, als ob die Häuser selbst bluten.«

Merkwürdigerweise gibt es – zumindest in unserer Region – keine Verwendung für das ganze Blut. Es wird nicht aufgefangen und zu Blutwurst verarbeitet. Die transsilvanischen Kinder scheinen andere Leibgerichte zu haben als Blutklößchensuppe. Also gibt es auch keine Schüsseln voller Blut, in die unser blonder Michel seinen Kopf stecken und nicht wieder herausbekommen könnte. Das ist eigentlich das Einzige, was unser Dorf von Astrid Lindgrens Lönneberga unterscheidet.

Alles andere wird verarbeitet. Nur die Elemente, die wirklich keine menschlichen Liebhaber finden – zum Beispiel der Dickdarm, die Galle oder die Geschlechtsorgane –, werden zur Freude der Straßenhunde verteilt.

Doch zurück zum ersten dieser archaischen Events, bei denen ich selbst Zeugin sein durfte. Jürgen muss am Schlacht-Samstag noch ein dringendes Softwareproblem lösen, also machen sich Johann und ich allein auf den Weg zum Hof, wo Tante Felicia und Neffe Bogdan leben. Als wir ankommen, ist das Schwein schon tot. Es ist mittelgroß, eine Sau, und liegt auf einer Europalette im Innenhof. Bogdan ist mit einem Gasbrenner bewaffnet und verkokelt das Tier damit gekonnt, bevor er die Borsten abkratzt und abspült.

Noch ein wenig Gefuchtel und Gesäbel mit dem Messer, und uns wird ein Teller mit länglichen, zumeist streifenförmigen Hautstücken gereicht. Sieht verdammt roh aus. Aber ich habe ja mit eigenen Augen gesehen, dass das Schwein gründlich und umsichtig von allen Seiten abgeflammt wurde.

Ich probiere brav das *șorici*. Die schwarzen Borstenreste irritieren mich minimal. Okay, denke ich. Nicht so genau hinschauen. Das ist jetzt auch nichts anderes als Krustenbraten, nur eben anders zubereitet. Wahrscheinlich sogar gesünder, weil nicht so verbrannt. Also rein damit!

Und tatsächlich schmeckt es ganz gut. Angenehm im Biss, eher zart als knorpelig, mit einer ganz feinen Geschmacksnote nach Speck und Feuer. Wie eine zu stark verdünnte Essenz, eine ferne Erinnerung an Krustenbraten.

Johann, den solche Überlegungen nicht plagen, kaut mit vollen Backen und hält Proviant-Hautstreifen in beiden Händen, als er wieder zum Spielen abzischt. Ich nippe am Schnaps und nehme noch ein Stück *șorici*. Tante Felicia nickt mir wohlwollend zu. Ich glaube, ich habe gerade meinen ersten Initiationsritus als Wahl-Rumänin bestanden.

Das angebotene Ohr (das linke) kriege ich dann aber nicht mehr runter. Obwohl es ja auch nichts anderes ist als Haut und damit sozusagen unverbrutzelter Krustenbraten … »Bei aller Liebe«, sage ich, »das schaffe ich nicht mehr, habt ihr vielleicht eine Tüte? Ich will es meinem Mann mitbringen. Der sitzt den ganzen Tag vor dem Computer, und er mag herzhafte Snacks, der kann so ein Ohr bestimmt gut vertragen …« Ich muss noch dreimal beschwören, dass wir garantiert wiederkommen, dann darf ich mit meinem Ohr von dannen ziehen.

Tatsächlich ist Jürgen sehr angetan, weniger vom mittlerweile kalten Ohr als von der Aussicht auf sein erstes richtiges Schlachtfest. Also packen wir die jüngsten beiden Söhne ein und marschieren zum Hof, wo die Party steigt. Es ist extra noch ein Cousin dazugekommen, der besser Deutsch spricht als Bogdan. Er setzt unsere Söhne kurzerhand auf die Stute Stella und führt sie ein paarmal die Straße auf und ab. »Schau mal, Mama, ich bin ein Ritter!«, quietscht Johann. Währenddessen tischen Tante Felicia und Bogdan auf, was Küche, Stall und Grill hergeben: Kräutersalz, Hausbrot, eingelegte Gurken, knusprige Fleischstückchen. Wein und Schnaps werden geradezu unbarmherzig nachgeschenkt. Das einzige nicht hausgemachte Produkt ist die Fanta für die Kinder.

Und wir lernen ein tolles Gerät kennen, eine Eisenschale auf Füßen mit Stiel in der Mitte: Kochtopf und Grill in einem. Man stellt es einfach direkt in die Glut und lässt im breiten Rand zum Beispiel frischen Speck aus. Bogdan frittiert darin Kartoffelstücke. Bisschen selbst gemixtes Kräutersalz von Tante Felicia drüber: Fertig. Ungelogen die besten »Pommes« meines Lebens. Nicht mal Johann fragt nach Ketchup.

»Wir grillen auch sehr gerne«, smalltalke ich, erzähle von unserem Lieblingsrezept für Stockbrot und erkläre, dass das in Deutschland aber oft nicht so einfach ist. Die Nachbarn regen sich über den Rauch auf, es gibt vorgeschriebene Abstände zu Wohnhäusern und so weiter und so weiter.

»Ja, ich weiß«, nickt der Cousin. »Ich wollte auch mal in Deutschland grillen. Dafür bin ich extra zu einem Grillplatz gefahren. Da standen sogar Schilder: Grillplatz. Dann habe ich angefangen, aber da kam schon die Polizei. Die haben gesagt, so, wie ich grille, darf ich da nicht grillen.« Er lacht und zieht die Schultern hoch. »Dann bin ich halt woanders hingefahren, wo kein Grillplatz war, und hab da gegrillt …«

Das geschenkte Ohr übrigens wird natürlich auch noch verwertet, ich brate es später zusammen mit klein geschnittenen Schwartenstückchen im eigenen Fett knusprig. Köstlich!

9

Woody, Thor, die Marsrakete und der hackende Hacker

Doch so gut *șorici* & Schnaps von innen wärmen – nach jedem Frühling kommt wieder ein Herbst, und für den nächsten wollten wir heiztechnisch besser aufgestellt sein.

Um unsere selbst für deutsche Verhältnisse etwas angespannte Haltung zu Heizanlagen zu verstehen, muss man die Vorgeschichte kennen: Wir haben vor einigen Jahren mein Elternhaus renoviert und dort ein von der KfW gefördertes Energiesystem auf dem allerneuesten Stand der Technik einbauen lassen. Nach Monaten auf der Baustelle mit Dutzenden Anfragen, Anträgen und mehreren für die Förderung erforderlichen Besuchen eines Energieberaters, dessen Rolle sich hauptsächlich auf das Verteilen von bunten Broschüren beschränkte, stand also diese Ausgeburt der Ingenieurskunst in unserem oberbayerischen Keller: eine Gastherme. Mit Stirlingmotor. Die seither regelmäßig komplett kaputt geht. Bevorzugt in den Weihnachtsferien, wenn auch meine Schwestern mit ihren Kindern Oma und Opa besuchen und dann insgesamt acht Erwachsene und acht Kinder ohne Heizung und warmes Wasser dastehen. Einmal hatten wir für zweieinhalb Tage solch rumänische Verhältnisse, bis endlich der Vertrags-Installateur kam und Abhilfe schuf: Es lag an »den Elektroden«. Schon zweimal musste die Therme heimlich, still und leise vom Hersteller ausgetauscht werden. Abgesehen davon, dass sie eben mit Gas läuft, wofür die Therme an sich ja nichts kann.

Ich weiß, ich weiß: Heute kann man angesichts des Handwerkermangels in Deutschland schon froh sein, wenn wenigstens der Energieberater kommt. In meinen Träumen stelle ich mir trotzdem gerne vor, was wohl die Dorfbewohner hier mit so einem Energieberater anstellen würden. Ich denke, sie wären dabei ganz im Geiste von Daniel Düsentrieb äußerst kreativ und zupackend.

Als wir jedenfalls Jahre später nach der optimalen Lösung für unsere rumänische Renovierung suchen, sind wir wild entschlossen, alles angeblich so Ausgefuchste weit von uns zu weisen. Nix allerneuester Stand der Technik! Nix mit empfindlichen Sensoren! Nix mit mysteriöser Vergasung in der Doppelkammer bei über neunzig Prozent Energieausbeute – und schon gar nix mit *Elektroden*!

Das Gasnetz, das so viele südosteuropäische Ortschaften mit seinen gelben Rohren verunziert, reicht sowieso nur bis ins Nachbardorf. Wir entscheiden uns für die einzige regional verfügbare Energiequelle, die wir auch unter erschwerten Bedingungen jederzeit irgendwie beschaffen zu können glauben: Holz.

Schweren Herzens reißen wir den märchenhaften, gemauerten alten Brotbackofen ab und gießen den Boden des Backhäuschens mit Beton-Estrich aus, um Platz für die geplante *centrăla* zu schaffen.

In einer kleinen Hermannstädter Heizungsbaufirma kaufen wir einen knallrot lackierten, weniger effizienten, dafür aber unkaputtbaren Ofen aus polnischer Produktion namens Woody. Woody schafft nur etwas über siebzig Prozent Energieausbeute und hat bloß ein einziges Plus hinter dem »A«. Dafür funktioniert er ganz unprätentiös: Klappe auf, einheizen, Klappe zu, fertig. Dann gibt es ein Höllenfeuer, mächtig genug für die knapp dreihundert Quadratmeter Wohnraum, die es nach Kellersanierung und Dachausbau mal irgendwann werden sollen. Woody ist mir auf Anhieb sympathisch. Sein schlichter Brennraum schluckt alles, inklusive mittelgroßer alter Hexen. Außerdem bekommen wir ihn dank einer Delle in der Außenhülle (wahrscheinlich hatte sich die letzte Hexe noch gewehrt) ordentlich reduziert.

Damit wir das Feuer auch mal ausgehen lassen und ein bisschen auf Vorrat heizen können, soll Woody Unterstützung von einem sogenannten Puffer erhalten. Das ist ein Wasserspeicher, der die überschüssige Hitze aufnimmt und so dafür sorgt, dass im Fall eines Überdrucks nicht sämtliche Ventile platzen und einem das kochende Wasser um die Ohren spritzt. Weil wir nicht aus unserer deutschen Haut können und vorausschauend handeln wollen, bestellen wir den größten aller auf dem Markt erhältlichen Puffer. Er ist so groß, dass der Heizungsbauer ihn nicht mal zu Anschauungszwecken vor Ort hat.

Okay, Woody kommt pünktlich. Ebenso eine riesige blau verschweißte Matratze, zwei Meter hoch und fünf Meter lang: Die Isolationsschicht für den Puffer.

Kurz darauf wird auch der dazugehörige Puffer geliefert. Er sieht aus wie eine mattschwarze Marsrakete. Und er ist auch so schwer, selbst in leerem und nacktem Zustand. Der Schwerlast-

Lieferwagen setzt ihn mit der Hebebühne in unserem Hof ab, so nahe wie möglich an den Bestimmungsort im ehemaligen Backhäuschen. Es wirkt nicht so, als würde der da überhaupt reinpassen. Und selbst wenn: Wie bekommt man eine Vier-Zentner-Marsrakete mit griffloser Oberfläche eine Stufe hinauf und in einen winzigen Raum hinein?

Die Handwerker regeln das auf die rumänische Art: Tür aushängen, alle männlichen Nachbarn inklusive Bürgermeister versammeln und sich gemeinsam ein paar Brüche heben. Schon beim Zugucken wird meinem Beckenboden ganz anders. Ich habe wirklich große Sorge, dass der Puffer umkippt und jemanden erschlägt. Wie durch ein Wunder tut sich niemand weh.

»Mit dem Ding kann man das ganze Dorf beheizen«, staunt einer.

Wenn man aber mal nicht gleich den Woody anschmeißen und per *centrăla* das ganze Dorf beheizen möchte, haben wir immer noch zwei Kachelöfen. Der türkisblaue im Elternschlafzimmer tut seinen Job nach dem Entfernen der ungeplanten geflügelten Mitbewohner wieder ganz wunderbar. Gibt es in Rumänien überhaupt Kaminkehrer? Manchmal wäre es vielleicht besser. Aber auch hier griff die Nachbarschaftshilfe. »In eurem Kamin wohnen Bienen«, sagte uns einer der Handwerker lapidar und schickte uns zum Dorfladen, eine Schornsteinbürste kaufen. Wenig später landeten ein paar Kilo Waben und tote Insekten auf dem Kompost. Sorry, Bienen, ihr wart zum falschen Zeitpunkt am falschen Ort! Immerhin waren sie alle bereits vom Qualm euthanasiert, weil wir den Kachelofen schon vorher angeheizt und uns noch gewundert hatten, weshalb er so schlecht zieht.

Der braune Kachelofen war dagegen in eine überflüssige Zwischenwand eingemauert und ist der Wohnzimmervergrößerung zum Opfer gefallen. Als Ersatz bestellen wir das optisch ansprechende Modell Thor. Thor besticht durch die kubische schwarze Stahlhülle mit drei großen Sichtfenstern. Dadurch kann man das Feuer von allen Seiten des Wohnzimmers gut sehen. Theoretisch. Im Geiste freuen sich mein Mann und ich schon darauf, nackend auf einem Eisbärenfell herumzutollen, während draußen der Schneeregen an die Scheiben klatscht und drinnen sowohl in unseren Lenden als auch im Thor die rote Glut prasselt.

Praktisch ist es mit unserem nagelneuen und noch etwas zu feuchten Brennholz ziemlich unmöglich, eine ausreichende Temperatur zum Freibrennen der Scheiben zu erzeugen. Wir sind schon froh, wenn das Feuer beim vierten Versuch überhaupt einigermaßen am Leben bleibt. Qualmend schmurgelt es dann vor sich hin und rußt die schönen Sichtfenster zu.

Während es draußen kälter und kälter wird, sitzt mein Mann jeden Morgen auf dem Wohnzimmerboden und poliert seinen Thor. Nix mit Eisbärenfell.

Im Herbst verfügen wir schließlich über genügend trockenes Brennholz. Wir haben zweimal nachbestellt: einmal in ofengerechten Scheiten, hübsch ordentlich mit Draht auf Paletten verzurrt. Doch auch hier steigen die Preise aufgrund des Ukraine-Kriegs mit all seinen bitteren Begleiterscheinungen. Dass die Nachfrage nach Brennmaterialien aller Art mächtig anzieht, hat sich bis nach Rumänien herumgesprochen. Bei der Bestellung vereinbaren wir 3200 Lei (ca. 640 Euro) für den Lastwagen, der aus einem eine Stunde entfernten Bergdorf kommt. Den Liefertermin eine Woche später kann er wegen starken Schneefalls nicht einhalten. Als er Anfang April vor dem Haus steht, kostet die Ladung plötzlich 3500 Lei – »die Teuerung, der Diesel …«

Wir sind in der glücklichen Lage, zähneknirschend 300 Lei drauflegen zu können. Nicht allen wärmebedürftigen Menschen geht es finanziell so gut, das ist uns bewusst. Und die Inflation hört ja nicht auf: Nicht mal ein Jahr später zahlen wir bereits 800 Lei für eine einzelne Palette mit 1,7 Raummetern. Das ist schon der Freundschaftspreis dank Sammelbestellung mit der Nachbarin. 800 Lei beträgt auch die monatliche Rente von Bogdans Tante Felicia, die allerdings Holzrechte an einem nahe gelegenen Waldstück besitzt und nur ein paar kräftige Verwandte losschicken muss, um es im Winter warm zu haben. Tante Felicia ist zwar selbst kinderlos, hat aber neun Geschwister und vierundvierzig Nichten und Neffen. Auch wenn einige davon in Neuseeland leben, sollte sich da immer jemand finden.

Der bayerische Energieberater dürfte sich trotzdem mal bei uns aufwärmen. Wenn er Holz hacken kann. Das ist nämlich *die* Tätigkeit, die alle rumänischen Hausbesitzer vereint: Von September bis Weihnachten verwandelt sich jeder Innenhof in eine Freiluft-Muckibude mit schwitzenden Berserkern, die blitzende Beile schwingen.

Ich muss sagen, ich bin gar nicht so schlecht darin. Als Kreative habe ich eine gute, von jahrzehntelangem Häkeln, Zeichnen und Schönschreiben gestählte Hand-Auge-Koordination und treffe meistens auch da, wo ich hinhacken will. Doch mit meinem eher birnenförmigen Körperbau fehlt mir einfach die Durchschlagskraft im Schulterbereich, weshalb ich mich meist mit dem kunstvollen Aufschichten des Holzes zufriedengebe.

Die Axt überlasse ich meinem Mann, der damit zum echten Doppel-Hacker wird: ein Holz hackender Computerhacker!

Doch als sich eine Gelegenheit ergibt, günstig einen weiteren Lastwagen voller Brennholz zu beziehen, ist auch er am Ende seiner Hack-Künste. Denn was da so schwungvoll in unseren Innenhof gekippt wird, dass das schöne neue Pflaster zentimetertief eingedrückt wird, das ist kein Brennholz – das sind gevierteilte Baumstämme. Aber okay, sie waren günstig, es stand zum Glück kein Kind drunter, und ungefähr zehn Prozent von den Riesentrümmern passen auch einfach so in den Woody.

Den Rest könnte doch mein Kumpel Bauer Nicolae erledigen, rät uns ein Nachbar. Der habe da eine Maschine zum Holzspalten. Als Nicolae also das nächste Mal vorbeischaut, bitte ich ihn um Hilfe, und er sagt geschmeichelt zu. »Kostet nix, nur ein Bier!«

Am Samstag darauf erscheint er im dunkelblauen Arbeitspullover, leiht sich unsere Axt und legt los. Einfach so. Was der immerhin sechzigjährige, mehrfache Großvater mit der Axt macht, spottet der Schwerelosigkeit und verschiebt das Raum-Zeit-Kontinuum. Wir kommen mit dem Gucken gar nicht hinterher, geschweige denn mit dem Stapeln. Mit zwei Schubkarren hetzen wir atemlos über den Hof, während Nicolae die Baumstämme einen nach dem anderen leichthändig über die Klinge wirbeln lässt und dabei noch Luft hat, ein fröhliches Liedchen zu pfeifen. In einer Viertelstunde hat er den Baumhaufen zu Kleinholz verarbeitet und ist noch nicht mal ins Schwitzen gekommen. Ich gebe ihm im Stillen einen Indianer-Ehrennamen: *Der mit dem Holz tanzt.*

»Ich dachte, du hast eine Maschine für so was«, staune ich.

»Klar hab ich eine Maschine!«, lacht Nicolae und deutet auf seine Armmuskulatur.

10

Von Flügeltüren, Fiberglasmatten und Fäkaltanks

In den eineinhalb Jahren vor dem Hauskauf hatten wir uns ein gutes Dutzend rumänische Immobilien angesehen: von der schwülstigen Hundertfünfzig-Quadratmeter-Bude mit viereinhalb Meter hohen Stuckdecken bis zum hypermodernen Loft mit zehntausend Steckdosen und Seeblick. Gleich die erste Wohnung in einem baufälligen Jugendstilpalais im »kleinen Wien« Timişoara hatte einen akuten Haben-Wollen-Reflex ausgelöst, doch als die Söhne der Verkäuferin von unserer Staatsangehörigkeit erfuhren, schraubten sie den zuvor mühsam heruntergehandelten Preis direkt um vierzig Prozent nach oben und wollten fünftausend Euro *mehr* als ursprünglich ausgerufen! »Die haben gesagt: Mama, das sind Deutsche! Deutsche können das zahlen«, entschuldigte sich unsere äußerst bemühte, ansonsten sehr resolute Maklerin peinlich berührt.

Stimmt schon. Deutsche können prinzipiell alles Mögliche zahlen. Aber verkackalbern wollten wir uns dann doch nicht lassen, immerhin hätten wir noch einige zehntausend Euro in die

Sanierung investiert. Wir sagten schweren Herzens ab und suchten weiter.

Ironie des Schicksals: Ein Jahr später, im tiefsten Corona-Herbst, rief uns die Maklerin von damals unerwartet an. Es gebe gute Nachrichten, erklärte sie freudig erregt. Man wolle uns die Wohnung nun doch für den ausgehandelten Preis verkaufen! Doch mittlerweile waren wir uns sicher, dass uns das herrlich romantische Jugendstilpalais im Zentrum der Altstadt auf Dauer nicht glücklich machen würde. Die Pandemie hatte all die ersehnten Vorteile einer Stadtwohnung – spontan essen gehen, shoppen, die Auswahl an kulturellen Angeboten – schlagartig zunichtegemacht. In der Nähe größerer Menschenmassen zu sein, das erschien uns plötzlich nicht mehr so attraktiv.

Aber zurück zu unserer Villa und weshalb wir ihr verfielen. Niemand konnte es sich in den vergangenen hundert Jahren leisten, irgendetwas zu sanieren – und das war gut so. Weder hässliche Baumarktfliesen noch schlecht verlegtes Laminat überdecken die heiter-herrschaftliche Aura der hellen Räume. Niemand hat die drei Meter zehn hohe Decke mit Rigipsplatten abgehängt, um Heizkosten zu sparen. Sogar die ursprüngliche Wandbemalung ist vollständig erhalten. Akkurat ausgeführte florale Silberschnörkel von der Musterwalze, in jedem Zimmer ein anderer Pastellton. Flügeltüren, so hoch, dass man durch sie hindurch Federball spielen könnte. Schwarze Bakelit-Drehschalter, wie man sie aus Nachkriegsdramen kennt. Es gibt zwei Eingänge: einen zwischen Sommerküche und Büro für das Dienstmädchen und die Mitarbeiter der Erbauer. Um dem Dienstmädchen unnötige Wege zu ersparen, geht es gleich daneben durch eine halb so hohe Tür hinab zu den Vorratsräumen (und der Schnapsbrennerei) im Keller.

Der eigentliche Haupteingang liegt prominent neben dem Hoftor, hat sakral wirkende bunte Glaseinsätze und führt auf direkterem Weg in den privaten Wohnbereich. Beim Besichtigungstermin lässt sich die Tür nicht öffnen, das Schloss klemmt. »Den Eingang hat seit fünfzig Jahren niemand mehr benutzt«, entschuldigt sich der Verkäufer. »Das war, sagemol, zu unpraktisch.« Nach dem Krieg, spätestens nach der Enteignung der Popas 1948, war die Ära der Hausangestellten eben vorbei – alle gingen durch die Dienstmädchentür. Ilie Popa, der Mühlen-Pate, war mit sechsundfünfzig wieder zum armen Mann geworden und erhielt eine monatliche Rente mit dem Gegenwert von zwei Schachteln Zigaretten.

Im riesigen Weinkeller, der von einer pittoresk baumelnden nackten Glühbirne erleuchtet wird, finden wir später holzwurmdurchlöcherte Teigwannen und zwei Meter lange Brotschuber. *Muzeul meu personal*, nenne ich das Haus in Nachrichten an meine rumänische Freundin in Deutschland. Mein persönliches Museum.

Wir waren uns von Anfang an einig, dass wir keinen 0815-Umbau mit Laminat und modischen Fliesen wollen, die später unseren Enkeln die Schamesröte ins Gesicht treiben. Kein Zeitgeist sollte unser Schloss verschandeln! Wir wollen eine sanfte Sanierung, die dem wunderbaren Haus sein Gesicht lässt und möglichst viel von der hundertjährigen Geschichte in die Gegenwart hinüberrettet.

Uns ist klar, dass diese Herangehensweise in Rumänien nicht überall auf Verständnis stößt, als wir uns auf die Suche nach einem Generalunternehmer machen. Nachbar Moga erzählt uns vom besten Handwerker des Dorfes, Florin, der ganz viele Mitarbeiter habe und so ein Projekt ganz bestimmt stemmen könne. Leider ist der sagenumwobene Florin bis Weihnachten komplett ausgebucht. So lange können wir nicht warten – Steinzeit spielen ist nur im Sommer cool.

Netterweise organisiert uns der Makler einen Kandidaten von außerhalb. Die Immobilienfirma habe schon öfter mit ihm zusammengearbeitet, er sei zuverlässig. Doch schon sein abschätziger Blick beim Rundgang lässt uns zweifeln. Seine erste Frage ist, ob wir auch wirklich nicht die hohen Decken abhängen wollen. Ein Meter weniger, günstige Rigips-Platten, was das für Heizkosten sparen würde! Und die Risse in den Wänden seien so praktischerweise auch gleich überdeckt …

Nein, das wollen wir wirklich nicht. Schließlich haben wir ja gerade einen Altbau mit hohen Decken gesucht. Und diese hier, drei Meter zehn, sind sowieso noch vergleichsweise niedrig – in Timişoara hatten wir mit vier Metern fünfzig geliebäugelt (was dann tatsächlich etwas unpraktisch ist, wenn man beim Fensterputzen zur Klappleiter greifen muss oder sich im Sommer sämtliche Moskitos der Umgebung an der unerreichbaren Schlafzimmerdecke kringelig lachen).

Aber noch mal Nein. Statt übertünchen und ausbessern wollen wir es lieber gleich von Grund auf gescheit machen. So gut wir eben können. Dazu gehört zuallererst einmal, die Raumaufteilung für unsere Zwecke zu optimieren: Um ein großes Wohnzimmer mit einem daran anschließenden richtigen Bad zu erhalten, sollen zwei Trennwände eingerissen und die dabei frei werdende herrschaftliche Flügeltür zur Badezimmertür werden. Dass die beiden alten, nur eins siebzig hohen Türen zu Waschraum und Räucherkammer nicht bleiben dürfen, ist nach einigen Beulen auf Jürgens Stirn klar – und bei der kassettierten Flügeltür zwischen dem alten Kontor und dem ehemaligen Elternschlafzimmer handelt es sich um eine handwerkliche Meisterleistung. Nix verzogen, schließt prima, eine wunderschöne Antiquität. Und wer, bitte, hat schon ein Klo mit Flügeltür? Das ist doch wahrer Stil, finden wir.

Die milde Verwunderung im Gesicht des studierten Bauingenieurs macht jetzt dem blanken Entsetzen, ja geradezu Ekel Platz. Nein, das würde ganz sicher nicht gehen, die alten Türrahmen seien viel zu fest mit der Mauer verklebt. Und wieso wir denn überhaupt diese uralte Tür behalten wollten, es gebe doch mittlerweile auch ganz tolle Türen im Baumarkt!

Das versprochene Angebot reicht er erst gar nicht ein, die Diskrepanz zwischen unseren Vorstellungen ist auch so zu offensichtlich. Eine Weile sind wir unsicher. Sind wir mit unserem Wunsch nach gelebter Zeitreise denn wirklich so auf dem Holzweg?

Doch dann kommt Meister Cosmin, und alles wird gut. Es war ein Tipp aus der Nachbarschaft, und wir haben gleich die Hoffnung, dass einer aus der Gegend unserer Bude mehr Respekt entgegenbringt. Immerhin wird er uns in Zukunft ja noch öfter über den Weg laufen und sich nicht jedes Mal hinter einem Pferdekarren verstecken wollen, weil er einst unseren Bau verpfuschte.

Meister Cosmin ist ein drahtiger Kettenraucher mit stahlblauen Augen im unbewegten Pokerface. Er sieht aus wie Clint Eastwood in *Für eine Handvoll Dollar*, nur einen Kopf kleiner, und wir danken dem Universum jeden Tag für ihn. Meister Cosmin kann wirklich alles und ist sich auch für nichts zu schade. Beim sintflutartigen Juniregen klettert er schnell mal aufs Dach und räumt die verstopfte Regenrinne aus.

1A Gurken einlegen und Weißwein ausbauen kann er natürlich auch noch, das verwundert uns schon gar nicht mehr. Zwei riesige Weinfässer von bestimmt fünfhundert Litern Fassungsvermögen stehen in seinem Keller neben der Heizungsanlage, die er uns zeigt. Prompt dürfen wir ein Stamperl probieren und bekommen eine Zwei-Liter-Flasche geschenkt, *un cadou*. Es ist ein echtes Wundergetränk, Cosmins Weißwein: unbestimmter Alkoholgehalt, ziemlich konzentriert. Was zuerst etwas sauer-erdig daherkommt, entpuppt sich beim Verdünnen mit Wasser als fruchtiger Genuss mit starker Apfelnote, die Jürgen sehr an seinen heimischen Frankfurter Äppler erinnert. Ich genieße ihn lieber pur und ganz langsam. Der Geschmack unseres Dorfes.

Man könnte sich Meister Cosmin hervorragend als Nachfolger von Chuck Norris vorstellen: Ganz gleich, welche schier unlösbare Herkulesaufgabe man ihm auch überträgt, er nickt knapp an seiner brennenden Zigarette vorbei und erledigt es. Allerdings darf man über Chuck Norris Witze machen. Über Meister Cosmin nicht.

»*Nu este o casă simplă. Este o vilă cu istorie. Palatul mic. Iubim istorie!*«, erkläre ich seinem kleinen Handwerkertrupp unsere Beweggründe und lege mir dabei dramatisch die Hand aufs Herz. Dies ist kein einfaches Haus. Es ist eine Villa mit Geschichte. Ein kleiner Palast. Wir lieben Geschichte!

Meister Cosmin zuckt trotz meiner lückenhaften Grammatik mit keiner Wimper. Er zieht an seiner Zigarette und nickt, als wäre das doch sowieso selbstverständlich.

»*Putem începe în iunie*«, sagt er. Wir können im Juni anfangen. Und das tun sie dann auch.

Die Wand zwischen ehemaligem Kontor und Schlafzimmer ist das Erste, das fällt. Der ach so fest verklebte Türrahmen bleibt noch eine Weile frei im Raum stehen wie ein Tor in eine nicht länger existente Welt, dann bauen die Jungs ihn ohne jegliche Kollateralschäden in die zukünftige Badezimmerwand ein. Es sieht so aus, als wäre es immer schon so geplant gewesen.

Anschließend verkabelt Elektriker Dumitru das ganze Haus inklusive Keller und Sommerküche neu, bevor die Jungs systematisch alles mit Gewebematten einputzen und streichen. Hinterher glatter als im Baujahr, garantiert. Um die kunstvoll mit Rollen aufgedruckten bunten Farbmuster ist es schade, aber so kann ich meiner eigenen kreativen Ader freien Lauf lassen. Inspiriert pinsle ich einen lebensgroßen Nosferatu an die Schlafzimmerwand, der sich ab sofort immer zusammen mit mir vor der Morgendämmerung erschrickt.

Und dann – ja, dann wird per Schwertransport ein riesiger Fäkaltank aus Fiberglas mit Doppelkammer angeliefert und per Minibagger in unserem Hof vergraben, während Cosmin und Team die Kellerdecke durchbohren und ein ausgeklügeltes System von weißen Frisch- und grauen Abwasserrohren verlegen. Wir kaufen ein sogenanntes Hauswasserwerk, eine schrecklich laute, schrecklich starke Pumpe. Das Frischwasser kommt aus dem Brunnen über einen vorgeschalteten Filter herein, und das Abwasser nimmt verschlungene Wege hinaus: Dusche, Badewanne, Waschbecken, Spül- und Waschmaschine gehen in die Sickergrube, die Klospülung rauscht in den Doppelkammertank, wo die dunkle Materie bis zum Eingreifen des Nachbarn mit dem Pumpwagen friedlich vor sich hin gärt.[8]

Et voilà: Panta rhei, alles fließt!

Nichts gegen die Badewanne im Hof und das Plumpsklo – aber das ist schon eine Offenbarung.

Jetzt haben wir ein Plumpsklo draußen und ein Palastklo mit Flügeltür drinnen, und das benachbarte Wohnzimmer hat Tanzsaalgröße. Bis der Keller ausgebaut ist, stehen hier die Kinderbetten, und der Tanzsaal wird zum Playmobil-Lego-Duplo-Paradies mit gelegentlichen Plüschbärattacken, die aber von »Piu, Piu!« rufenden Aliens in Waschkorb-Raumschiffen meist schnell wieder unter Kontrolle gebracht werden.

~

SO GANZ NEBENBEI
Warum hier ohne WhatsApp gar nichts geht

Eigentlich wollte ich mit dem Abschied aus Deutschland auch das unselige WhatsApp mit all seinen nervigen Gruppen loswerden und zum Konkurrenten Signal wechseln, doch gerade rechtzeitig besann ich mich: Ohne WhatsApp würden wir heute noch völlig isoliert in einer unrenovierten Bude sitzen, komplett abgeschnitten von der südosteuropäischen Welt. Wichtige Informationen

8 Da passt schon was rein. Als wir nach einem Jahr das erste Mal abpumpen lassen, wäre es eigentlich noch gar nicht nötig gewesen. Und das mit sechs mittlerweile windelfreien Personen! Na gut, bei Plusgraden wird auch das gute alte Plumpsklo noch häufig frequentiert.

über Schulausflüge oder anstehende Stromausfälle werden ausschließlich hier geteilt. Sogar mit unserer Steuerberaterin und dem Hausarzt regle ich alles über die Datenkrake mit dem grünen Häkchen. Geht nicht anders. Rumänen LEBEN auf WhatsApp.

Natürlich auch unser Meister Cosmin. Welchen Wunsch auch immer wir ihm per WhatsApp antragen – die Antwort ist immer »Ok«. Dabei ist er in Wirklichkeit gar kein Meister, sondern Lastwagenfahrer. Doch das war ihm zu langweilig.

Während er durch die Zombieapokalypse in den Sonnenuntergang reitet, den Weg rechts und links von Leichen gesäumt, bis an die Zähne bewaffnet mit top sortierten Werkzeugen, tippt er noch eine WhatsApp-Nachricht an Gottvater: »Ok.«

~

11

Mit allen Wassern gewaschen

Freitag, der 13. August ist ein echter Glückstag. Das liegt in erster Linie an Meister Cosmin, der uns zum Erwerb eines Elektroboilers rät. Ursprünglich wollten wir die Warmwassererzeugung als rundes Gesamtsystem mit der Holz-Zentralheizung koppeln, doch bis das funktioniert, wird es noch bis in den Herbst dauern. Die Rohre und Heizkörper sind zwar bereits angebracht, wir haben uns aber noch nicht einmal für einen Kessel entschieden. Weil das Wasser (wenn auch kalt) schon fließt, improvisieren wir Erwachsenen eben, es ist ja eigentlich warm genug. Die Kinder verweigern sich allerdings der kalten Dusche. Sie wollen, wenn überhaupt, baden. Hin und wieder können wir das Hygieneproblem mit einem Ausflug ins Freibad lösen, doch das ist nur ein Tropfen auf dem Tiefenreinigungsbedarf. In Kombination mit dem Baustaub befinden sich die Kinder bald in einem Zustand, wo es schwierig wird, sie noch dreckiger zu kriegen. Wir Eltern waren auch schon mal gepflegter.

An diesem Morgen also kommen die Handwerker in dem Moment auf den Hof, als Jürgen mir dort gerade über Johanns leerem Sandkasten mit dem Gartenschlauch die Haare auswäscht. Das Wasser im Gartenschlauch ist nämlich noch ein klein wenig sonnenwarm und hat ein paar Grad mehr als das eiskalte Brunnenwasser im Haus. Ich knie und kreische. Wir haben durchaus Spaß bei der Aktion, aber Meister Cosmin kann solche steinzeitlichen Verhältnisse in seinem Einflussbereich nicht dulden.

Kurzerhand kutschiert er uns in seinem alten Dacia zu sich nach Hause und zeigt uns seine eigene simple Lösung, die einen strombetriebenen kleinen Boiler beinhaltet. Für den Sommer reiche das vollkommen aus, meint er. Warum mit dem Warmduschen bis November warten? Den Boiler könne man hinterher immer noch als Puffer, also Warmwasserspeicher, in das Heizsystem integrieren. Wenn das unbedingt sein müsse. Noch ist der Strom in Rumänien billig. Wir sind überzeugt, kaufen im Dedeman-Baumarkt den größten erhältlichen Boiler mit zweihundert Litern Fassungsvermögen und lassen Cosmin im Keller damit herumzaubern. Wenige Stunden später haben wir fließendes WARMES Wasser aus unserem eigenen Brunnen!

Und zwar in verschiedenen Grüntönen. Das liegt daran, dass es auf dem Weg zu unserem Brunnen durch den Kirchenhügel sickert, und der ist sehr eisenhaltig. Manchmal kommt es auch ein bisschen rotbraun daher, doch meistens ist es eindeutig grün, beinahe neongrün. Wir scherzen, dass wir für solche Effekte früher Badezusätze von Tinti gekauft hätten. Wieder was gespart also. Zum Glück macht auch grünes Eisenwasser in Kombination mit genügend Shampoo Kinder sauber.

12

Tomaten und Wischi-Waschi

Für die gründliche Reinigung von innen empfiehlt sich dagegen glasklarer Schnaps. Als Bauer Nicolae von meinem schlimmen Magen-Darm-Problem im Frühjahr hört, sagt er ganz verwundert: »Ja, wieso hast du denn nicht einfach rechtzeitig einen *rachiu* getrunken?!«

Bauer Nicolae ist eine Koryphäe, nicht nur auf dem Gebiet der richtigen Flüssigkeitszufuhr. Auf seinen rings um das Dorf verteilten kleinen Feldern und im Gemüsegarten hinter dem Hof baut er einfach alles an, was da eben wächst: rote Kartoffeln, weiße Kartoffeln, Kürbisse, komische rumänische Zucchini, Weißkohl, Schlangengurken, Cornichons, rote Zwiebeln, weiße Zwiebeln, Lauch, grüne Paprika, rote Paprika, weiße Bohnen, grüne Bohnen, Salat, Spinat, selbstverständlich auch Knoblauch … »Morgen bringe ich dann Äpfel, Maiskolben, Birnen, *e bine*? Für die Kinder, ein Geschenk. *Un cadou, un cadou!* Kostet nix – nur ein Bier.«

Er ist völlig zu Recht stolz auf seine Kompetenz in der Nahrungsmittelerzeugung. Seine Tomaten schmecken einfach unschlagbar, alle drei Sorten: kleine runde zum einfach so Essen, riesige fleischige Ochsenherzen zum Soße Einkochen und grüne Tomaten zum süßsauer Einlegen. Und den Alkohol, den macht er auch selbst. Weißwein und den Pflaumenschnaps *țuica*, eh klar, aber auch Wischi-Waschi. Davon schwärmt er mir vor in lyrischen Worten, die Hand aufs Herz gelegt, als er gerade eben wieder Tomaten gebracht hat und neben mir auf einem Plastikstuhl im Hof sitzt. Ich verstehe nicht viel mehr als Wischi-Waschi, denn das wiederholt er immer wieder: »Wischi-Waschi! Wischi-Waschi eben!« Dieser Wischi-Waschi bestehe aus kleinen roten Früchten, aber nicht aus Trauben, und er habe sechzig Grad. Natürlich könne ich auch mal kosten, er habe extra was zum Testen mitgebracht, da würde ich schon sehen, wie gut der Wischi-Waschi sei. Wie viele Kilo ich haben wolle?

Um seinen Wortschwall zu unterbrechen, hebe ich einen Zeigefinger und spreche: *»Eu aduc un pahar.«* Ich hole ein Glas. Schon das versetzt den alten Bauern in Verzückung. »Schaut euch die *doamnă* an«, jauchzt er den stirnrunzelnden Bauarbeitern zu. »Die *doamnă* trinkt mit mir! Sie holt ein Glas!«

Ich hole also zur Vorsicht zwei Schnapsgläser, um das Vergiftungsrisiko meinerseits etwas zu reduzieren, und Nicolae zückt einen schmierigen Flachmann mit dem sagenhaften Wischi-Waschi.

Wie sich herausstellt, handelt es sich dabei um eine sirupartige, dunkelrote Flüssigkeit. »Probier, probier! Sechzig Grad!« Wir prosten uns zu, und ich probiere. Ich erfahre einen süßen, fruchtig-vollen Geschmack und später dank intensiver Internetrecherche doch auch noch den vollständigen Namen: Sauerkirschlikör, *vișinată*!

Versteht sich von selbst, dass ich gleich ein ganzes Kilogramm vom guten Wischi-Waschi erstehe, abgefüllt in eine Aqua-Carpatica-Literflasche (Aqua Carpatica ist das lokale Selters und kommt in PET-Flaschen mit angedeutetem Diamantschliff, das sieht dann schon recht edel aus). Seither rundet der Likör unsere regional-lokale Ernährung ab.

Ein Stamperl Wischi-Waschi unter dem Sternschnuppenhimmel, wenn die Kinder an langen Sommerabenden um gefühlt fünfundzwanzig Uhr siebenundsechzig endlich eingeschlafen sind – der perfekte Tagesausklang.

Nicolae ist schon ein Schlitzohr. Aber ein äußerst liebenswertes. Das findet auch unser Jüngster, der beim Anblick des alten Mannes jedes Mal in Verzückung gerät und mit erhobenen Armen durch den Hof hüpft. »Mama, der Nicolae ist da! Der Nicolae, der Nicolae!«[9]

Gern greift Johann auch nach Nicolaes Hand und zieht ihn hinter sich her: »Komm mal mit, Nicolae, ich muss dir was zeigen.«

»*Ce vrea?*«, fragt Nicolae dann gerührt. Was will er?

Aber eigentlich ist die internationale, vertrauensvolle Zuneigung zwischen diesen beiden Herren auch wortlos funktional.

9 Die Aussprache dieses Namens gelingt ihm viel besser als die seines Kindergartenkumpels Nicuşor: Zu dem sagt er gnadenlos *Nie-Kuhschauer*. Dabei ist das Gegenteil der Fall, denn der kleine Nicuşor hat sogar jede Menge Kühe zum Anschauen: Zwischen zweihundert und zweihundertfünfzig Stück hält seine Familie, je nach Saison.

13

Königsbodenständig

Ich komme ja aus den Bergen. Und zwar so richtig. Mein erster urkundlich nachgewiesener Vorfahr ließ sich 1349 am Eibsee nieder, um dort Fische zu züchten und ein paar Ziegen und Schafe zu halten. Was soll man auf tausend Metern über Meer auch sonst machen? Die steinige, magere Erde der mittleren Kalkalpen taugt nicht wirklich zum Ackerbau.

Das ist – wie so vieles – hier am Rande des Karpatenbeckens ganz anders. Die Erde hier ist ein *Gestaltwandler*.

Zwischen April und November ist die Erde so trocken, dass sie reißt. Sobald ein paar Quadratzentimeter irgendwo freiliegen, verhält sie sich dort wie Wüstenboden. Die Farbe ist ein unangenehmes, helles Gelbbraun, das an den Windelinhalt von Säuglingen erinnert. Bei der Gartenarbeit ergibt sie keine Schollen oder gar Grassoden, sondern zerfällt sofort zu Staub, als hätte man einen vergessenen Sandkasten erwischt. Oder versehentlich einen besetzten Vampirsarg ans Tageslicht befördert.

Sobald es jedoch regnet, saugt sich die Erde voll, verwandelt sich schlagartig in einen schwammigen schwarzen Schleim oder schleimigen schwarzen Schlamm, der unter den Schuhsohlen zehn Zentimeter dicke Polster bildet und Gummistiefel von kleinen Kindern im Ganzen verschluckt. Es ist wie bei diesen Knetmassen mit Spezialeffekten, die man in ausgewählten Museumsshops kaufen kann: eine schier unglaubliche Änderung des Aggregatzustands. Alles, was man dazu braucht, ist ein bisschen Wasser und/oder Sonne.

Merkwürdig, dass dieser spröde, unberechenbare Mutterboden gleichzeitig derart fruchtbar ist. Nicht zu Unrecht ist das Land in der Karpatensenke als Königsboden bekannt: das Land, in das einst der ungarische König die deutschen Siedler berief und sie mit Sonderrechten ausstattete, weil ihm die Bewirtschaftung und vor allem auch die Verteidigung dieser geologischen Sahneschnitte so sehr am royalen Herzen lag.

Mir als Nachfahrin bettelarmer Bergbauern würde dieser Königsboden die Neidtränen in die Augen treiben, wenn ich nicht selbst ein Stückchen davon besitzen würde. Die Kartoffeln, die auf den transsilvanischen Äckern mangels Wirtschaftlichkeit liegen bleiben, sind so groß wie die »großen« Kartoffeln zu Hause im kargen Alpental. »Gagalan« hat mein Opa zu den daumennagelgroßen Knöllchen gesagt und sie seinen sieben Kindern als besondere Delikatesse angepriesen. In Wirklichkeit war der Hintergrund des Gagalan-Essens natürlich nicht Großvaters elitärer Gaumen, sondern die blanke Not der Nachkriegszeit. Denn die größeren Kartoffeln dienten samt Schale gekocht als Schweinefutter. Mein 1953 geborener Vater erinnert sich noch, wie er als hungriges Vorschulkind abends mit den Geschwistern heimlich solche Kartoffeln aus dem zum Abkühlen gestellten Riesentopf nahm. Man durfte nicht zu viel vom Schweinefutter klauen, damit die Mutter nicht schimpfte.

Um herauszufinden, weshalb der rumänische Ackerboden derart fruchtbar ist, müssen wir mal über Dünger sprechen. In monatelanger Undercover-Recherche unter dem Vorwand des Spazierengehens (macht auf dem Land kein normaler Mensch) habe ich der Erde hier ihr Geheimnis entlockt: *Schuhe.* Ja, die Rumänen düngen ihre Felder bevorzugt mit alten Schuhen. Egal, ob robuste Arbeitsstiefel, durchgewetzte Sandalen oder Gummischlappen mit geplatzten Halteriemen – das Ding muss nach dem Ende seiner Einsatzzeit raus aufs Feld. Da liegt der Schuh dann, bis er untergepflügt wird und irgendwelche angesammelten Energien ins Erdreich abgibt. Wahrscheinlich entzieht sich die genaue makrobiologische Wertschöpfungskette bisher unserem westlichen Wissenschaftsverständnis, aber so muss es sein.

Gegen das Unkraut greift man hingegen auf das gute alte Glyphosat zurück. Wobei – was genau die Einheimischen damit machen, weiß ich nicht, vielleicht trinken sie das Zeug auch zur Brotzeit. Beim Spazierengehen durch die Krautgärten und Weinberge kommt man jedenfalls alle zwei Meter an einer leeren Literflasche RoundUp vorbei, was die Leute natürlich trotzdem nicht davon abhält, immer auf »bio, bio!« als Verkaufsargument zu verweisen.

Dem Nicolae glaube ich das sogar. Wenn der Pestizide verwenden würde, wären in seinen Rüben nicht so viele Würmer. Für die Pastinaken könnte er eigentlich wegen des hohen Gehalts an Fremdprotein den Kilopreis von Hackfleisch abrechnen.

Jedenfalls, so stolz die Einheimischen auch immer den Wert ihres frischen Landlufts (im Rumänischen ist die Luft männlich) hervorheben: Tatsächlich stinkt es sehr oft ganz fürchterlich. Aber gesundes Stinken halt. Guanoduft und Klärschlammaroma statt Feinstaub.

Das wirkliche Drama spielt sich in einem Dorf ohne Kanalisation sowieso *unter* der Erde ab, in den Sickergruben. Am besten ist der/die frische Landluft jedenfalls über dem »rostigen Hügel«[10] hinter der Kirche, den wir im Winter gern zum Rodeln, im Sommer zu Papierfliegerwettbewerben aufsuchen.

Wenn mich fremde Rumänen fragen, wie es mir auf dem Dorf gefällt, sage ich mittlerweile ungerührt: »Sehr gut, und zwar wegen der Kinderfreundlichkeit und des *aer proaspăt*, des frischen Lufts.«

Ist ja auch gar nicht gelogen. Camilla, eine liebe Freundin von mir, ist Künstlerin und arbeitet mit Gerüchen. Sie hat schon auf der ganzen Welt Erinnerungen hervorgerufen, Stimmungen erschaffen, Fragen aufgeworfen. Und sie hat mich darauf aufmerksam gemacht, dass in unseren deutschen Sprichwörtern der Geruchssinn viel zu oft negativ belegt ist: Man soll seine Nase nicht in fremde Angelegenheiten stecken, heißt es zum Beispiel. Schnauze voll haben, unter die Nase reiben, sich nicht riechen können … Schluss damit! Freie Fahrt für die Geruchsrezeptoren! Besser als Großstadtsmog ist so ein Gülleduft allemal. Es sind die Gerüche des ewigen Kreislaufs des Lebens.

Der Kreislauf des Lebens will auch, dass die uralten Weinstöcke in unserem Hof sich jeden Mai in explodierende Spaßkanonen verwandeln. Ich mag Wein. Aber ich kannte mich bisher nur mit

10 Es gibt zwei Hügel hinter dem Dorf, deren Namen beide auf die ursprünglich deutsche Besiedelung zurückgehen: Der hintere heißt *Dealul Sașilor*, Sachsenhügel, und der vorgelagerte *Roșteal*. Das ist ein Lehnwort für das deutsche »rostig«, da auf dieser Anhöhe mit dem Weitblick ins Tal noch bis ins Mittelalter hinein die Spuren eines römischen Militärlagers zu sehen waren.

dem Endprodukt aus. Dass die knorrigen schwarzbraunen Stumpen über Nacht plötzlich meterlange hellgrüne Ranken kreuz und quer durch die Gegend schießen, überfordert mich anfangs. Oder besser gesagt überwuchert. Ich komme mir ein wenig bedroht vor: Aus dem vermeintlichen Totholz quillt unaufhörlich eine unendliche Biomasse, die alles umschlingt und frech in die geschlossenen (!) Fenster unseres Wohnwagens eindringt. Regendicht, aber nicht rankendicht. Der Wein wächst gefühlt einen Meter pro Tag, hängt überall herunter und kriecht auf der Suche nach neuem Lebensraum über den Boden. Den Wohnwagen kann man schon bald nicht mehr sehen, auf dem Weg zum Komposthaufen muss man mit beiden Händen die Lianen beiseite drängen. Kein Wunder, schließlich durfte das Grünzeug auf diesem Grundstück während der letzten Jahre tun und treiben, was es wollte. Grundsätzlich mag ich Gartenarbeit ja gerne und würde mir durchaus einen grünen Daumen attestieren. Wäre es da nicht hübsch, wenn die Weinranken so wachsen würden, wie *ich* es will? Wenn sie vielleicht eines Tages ein grünes Dach bilden, eine Pergola beklettern würden, sodass wir darunter im Schatten sitzen könnten, über uns die baumelnden Trauben?

Also beschließe ich, die sieben Weinstöcke zu erziehen, und kaufe mir eine Gartenschere. Ich kaufe außerdem einen günstigen Pavillon aus Stahlrohr, stelle ihn zwischen zwei Weinstöcke und binde die Hauptäste mit Kabelbindern daran fest. Der Wein nimmt das neue Rankgerüst gerne an. Aber natürlich sind meine Gartenschere und ich weiterhin täglich gefragt, um ein Durchkommen zu ermöglichen. Ich stelle mich auf eine Klappleiter und schneide und schneide. Der Haufen Biomasse auf dem Komposthaufen wächst, aber der Wein ist nicht dumm und wächst ebenso, und zwar tricky entlang der Dachrinne, wo ich selbst mit der Klappleiter nicht hinkomme. Entnervt fange ich an, die Ranken einfach am unteren Ende zu packen und abzureißen.

Dabei erwischt mich eines Tages der Elektriker Dumitru. »*Nu, nu*, nicht rupfen!«, beschwört er mich. »Und schneiden ist auch nicht gut, da wächst er ganz falsch nach. Du musst sie *knicken*!«

»Knicken?!«

»Ja, knicken. Schau mal, so ...«

Und er demonstriert mir, wie man die Weinranken mit einer einzigen kleinen Handbewegung sauber abbricht, indem man sie in der Blattachsel knickt – und zwar immer unterhalb des jeweiligen Fruchtansatzes.

»*Deci, strugurii au nevoie de lumină*. Also, die Trauben brauchen Licht. Dann musst du auch noch dieses Blatt da und dieses hier wegmachen, und dieses dort ...«

Eine Weile knicken wir nebeneinander vor uns hin, bis er zufrieden ist. Der Zwei-Minuten-Weinbau-Crashkurs ist beendet.

Dumitrus Tipps zeigen Wirkung: Als wir im August aus dem Wohnwagenurlaub zurückkehren, hat sich zwar der Innenhof erneut in einen Dschungel verwandelt – aber anders: Von unten wuchert das Unkraut meterhoch, darüber hängen die Reben traubenschwer.

Und sie sind wahnsinnig aromatisch. Ich esse so viele ich kann, aber die Kinder mögen sie nicht, wegen der Kerne. Einmal mache ich mir die Mühe und presse per Hand einen Liter Traubensaft durch ein Mulltuch, der sich in einer Glasflasche am Fenster tatsächlich in allerfeinsten, süßen Most verwandelt. Es funktioniert! Ich habe *Alkohol* gemacht!!

Ich traue mich jedoch nicht, eine teure Ausstattung zu kaufen. Noch einmal presse ich Traubensaft per Hand und verrühre ihn mit Zucker und *țuica* zu Likör, den ich »Deppenwein« nenne. Aber natürlich verringert auch der Deppenwein die Erntemenge nicht merklich.

Also frage ich den Nuschti, ob er unsere Trauben brauchen könne. Der Nuschti macht eindeutig den besten Wein im Dorf und heißt eigentlich Octavian, doch wegen Johanns Kontaktfreudigkeit, die sich auch von mangelnden Rumänisch-Kenntnissen nicht bremsen lässt, nennen wir ihn anders: Bei einer Rauchpause im Hof fragte Johann den Handwerker nach dessen Namen – natürlich auf Deutsch. Dann kam er zufrieden zu mir in die Küche und erklärte mir, dass der gute Mann »Nuschti« hieße. Ich verschüttete vor Lachen fast das Nudelwasser: Natürlich hatte der arme Kerl auf die unverständliche Kinderfrage in einer Fremdsprache nicht seinen Namen gesagt, sondern *»Nu ştiu«*: Ich weiß nicht.

Jedenfalls weiß der Nuschti in Wahrheit ziemlich viel. Zum Beispiel, wie man einen gut ausbalancierten Rosé macht. Einem so begabten Privatwinzer wie dem Nuschti kann ich meine bescheidene Ernte guten Gewissens anvertrauen. Und tatsächlich nimmt er gerne an. Zwei Männer pflücken in unserem übersichtlichen Innenhof zwei ganze Riesensäcke voll. Fünfzig Kilo Trauben von sieben Weinstöcken – Rekord! Kommendes Jahr will ich es wirklich selbst versuchen mit dem Weinmachen.

Eines Abends ist Bauer Nicolae recht melancholisch drauf. Das liegt daran, dass ihn sein Sohn Bogdan tags darauf wieder verlassen und für drei Monate nach Deutschland gehen wird, diesmal zur Traubenernte. Von sich aus fragt der einsame Vater nach einem Stamperl *ţuica*, *»dar numai mic«*, aber nur einem kleinen. Er erzählt mir zum zweiten Mal vom schlimmen Schicksal des jüngsten Sohnes, der mit nur vierundzwanzig Jahren auf der Suche nach einem verirrten Rind verstarb. Er lief gerade über einen Hügel und sprach sich über Smartphone mit einem mitsuchenden Nachbarn ab, als ein Gewitter aufzog. Ein Blitz schlug ein – mitten in seinen Kopf, er war auf der Stelle tot. Das ist nun fast fünf Jahre her, aber für die Hinterbliebenen natürlich trotzdem kaum zu ertragen.

Die Familie ist ein typisches Beispiel für die immer noch weit verbreitete Arbeitsmigration der Rumänen: Der älteste Sohn pendelt als Lkw-Fahrer zwischen England und Deutschland. Zwei Töchter leben ganz woanders in Rumänien, eine als Servicekraft in der Nähe von Venedig, eine als viel beschäftigte junge Mutter im Dorf. Nur die jüngste Tochter geht noch zur Schule und wohnt zu Hause. Aber Bogdan, der Mittlere, ist eben der letzte Sohn, der dem alten Bauern Gesellschaft leistet.

~

SO GANZ NEBENBEI
Wieso Rumänen Rum-Aroma lieben

Was dem Deutschen sein Maggi, ist dem Rumänen seine Rum-Essenz. Nie werde ich vergessen, wie ich für eine längere Autofahrt nichtsahnend eine große, bunte Packung Kekse der weit verbreiteten Marke Eugenia für die Kinder kaufte und sie mir dann alle fast ins Genick kotzten. »Mamaaaa, das schmeckt nach

Alkohoooool!« Ja, beim Kauf von Süßigkeiten muss man wirklich aufpassen wie ein Luchs! Irgendwo, ganz weit unten im Kleingedruckten, steht es dann: *Cu aromă de rom*. Mit Rum-Aroma. Jetzt könnte man glauben, dass die Liebe zum *aromă de rom* einfach an der Namensgleichheit liegt. Ein Wortspiel. *AROMă de ROMânia*. Aber der wahre Grund, weshalb Rumänen Rumgeschmack lieben, liegt im so ziemlich einzigen internationalen Handelsabkommen Ceauşescus – und zwar mit dem befreundeten sozialistischen Regime Fidel Castros. Der importierte Rum der fernen Zuckerrohrinsel Kuba gilt seither einfach als der Inbegriff der Exotik.

~

14

Murături te salutant

Ob ich Tomaten bräuchte?, fragte mich Bauer Nicolae. Nein, ausnahmsweise nicht, jedenfalls keine roten mehr, die stapeln sich immer noch auf dem Vampirsarg[11] im Keller. Na, dann bringe er mir eben grüne, kein Problem, das gebe 1A *murături* vom Feinsten!

Murături ist der Überbegriff für jedwedes sauer eingelegte Gemüse, das die Rumänen sehr variantenreich zu quasi jeder Mahlzeit reichen. Mir kommt beim Stichwort *murături* immer mein Lateinunterricht in den Sinn. Denn angeblich riefen die Gladiatoren beim Einzug in die Arena des Kolosseums ihrem Chef etwas sehr ähnlich Klingendes zu: *Ave Caesar, morituri te salutant.* Heil dir, Cäsar, die Todgeweihten grüßen dich. Und *morituri* und *murături* – das liegt doch wirklich ganz nah beiein-

11 Lange haben wir gerätselt, weshalb wir eine tiefe, gemauerte Grube mit Holzdeckel im Gewölbekeller hatten, in die genau ein Erwachsener in Embryonalstellung passt. Jetzt wissen wir es: Es war eine Kalkgrube, um ungelöschten Streukalk zum Desinfizieren aufzubewahren.

ander, obwohl Sauerkonserven und fermentiertes Gemüse bei jedem Ernährungsberater für leuchtende Augen sorgen.

Voller Begeisterung über meinen eigenen Wortwitz male ich den Spruch an die Küchenwand, daneben eine auf einer Gabel aufgespießte leuchtend grüne Essiggurke in einem großen schwarzen Herzen.

Was ebenfalls reif sei: *Sfecla! Sfecla roşie*. Bauer Nicolae rudert mit Händen und Füßen, um mir das Gemüse zu erklären: Es wachse am Boden, sei rund und rot.

Ich rate: Rotkohl?

Nu, nu, kein Rotkohl. Aber so ähnlich. Auch rund und rot, aber ohne Blätter. *Creşte IN pământ*, es wächst IM Boden. Und es macht rote Hände!

Wieder stehe ich auf der Leitung. Rote Hände? Dass ein erfahrener Landwirt mit Hausschlachtung nicht vor etwas Lebenssaft zurückschreckt, ist mir klar. Aber sogar beim Umgang mit Gemüse? Rohes Rumänien! Rot? Blut?, frage ich ungläubig.

Nu! Kein Blut, nur *Suc*. Saft! Roter Saft! Ganz viel! Macht rote Hände!

Endlich fällt bei mir der Groschen. Rote Bete! Super, die mag ich. Eingelegte Rote Bete und Borschtsch – prima Ergänzung zu den ganzen Kartoffeln. Die Aussicht, dass ich ihm gleich zehn Kilogramm davon abnehmen will, heitert Nicolae auf. Und noch was hat er mir anzubieten: *hrean*. Es klingt, als wäre dem alten Bauern etwas in die Nase geflogen: Chhhrrrréan! Ich habe wie so oft keine Ahnung, was er meint.

Er geht kichernd vom Hof, denkt sich vermutlich: Die spinnt doch, die rosahaarige Deutsche. Aber sie nimmt mir immer brav mein Grünzeug ab, also mag ich sie.

Das beruht auf Gegenseitigkeit. Ich kichere auch jedes Mal in mich hinein, wenn Nicolae abzieht: Der spinnt doch, das alte Schlitzohr! Aber ich mag ihn. Und er hat wirklich, wirklich gute Tomaten.

Sogar über hellseherische Fähigkeiten verfügt er, wenn er eigenmächtig eine Fantaflasche mit einem *Kilogramm vişinată* vorbeibringt. Er hatte wohl geahnt, dass sich unser erstes Kilogramm nach vier Wochen dem Ende zuneigt. Wischi-Waschi schmeckt einfach zu gut.

Sofortige Lieferung frei Haus im Dauer-Abo plus automatischer Vorratsauffüllung! Nicolae ist einfach die Ökokiste mit einer Pferdestärke. Nur die Kündigungsfunktion ist uns noch nicht so klar. Aber das beabsichtigen wir auch gar nicht. *Hrean* – vom alpenländischen Kren – entpuppt sich übrigens als Meerrettich.

15

Autarkie für Anfänger

Ich sitze (standesgemäß mit Bikini und Adiletten) in der Morgensonne am baustaubigen Plastiktisch und entkerne Pflaumen zum Einkochen. Nachbar Neluțu hat sie mir vorbeigebracht. Alle sind perfekt, jede einzelne Frucht ist wurmfrei und reif und lässt sich wie von selbst entkernen. Bei der zweiten Pflaume fällt mir auf, wie unglaublich groß einige von den Dingern sind: Bei uns im bayerischen Bergdorf freut man sich über Äpfel in diesem Format.

Neluțu, der sich generell nicht lumpen lässt, hat die Pflaumen aber auch besonders gut ausgesucht. Es sind »offizielle« Pflaumen aus dem Garten hinter dem Haus. Um die an der Straße kümmert sich keiner. Äpfel, Birnen, Pflaumen: Niemand pflückt sie. Sie fallen ungeliebt zu Boden und werden vom Traktor zu Matsch gefahren. Vielleicht sind diese alten Dieseltraktoren der Grund, dass das Straßenobst als unrein gilt? Aber so viele von denen fahren da auch wieder nicht entlang.

»Wollt ihr Äpfel?«, ruft uns ein Bauer im Dörfchen Sângătin beim Vorbeiradeln zu. Es ist die hellgelbe, weichfleischige Sorte, die einen wunderbaren Apfelkuchen ergibt und beim Kochen quasi freiwillig zu Apfelmus zerfällt, aber schnell verdirbt. Der ganze Boden ist mit ihnen übersät, sie kugeln sogar die abschüssige Straße hinunter. Mehrere Erwachsene sind damit beschäftigt, diesen einen Baum abzuernten – und er steht ganz eindeutig *vor* dem Haus. »Nehmt, nehmt, wir haben so viele!«, ruft der Bauer.

Das ist des Rätsels Lösung: Es ist Erntezeit. Dieses fruchtbare Land quillt förmlich über vor Obst und Gemüse, und am Übergang von August zu September wird alles gleichzeitig reif. Es ist nicht so, dass die Leute ihre Pflaumen- oder Apfelbäume vor dem Haus nicht schätzen. Sie kommen nur einfach nicht hinterher mit dem Verarbeiten.

Marmelade machen, Wurzelgemüse einlagern, Pilze trocknen, Apfelmus herstellen: In Deutschland riechen solche Tätigkeiten immer noch nach unterforderter Hausfrau, Instagram-Gesundheitsapostel oder gar Bedürftigkeit. Das lohnt sich doch alles gar nicht, sagte meine eigene Mutter noch vor wenigen Jahren und verwies auf den geringen Preis von Apfelmus im Supermarkt.

Stimmt schon. Aber wer sagt denn, dass es im Supermarkt auch nächsten Monat noch billiges Apfelmus gibt?

Der Apfelbaum draußen im Hof oder an der Straße, der ist real. Der steht da fest verwurzelt, dem ist die politische Lage wurscht. Zum Glück.

»Sag mal, wie groß ist eigentlich dein Grundstück?«, fragt mich Nachbarin Elena während eines ganztägigen geplanten Stromausfalls.

Weil mein Akku leer ist und ich sowieso nicht arbeiten kann, gehe ich im Dorfladen ein paar Erledigungen machen. Wenn mal wieder länger Stromausfall ist, steht in jedem zweiten Hoftor eine ältere Dame und lauert auf analoge Neuigkeiten, so auch Elena. Sie lädt mich auf einen Ratsch zu sich ein, und ich nutze die Gelegenheit gerne, bei ihr einen heißen Kaffee zu trinken. Sie war schlau und hat rechtzeitig eine Kanne vorgekocht, weil sie dank Dorf-WhatsApp-Gruppe[12] schon im Voraus über den Stromausfall Bescheid wusste.

»Na ja«, antworte ich, »der Innenhof ist ungefähr so groß wie deiner, würde ich sagen. Also vielleicht so dreihundert Quadratmeter.«

Tatsächlich ist unser Hof durch seine zentrale Ecklage so ziemlich der einzige im Dorf, bei dem es nicht hinter der Scheune zum Hausgarten geht. Das etwas außerhalb gelegene, einst dazugehörige Stück Land für den Eigenbedarf wurde nicht mitverkauft.

Elena stellt mit ernster Miene ihre Kaffeetasse ab. »Und sonst hast du nichts? Keinen Acker, kein Feld, kein Land?« Ich verneine. Sie schlägt die Hände über dem Kopf zusammen und ringt um Fassung. »Aber Rita! Dann musst du ja alles kaufen!«

»Wie meinst du das, alles? Brennholz oder wie?«

Elena beugt sich zu mir vor, eine Mischung aus Mitleid und Entsetzen im Gesicht. »Na, jede Zwiebel, jede Kartoffel, jede einzelne Tomate – ALLES!!!«

»Ich habe schon einen Topf mit Schnittlauch, und hinter dem Plumpsklo wächst Liebstöckel«, verteidige ich mich, aber das verfängt bei Elena nicht. Ab sofort sind meine Familie und ich in

12 Ja, die WhatsApp-Gruppen – Fluch und Segen. Doch wenn dort der Bürgermeister persönlich über den Stromausfall informiert, eindeutig eher Segen.

ihren Augen von akuter Mangelernährung, Immunschwäche und Skorbut bedroht. Mindestens.

Wir tun ihr wirklich leid. Und im Grunde hat sie ja recht: Wir haben zwar einen Brunnen und ein Plumpsklo und vielleicht in näherer Zukunft auch mal eine Solaranlage, aber all das ist nur ein müder Abklatsch von Autarkie. In Rumänien bist du der Depp, wenn du nicht backen, räuchern, wursten oder wenigstens anständig einkochen kannst. Jeder, wirklich jeder, hat seine privaten Bezugsquellen für »echte« Lebensmittel. Sogar in den Vorratskammern der elegantesten Stadtpalais von Timişoara stehen die selbst eingemachten *murături* in Reih und Glied, und mitten in der Altstadt von Sibiu beschäftigte sich ein altes Ehepaar neben unserer Ferienwohnung mit dem Einlegen von Essiggurken. Und warum auch nicht? Selberkönnen, Selbermachen hält gesund. So etwas sind ganz selbstverständliche Everyday Life Skills. Einem Rumänen musst du nicht erklären, was ein Notvorrat ist und wie man ihn anlegt. Wer jemals von einer rumänischen Familie in den Vorratskeller eingeladen wird, der kann froh sein, wenn er die Kellerstufen danach aus eigener Kraft wieder hinaufkriechen kann – so kugelrund und besoffen.

»Hier, ein Stück Kohl, noch nicht ganz fertig für die *sărmăle*, aber jetzt schon ein prima Salat. Besser als euer Sauerkraut, oder? Probier unbedingt auch diese Essiggurken! Nein, nicht nur eine, sonst hast du doch noch den Kohlgeschmack im Mund. Von der *zacuscă* gebe ich dir gleich noch ein Glas mit, schau, das Brot habe ich vorhin gebacken, und den Speck wollten wir sowieso anschneiden. Aber du kannst den Käse doch unmöglich ohne Zwiebeln essen! Du, der Wein hier muss dringend weg, das Fass muss umgefüllt werden, komm, noch ein Glas …«

Mir gefällt der Gedanke, dass vielleicht eines Tages technisch überlegene Aliens über Rumänien erscheinen. Sie könnten unsere Gegend kugelrund ausstanzen und in einer hermetisch abgeschlossenen Glaskuppel in den Weltraum mitnehmen, um wie in einem Zoo-Terrarium die menschliche Zivilisation zu studieren. Das Experiment würde wunderbar funktionieren: Keine lebenswichtige Lieferkette wäre unterbrochen, das Dorf könnte jahrhundertelang weitermachen wie bisher. Man würde sich schon zu helfen wissen. Manche Bewohner würden die Verlagerung ins Weltall vermutlich nicht mal bemerken. Wie viele menschliche Siedlungen verfügen schon über einen derart intakten Mikrokosmos?

Die kulinarischen Einflüsse, die ich persönlich übernommen habe, sind ganz schlicht und alltagstauglich.[13] Okay, der Goldstandard fehlt in meinem Repertoire: der Maisbrei *mămăligă* (siebenbürgisch Palukes). Das liegt daran, dass ich ihn leider nicht vertrage. Damit bin ich historisch gesehen nicht allein, wie man in folgenden Spottversen erkennen kann:

Wo Hund und Kind Palukes würgen / ist meine Heimat Siebenbürgen.

Oder:

Mămăligă din malai / frisst die ganze Walachei.

13 Wer ein wirklich schönes Kochbuch voller Geschichten und Folklore sucht, der hole sich *Carpathia. Food from the Heart of Romania* von Irina Georgescu (für Nicht-Diabetiker darf es auch ihr süßes Nachfolgewerk *Tava* sein).

Tja, und wer kein Walache ist, tut sich manchmal schwer mit der Verdauung größerer Mengen Maismehls. Da fehlen uns Bewohnern der Nördlichen Kalkalpen einfach die entsprechenden Balkan-Enzyme. Aber probieren sollte man es mal! Die *mămăligă* ist schnell zubereitet und unglaublich vielseitig, zum Beispiel als *bulz*: Das ist ein faustgroßer Knödel, gefüllt mit Schafskäse und anschließend gegrillt, den sich die Hirten als Ein-Mann-Ration mit auf ihre Tagestouren nehmen.

Von wegen Schimpfwort für Teutonen: Die wahren »Krauts« sind die Rumänen. Und zwar schnippeln die das Sauerkraut nicht erst, sondern legen die Kohlköpfe im Ganzen ein. So werden sie zur Grundlage des Nationalgerichts *sărmăle*, der leckeren kleinen Krautrollen mit Reis-Hack-Füllung. Das Tolle daran ist, dass man die fermentierten Blätter easy zum Einwickeln benutzen, aber auch für einen schnellen Beilagensalat verwenden kann – das Kraut bleibt am Kopf nämlich knackig. Und die mühevolle Arbeit des Hobelns und Ausdrückens spart man sich auch noch. Günstiger kommt man nicht gesund über den Winter.

~

SO GANZ NEBENBEI
Warum man hier einen Fleischwolf braucht

Der Dedeman-Baumarkt in Alba Iulia (Karlsburg) verfügt über eine ausgezeichnete Auswahl an Haushaltsgeräten aller Art (wie übrigens alle Dedeman-Filialen, die in fast jeder Hinsicht den anderen einschlägigen Baumarktketten vorzuziehen sind). Ein Waffeleisen gab es leider nicht, dafür aber elf (!) verschiedene elektrische Fleischwölfe. Andererseits waren auch die Tisch- und Sandwichgrills stark vertreten. Und der Dedeman ist mit diesem etwas einseitigen Angebot nicht allein. Auch andere Einzelhändler sind längst auf den Fleischwolf-Zug aufgesprungen, in einem zentral gelegenen Haushaltswarenladen von Sebeş (Mühlbach) stehen ausschließlich Fleischwölfe im Schaufenster. Meine Vermutung: Wieso umständlich Waffeln backen, wenn man sich auch frisch durch den eigenen Fleischwolf gedrehtes Hackfleisch braten kann, vielleicht ja auf dem modernen Tischgrill? Klar, wer Hackfleischwürstchen als Nationalgericht hat …

Mir fällt ein Stein vom Herzen, als ich an einem Septembernachmittag meine weise Nachbarin Ana mit ihrem antiken Fleischwolf auf frischer Tat ertappe: Da sitzt sie in der Abendsonne und kurbelt kiloweise *Tomaten* zu Brei. »Die sind jetzt alle gleichzeitig reif, und so geht das am schnellsten«, erklärt sie. Anschließend kocht sie den Saft zu *bulion* ein, der Grundlage für viele Suppen und Schmorgerichte. Aber natürlich kann man in einem guten Fleischwolf mit dem entsprechenden Aufsatz auch andere Dinge zerkleinern: Zwiebeln, Obst, ganze Nüsse … Kurz gesagt: Der Fleischwolf ist der rumänische Thermomix.

~

16

Wer nicht frieren will, muss heiraten

Was zur Autarkie aber das meiste beiträgt, sind die sozialen Beziehungen. Ohne eine funktionierende Dorfgemeinschaft wird es schwierig, da braucht man gar nicht erst anfangen mit der Unabhängigkeit. Und das einfachste Mittel zur Absicherung gegenseitiger Hilfe und Unterstützung ist nun mal die Eheschließung. Wie einst bei den Habsburgern.

Die Rumänen heiraten sehr gern und leidenschaftlich, besonders von Mai bis September. Also eigentlich den ganzen Sommer lang. Mit einem Schwerpunkt jedoch im August, weil da die riesige Hochzeitsgesellschaft aus dem Ausland besser Urlaub nehmen kann.

An August-Wochenenden ist es kaum möglich, die Konfettikanonen und Hup-Konvois zu übersehen geschweige denn in irgendeinem größeren Restaurant noch Sitzplätze zu bekommen. Freitag, Samstag, Sonntag: Überall wird geheiratet, bis die Schwarte beziehungsweise das Paillettenkleid kracht. Eine ganze Sparte von Gastro-Betrieben – die *săli de evenimente* – hat sich auf das

Ausrichten von Hochzeiten spezialisiert. Dort gibt es dann fußballfeldgroße Räumlichkeiten mit kilometerlangen Tafeln, daran Hunderte Stühle in alpinweißem Barockimitat unter Kristallkronleuchtern, draußen Swimmingpool und Security-Dienst. Im nächsten größeren Ort Săliște entsteht derzeit im Rekordtempo ein griechisch-barocker Versailles-Verschnitt für achthundert Gäste, ausgelegt auf Feiern aller Art. Eine Kreuzung aus Disneyland-Märchenschloss und Tempel-Turnhalle ist das, die da wie eine Fata Morgana anstelle einer alten Aral-Tankstelle neben der staubigen Bundesstraße aufragt.

Und wie sich die Leute dafür aufbrezeln! Die Männer tragen Anzug und kommen alle direkt vom Friseur, der ihnen Schläfen und Nacken auf Pseudo-Skin getrimmt hat. Die Frauen ... Boah. Barbie-Prinzessinnen-Eiskönigin-Massaker ist noch untertrieben. Als wir einmal an einem zugegebenermaßen umwerfend schönen Vollmondabend auf einer zum Glück auch für Nicht-Hochzeitsgäste geöffneten Restaurantterrasse saßen, fiel unserer Tochter beim Anblick der vorbeiwogenden Gala-Roben fast das *șnițel* aus dem Mund. Satin, Spitzen, Schleppen, künstliche Klimperwimpern und Plateau-High-Heels in der Höhe von anderer Leute Kniescheiben. Wenn wir tagsüber unseren üblichen Ausflug in den Baumarkt absolvieren, kommen wir an den auf Hochglanz polierten Edelkarossen mit Hochzeitsgästen kaum noch vorbei. Sogar in unserem sonst so harmlosen Dorf steppt dann im für solche Zwecke zu mietenden, unweit gelegenen *căminul cultural,* dem Kulturzentrum, der Bär, aber gewaltig: Junge Männer mit frisch ausrasierten Nacken und Mädchen in knackengen Glitzer-Wurstpellen! Sämtliche Hits von Modern Talking bis zum Morgengrauen! An der Pforte geschmückte Birken und meterhohe Luftballontürme mit Micky-Maus-Gesicht obendrauf! (Schon wieder Disney. Man weiß nicht, was Micky Maus damit zu tun hatte, aber am nächsten Vormittag, beim Aufräumen, bekam Johann einen davon geschenkt.)

Weil wir selbst glücklich verheiratet sind, räumen wir in einem Anflug von Nostalgie sogar extra unseren Parkplatz. Wir wollen den jungen Leuten etwas gönnen und nicht auch noch einen dreckigen deutschen VW-Bus dazwischenquetschen. Zum Dank kotzt uns auch niemand vors Hoftor.

Wenn das hier jemand liest, der demnächst eine Eheschließung in Rumänien plant: Bitte ladet mich ein. Ich hülle mich in mein allerbestes Paillettenkleid, trinke auf euer Wohl, schmettere die Bayernhymne und tanze notfalls auch zu Modern Talking! Ernsthaft. Heiraten ist eine super Sache. Kann ich nur empfehlen. Man sollte es allerdings richtig ernst meinen und gar nicht erst an getrennte Schlafzimmer denken …

Ausgewachsene Rumänen scheinen ausschließlich in Ehebetten mit Vier-Quadratmeter-Bettdecken zu schlafen. Egal ob Bettbezug, Steppbett oder Daunen-Einziehdecke: Unterhalb des Formats 2 x 2 Meter gibt es allerhöchstens Disney-Lizenzdrucke. Selbstverständlich sind bei all diesen Riesendecken auch stets zwei Kopfkissenbezüge enthalten. Erst im Jysk Alba Iulia habe ich nach langer Suche Bettwäsche in annähernder Normalgröße (140 x 200 cm) gefunden, auf denen *singur* steht. Klingt in dem Zusammenhang etwas geringschätzig. Was, du armer Single musst mit einer so kleinen Bettdecke schlafen?

Meine mit einem Deutschen verheiratete rumänische Freundin Cătălina bestätigt meine Beobachtung: Ja, das mit der Bettwäsche ist ein Problem, die rumänischen Bezüge passen einfach nicht auf deutsche Betten. Ich gehe zu Privatimporten über. Als meine Großmutter stirbt, löst das unseren Bettwäschemangel nachhaltig: Meine sparsame schwäbische Oma hatte Dutzende von wenig benutzten Bezügen und Laken angehäuft und aufbewahrt, eine umfassende museale Werkschau der deutschen Heimtextilindustrie von 1970 bis 2020. Also decken sich unsere Kinder jetzt hin und wieder mit Feinbiber-Streublümchen und Neunziger-Revival-Jersey statt Paw Patrol und Glitzereinhorn zu. Das finde ich gut. Man braucht ja Abwechslung.

Aber warum? Warum gibt es in Rumänien nur große Bettdecken?

In einer kalten Winternacht, als der Kamin wegen des hohen Luftdrucks nicht richtig zieht, kuscheln Jürgen und ich uns schlotternd aneinander und haben eine Erkenntnis. »Jetzt wäre es doch gar nicht so schlecht, wenn wir auch so eine große Decke hätten und uns gegenseitig wärmen könnten«, bibbert Jürgen.

»Das muss so ähnlich sein wie bei diesen Naturvölkern im Amazonas-Dschungel, wo die ganze Familie zusammen in einer großen Hängematte wohnt«, überlege ich.

»Wenn du nicht frieren willst, musst du halt heiraten«, vollzieht Jürgen die logische Schlussfolgerung.

17

Von aragaz bis tuică: Die Vorgeschichte

Im Herbst 2004 war ich zweiundzwanzig Jahre alt, lebte als Studentin der Literaturwissenschaften in München und hatte keinerlei Bezug zu Rumänien. Ich vermutete lediglich, dass es dort viel Knoblauch, Schafe und Improvisation gäbe. Und eben Dracula! Der war mir schon wichtig. Immerhin wandelte ich als Gothic Girl sozusagen auf seinen Spuren. Ich trug vorwiegend Schwarz, schminkte mich blass, besuchte Untergrundpartys mit düsterer Musik, liebte tiefsinnige Gespräche bei Kerzenschein, all das.

Falls jemand vor zwanzig Jahren an einer bayerischen Bushaltestelle oder in der Nähe eines Münchner Friedhofs also zufällig mal ein grimmig dreinblickendes Mädchen mit zerrissenen Netzstrumpfhosen, Springerstiefeln und vielen silbernen Ohrringen herumlungern gesehen haben sollte, eventuell im Gefolge von langhaarigen Gestalten in Ledermänteln und vielleicht noch mit Rotwein im Tetrapak bewaffnet: Das war mit an Sicherheit grenzender Wahrscheinlichkeit ich.

Dann machte meine Freundin Pia, angehende Landschaftsplanerin, ein dreimonatiges Praktikum bei einer Tierschutzorganisation im transsilvanischen Târgu Mureş. Eine Stadt mit damals hundertvierzigtausend Einwohnern, von der ich noch nie zuvor gehört hatte. Doch sie verfügte über einen eigenen Flughafen. Die erst ein Jahr zuvor gegründete ungarische Low-Cost-Airline Wizz Air – von der ich auch noch nie zuvor gehört hatte – flog von München über Budapest für ein Butterbrot dorthin, wie mir Pia begeistert mailte.

»Es ist wirklich schön hier. Würde dir auch gefallen. Du könntest mich ja abholen!«

Im November war Pias Praktikum zu Ende, und ich landete an einem eisig-nebligen Nachmittag auf dem Flughafen von Târgu Mureş. Das Erste, was mir auffiel, waren die riesigen bunten Werbeschilder, die zwischen Flughafenzaun und Autobahn die Sterne vom Himmel versprachen. Fast ausschließlich deutsche Ketten: Deichmann, C&A, Lidl … Ich verstand zwar noch kein Wort Rumänisch, aber die Werbung versuchte mir überdeutlich klarzumachen, dass ich meine Weihnachtseinkäufe unbedingt bei Kaufland erledigen sollte und gleich daneben die allerbesten, frischesten Zutaten für ein leckeres Galadinner mit der Großfamilie bekäme – nur 1,3 km entfernt im nächsten Penny-Markt!

Zum Glück gestaltete sich mein Aufenthalt sehr viel regionaler und traditioneller. Pias Arbeitskollege und Freund Robert, »Bobi«, zeigte uns zwei Wochen lang Land und Leute. Wir besichtigten die Wehrkirchen der Region, von denen mir die Bauernburg Rosenau in deutlichster Erinnerung ist. Wir stapften knietief durch den Matsch – die Überweidung durch die vielen

Schafe führe zu Erosion, klagte Bobi. Wir zählten seltene Vögel und leider nicht so seltene Müllsäcke im Urwald. Wir liefen die Schäßburger Schülertreppe hinauf und zählten, ob es wirklich nur noch 175 von einst 300 Treppenstufen sind. Wir fotografierten uns mit ernsten Gesichtsausdrücken vor dem Geburtshaus von Vlad »Drăculea« Țepeș, dem Pfähler – das übrigens, wie ich heute weiß, erst hundert Jahre nach seiner Geburt gebaut wurde. Wir wollten auch die Braunbärenmutter mit ihren zwei Jungen fotografieren, die vier Meter vor unserem Taxi die Mülltonnen von Brașov heimsuchte, doch die Kälte hatte den Akku des Fotoapparats lahmgelegt. Wir übernachteten als einzige Gäste in einem abgelegenen Hotel in der absoluten Dunkelheit der Karpatenwälder, während draußen der erste Schnee fiel. Wir übernachteten auch bei einem Lehrer, der an seiner Berufsschule ab sofort »Friseurswesen« unterrichten sollte. Vier Stunden lang, jeden Montag! Er habe überhaupt keine Ahnung vom Friseurswesen, und die Schüler wollten das auch gar nicht lernen, aber der neue Lehrplan sehe das jetzt eben so vor. Da könne man nicht viel machen, außer montagmorgens zwei Stamperl *țuica* trinken, ausnahmsweise. Wir sahen Betonstützwände in Haarnadelkurven, an denen Graffiti des Diktators Nicolae Ceaușescu mit Engelsflügelchen prangten. Darunter stand in Großbuchstaben: *ÎN URMATOREA CURBA INTALNIȚI GHIDUL.* In der nächsten Kurve triffst du deinen Führer. Kein Wunder bei den Schlaglöchern. Wir sahen unmotivierte Gemeindearbeiter, die jene Schlaglöcher eigentlich auffüllen sollten, aber erst noch in aller Ruhe ihr Zigarettchen zu Ende rauchten, während der Asphalt im Schubkarren langsam zur Unbrauchbarkeit erkaltete. Ausgestattet waren sie mit einem kleinen Blechschäufelchen nebst Handfeger, was mir auch als wenig zielführend erschien. Aber was weiß ich schon vom Asphalt-Business!

Ich traute mich nicht, die berühmte saure Kuttelsuppe *ciorbă de burtă* zu essen. Ich traute mich aber, selbst gebrannten *ţuică* zu trinken. »Wir Bauern haben den ganzen Tag so viel schwere Arbeit vor uns, da genügt uns ein Kaffee am Morgen nicht. Stattdessen trinken wir ein Gläschen *ţuică*, das macht wirklich wach!«, erklärte man mir. Ich probierte es aus: Korrekt. Macht wach. Noch wacher im Sinne einer Vorurteilsvernichtung machte mich aber die unglaubliche Gastfreundschaft der Rumänen. Ich verliebte mich in *zacuscă*, eine »Gemüsemarmelade« aus Auberginen, Paprika und einem variablen Anteil anderer Gartengemüse. Sie wird im Spätsommer aus der eigenen Ernte gekocht und ist hauptsächlich Brotaufstrich, aber auch Dip oder Soßen-Grundlage. Wir aßen sie statt Butter zum Frühstück, wo sie das allgegenwärtige Weißbrot verzauberte: Mehr braucht man eigentlich gar nicht für eine vollwertige Mahlzeit. Unsere Vermieterin diktierte mir stolz ihr Familienrezept und erklärte mir gleichzeitig, dass ich wohl Schwierigkeiten bekäme, in Deutschland *zacuscă* zu kochen: »Um die Auberginen anzurösten, braucht man eine offene Flamme. Die Haut muss Blasen werfen. Das schmeckt sonst nicht richtig. Und ihr habt doch alle keine Gasherde in Deutschland!«

Das stimmte. Sowohl bei meinen Eltern und Freunden als auch in allen Studentenbuden, die ich kannte – überall Elektroherde. Ohne einen *aragaz* keine Chance. Ich notierte mir das Rezept für *zacuscă* trotzdem.

Insgesamt drei Rezepte nahm ich damals mit nach Deutschland: *zacuscă*, *salată de vinete* (Auberginensalat mit sehr, sehr viel hausgemachter Majonnaise) und als drittes und letztes, weil die Vermieterin der ungarischen Minderheit angehörte, *silvás gomboc*. Klingt wie der letzte Zufluchtsort der abtrünnigen Dunkelelben von Mittelerde. Aber es sind kleine Zwetschgenknödel aus Kartoffelteig, die man nach dem Simmern in gezuckerten Bröseln wälzt und die so lecker schmecken, dass der Sohn der Vermieterin angeblich dreißig Stück allein aufessen konnte.

Über diesen Sohn klagte uns die Vermieterin beim *cafea* ihr Leid. Er war nämlich eben mit stolzen dreitausend Dollar von einem Auslandssemester in den USA zurückgekehrt – und was hatte er sich davon gekauft? Nicht etwa ein Auto oder die Anzahlung für die eigene Wohnung, sondern *Computer*! Nichts als Computer! Das ganze schöne Geld, einfach so mir nichts, dir nichts auf den Kopf gehauen für eine Plastikkiste voller Elektronik, ein paar komische Kabel und ein Paar kleiner Lautsprecher. So werde es ihr einziges Kind doch niemals zu etwas bringen, jammerte die Mutter (selbst war sie Englischdozentin, die wegen des unterirdischen Gehalts im Bildungssektor als Sekretärin einer Autovermietung arbeitete).

Man weiß es nicht. Ich habe den Kontakt nicht gehalten und kann mich leider nicht mal mehr an den Nachnamen erinnern. Es würde mich aber nicht wundern, wenn meine ehemalige Vermieterin heute Zwetschgenknödel für die ganze Belegschaft des florierenden IT-Start-ups ihres Sohnes machen würde.

Meine erste Rumänien-Erfahrung war unvergleichlich schön. Doch das Saatkörnchen, das sich damals in mein Herz schlich, brauchte lange bis zur Blüte. Das Privatleben in Deutschland nahm mich in den Folgejahren mehr als ausreichend in Beschlag.

Ich beendete mein Studium, testete im Münchner Nachtleben meine Grenzen aus, schlug mich mit verschiedenen Jobs von der Nachhilfelehrerin über die Callcenter-Agentin bis zur Werbetexterin durch, lernte meinen Mann kennen und bekam vier Kinder. Gleichzeitig bastelte ich an meiner Karriere als Autorin und Journalistin, von der ich schon als Kind geträumt hatte. Die ganze Zeit über bewahrte ich das Blatt mit den Rezepten für *zacuscă* und Zwetschgenknödel auf – ohne sie ein einziges Mal nachzukochen. Jedes Mal, wenn mir die Rezepte in meinem Haushaltsordner wieder begegneten, nahm ich mir ganz fest vor, sie aber bald wirklich mal auszuprobieren.

Das war fünfzehn lange Jahre das Einzige, was mir von meinen zwei Wochen in Rumänien blieb. Heute weiß ich, dass es immer noch viel Knoblauch, Schafe und Improvisation gibt in Rumänien. Und ja, die Leute trinken immer noch viel selbst gebrannten *ţuică* (und zwar nicht nur die Bauern). Heutzutage, in Zeiten der EU, vielleicht sogar mit *noch* mehr Nationalstolz als damals.

AUS MEINEM RUMÄNISCHEN KOCHBUCH
Ziemlich zauberhafte *zacuscă*

Zacuscă wird scherzhaft »Winterbutter« oder sogar »Armutsbutter« genannt: Das, was aufs Brot kommt, wenn man sonst nichts mehr hat. Sie wird im Herbst aus dem gekocht, was der Garten hergibt, und fällt deshalb jedes Jahr und in jeder Region unterschiedlich aus. Die Grundlage der klassischen *zacuscă* sind Auberginen, es gibt sie allerdings auch auf Basis von dicken weißen Bohnen. Um den sämig-runden Gemüsegeschmack nicht zu überdecken, braucht es ausnahmsweise auch keinen Knoblauch (dafür hat man ja die Knoblauchsoße *mujdei*).

Ansonsten benötigt man:
Tomaten, Paprika, Zwiebeln, grüne Bohnen, Pilze, notfalls auch Kohl ... was man halt so hat – auf jeden Fall aber Tomatenmark und mindestens ein Kilo Karotten, weil die der *zacuscă* ihre milde Süße verleihen.
Olivenöl
Salz, nach Belieben Pfeffer

Die Auberginen am besten über der offenen Flamme des Gasherds anrösten, bis die Haut Blasen wirft. Wer keinen Gasherd hat, kann sie auch bei mittlerer Temperatur eine Viertelstunde backen. Eine halbe Stunde lang ruhen lassen, dann die Haut abziehen und anschließend mit einem Holzlöffel (!) zerdrücken.

Die übrigen Gemüsesorten klein geschnitten separat mit wenig Wasser und einem guten Schuss Olivenöl auf kleiner Flamme sehr lange weich köcheln. Empfohlen wird eine ganze Stunde. Immer schön rühren (gibt Armmuskeln). Leicht salzen.
Letzter Schritt: Die Grundmasse mit Tomatenmark verrühren, die übrigen Gemüsebreie dazugeben, noch kurz aufkochen, abschmecken und dann möglichst heiß in Schraubgläser abfüllen. Im Glas sollte die *zacuscă* leicht von Öl bedeckt sein, um sie haltbarer zu machen.

WICHTIG! Nicht mit Metallgegenständen arbeiten – sonst oxidieren die Auberginen. Nach Möglichkeit also auch für das ultimative Zusammenfügen einen Emailletopf verwenden.

18

Gänsefleisch?

Gefühlt hängt der Spruch in jeder einzelnen deutschen Beamtenstube: »Nicht hetzen! Ich bin auf der Arbeit, nicht auf der Flucht.« Dazu vielleicht noch das beliebte Bild von dem Frosch, der schon rückwärts bis hinauf zur Brust im Schnabel eines Storchs steckt, aber den langbeinigen Fressfeind trotzdem noch mit beiden Armen würgt.

Wir sind keine Beamten, nur einfache deutsche Staatsbürger. Die Auswanderung fühlte sich trotzdem so an wie eine Flucht.

Wagemutige Grenzüberschreitungen liegen bei mir in der Familie. Ich war sechs Jahre alt, als meine unternehmungslustigen Eltern auf eine aus der DDR ins *Garmisch-Partenkirchner Tagblatt* geschmuggelte Zeitungsannonce antworteten: Das Ehepaar Henschel aus Thierbaum bei Bad Lausick wünschte sich innig, jetzt im Rentenalter doch einmal den Westen zu sehen. Dazu bräuchten sie aber eine offizielle, unverfängliche Einladung, die sie gerne mit einem Gegenbesuch vergelten würden. Und – zack! – saßen meine kleine Schwester und ich in den Sommerferien des Jahres 1988 auf der Rückbank unseres Bullis und wurden von unseren Eltern gebrieft, wie wir bei der anstehenden Grenzkontrolle auf mögliche Fragen der ostdeutschen Zollbeamten zu antworten hätten. Es kam der Kalauer, dass man uns bestimmt bitten würde, den Kofferraum zu öffnen, und zwar mit der unsterblichen »Gänsefleisch«-Sequenz: »Gänsefleisch den Kofferraum uffmache?«

Wir waren alle vier sehr aufgeregt. Wahrscheinlich war das der Moment, in dem sich meine noch ungeborene zweite Schwester im Bauch meiner Mutter vor lauter Nervosität in die Beckenendlage drehte, um auch ja alles genau mitzubekommen.

Dann aber guckten die Grenzer mäßig interessiert nur zu den Seitenscheiben hinein, sahen ein braves bayerisches Ehepaar mit zwei noch braveren kleinen Mädchen und winkten uns einfach durch. Ich war irgendwie enttäuscht. Nix mit Gänsefleisch.

Dafür ist über dreißig Jahre später umso mehr mit Schweinefleisch. Denn die Flucht nach Rumänien gelingt. Das wird mir bewusst, als ich auf dem ungarischen Rastplatz Lajosmizse frühmorgens nach meiner Brille taste, aus dem Wohnwagenfenster blinzle und den ersten rumänischen Satz seit der Abfahrt aus Deutschland entziffere. Die ersten rumänischen Worte nach der »Flucht« also sind: *Companie de Familie de peste 25 de ani.* Begleiter der Familie seit über 25 Jahren. Schräg vor uns steht ein Lkw des nordrumänischen Fleischfabrikanten Cris-Tim, vermutlich bis an die Oberkante beladen mit *salam de vara*, *salam sârbesc*, *muşchi afumat feliat* und Zehntausenden von *crenvurşti*. Die sind jedenfalls auch alle auf der Plane abgebildet und formen einen schweinchenpinken, ziemlich bedrohlichen Fleischring um den stolzen Papa und die blond gelockte Mutti, die sich verständnisvoll zu ihren beiden wohlgenährten Sprösslingen am reich gedeckten Esstisch beugen. An diesem Morgen auf dem ungarischen Rastplatz ist die unbeschwert vorgetragene Normalität des Fleischkonsums nur ein weiterer rumänischer Anachronismus, den wir lieben. Freiheit zum Essen, sozusagen.

Tage später komme ich fast vom Glauben ab, als ich im Lidl Sibiu vegane *mititei*, Hackwürstchen, entdecke.

Womit wir nach Storchen-Würgen und Gänsefleisch jetzt mal über anderes Geflügel sprechen müssen: Hühnerfleisch und Truthahnfleisch.

Achtung, an dieser Stelle muss ich schon wieder eine Triggerwarnung aussprechen: Die folgende wahre Geschichte enthält Blut und Gewaltszenen.

Ich habe nicht geplant, mit meinen eigenen Händen persönlich eine Truthenne zu töten. Ich weiß nicht, ob man so etwas überhaupt planen sollte. Aber ich war immer schon der Meinung, dass man Verantwortung für seine fleischhaltige Ernährung tragen und wissen sollte, wie lang und teilweise unschön der Weg des Bratens auf den Tisch ist.

Und das kam so: Eines Tages im Herbst fragte uns Bauer Nicolae, ob wir gerne Putenfleisch äßen. Wir bejahten, vor allem mein Mann – er ist mit den gigantischen Truthahn-Festessen seines US-amerikanischen Onkels aufgewachsen, und Thanksgiving stand vor der Tür.

Puh, sagte Nicolae, das sei ja gut, denn seine Kinder verschmähten das Putenfleisch, und er habe da eben drei Puten, denen es jetzt langsam zu kalt werde. Wenn wir Lust hätten, könnten wir uns eine aussuchen.

Wir packen also einen Wäschekorb und ein paar saubere Tüten in den Bus und fahren zum Schlachttag. Den drei schneeweißen Puten im großzügigen Verschlag schwant bei unserem Anblick nichts Böses, sie picken weiter ihre Körner.

»Die haben alle nur gutes Futter bekommen, bei mir gibt's kein Mastfutter und keine Chemikalien. Alles bio, bio!«, betont Nicolae. »Welche möchtet ihr?«

Ich entscheide mich für die dickste der drei Damen, damit die anderen beiden noch etwas aufholen können.

Es dauert ein bisschen, bis Bauer Nicolae über den Zaun geklettert ist und sie erwischt. Um die Hände zum Zurückklettern frei zu haben, drückt er die Pute Jürgen in den Arm. Der macht sich prächtig als Geflügelhalter, doch auf dem Weg zurück in den Hof stolpert er, und die Pute entkommt. Aufgeregt flattert sie mit den Flügeln und versucht, sich in den Schweinestall zu flüchten. Es hilft ihr nichts, Sekunden später hat Bauer Nicolae sie eingeholt, drückt sie bäuchlings zu Boden und schneidet ihr den Hals durch.

Leider nicht komplett, weil ihm Blut in die Augen spritzt. Er lässt das Messer fallen und wendet sich ab, wischt sich mit den Ärmeln das Gesicht, stöhnt.

Ich sehe das zuckende, flatternde Tier mit noch intakter Luft- und Speiseröhre und denke gar nicht weiter darüber nach: Ich hebe das Messer auf, knie mich neben die röchelnde Pute und vollende Nicolaes Werk. Dann halte ich mit beiden Händen ihren Körper, bis sie sich nicht mehr bewegt, und rede ihr dabei gut zu.

Es ist nicht mein erster Kill. Doch als Inhaberin des Bayerischen Fischereischeins auf Lebenszeit habe ich bisher nur Forellen und ein paar Weißfische ins Jenseits befördert, keine Vögel.

Ja, das war eine harte Geschichte. Aber ich bleibe dabei: Wenn schon Fleisch essen, dann nur so. Im vollen Bewusstsein des Erzeugungsprozesses. Ein anständig gehaltenes Tier, kein Transport und ein möglichst schneller Tod. Wenigstens das hat jedes einzelne Tier verdient.

Seitdem habe ich kein Industriegeflügel mehr gegessen und kaufe kein Fleisch im Supermarkt mehr. Denn viel härter als das Leben auf dem Land ist die Massentierhaltung.

Und noch härter ist die Vergangenheit.

19

In der Badewanne mit Rodion Malinowski

»Ihr wisst, euer Haus hat eine sehr schöne Geschichte«, beginnt Nachbarin Claudia beim zweiten Glas Wein. Wir haben uns bei ihr eingeladen, um ihr Haus zu inspizieren: Wie wir jetzt hatte sie im vorigen Jahr ein uraltes Gemäuer von den Eltern übernommen, die Renovierung ist gerade abgeschlossen.

Bei uns habe kein Geringerer als Rodion Malinowski gewohnt, murmelt Claudia bedeutungsvoll, als würde das schon alles erklären. Der Name sagt mir tatsächlich etwas. Irgendetwas mit Stalingrad, wo mein Opa kurz als Funker eingesetzt war. Wir können das Thema in dem Moment auch leider nicht vertiefen, weil Johann sich unter dem Tisch versteckt und das Malteser-Mix-Hundemädchen Cotița mit *covrigi* füttert, Brezenkringeln.

Das sei in Ordnung, erklärt Mao. Es seien schließlich sehr gesunde *covrigi*, mit Kümmel! Mao ist die beste Freundin von Claudia und mit ihr aus der Hauptstadt Bukarest »geflüchtet«, um zusammen das Haus von Claudias Eltern wiederzubeleben. Sie war leitende Angestellte, bis sie sich zu Beginn der Corona-Pandemie auf das besann, was sie wirklich gerne tut: Kinder erziehen! Ihre eigenen sind nämlich schon erwachsen, die Wartezeit auf die Enkel ist zu ungewiss. Mao kündigte ihren gut bezahlten Job und ist seither Babysitterin. Um ihre Qualifikation zu verdeutlichen, zeigt sie mir Dutzende Aufnahmen der Kinder, die sie in Bukarest betreut hat.

Im Verlauf des Abends sprechen wir in drei Sprachen und mit Händen und Füßen über Renovierungen, die Landflucht und das gesunde rumänische Essen. Mao und Claudia trocknen ihre eigenen Heilkräuter und kochen natürlich auch ihre eigene *zacuscă*. Sie sei seit dreißig Jahren nicht mehr krank gewesen, sagt Claudia. Das liege an den vielen Kräutern, wenig Zucker und dem Knoblauch: Jeden Morgen eine halbierte Zehe in ein Glas Wasser einlegen und mittags trinken, das töte alle Bakterien und Viren ganz ohne Mundgeruch!

Reich beladen mit Schnaps, selbst gemachtem Erdbeersirup und *zacuscă*-Gläsern ziehen wir Stunden später von dannen, begleitet von Cotița auf ihrer letzten Gassi-Runde.

Im Bett google ich dann diesen Herrn Malinowski und mache große Augen: Der Mann war tatsächlich mal sehr wichtig in Russland. Als Oberbefehlshaber schloss er den Kessel von Stalingrad und beendete damit den deutschen Vormarsch, was meinen Opa als einen der wenigen nicht das Leben kostete. Von 1957 bis zu seinem Tod 1967 war Malinowski sowjetischer Verteidigungsminister (und kein schlechter, wie man hört, schließlich gab es die Sowjetunion hinterher immer noch).

Während der russischen Karpaten-Offensive im Spätsommer 1944 allerdings, lange nach Stalingrad, besetzte er mit der vierten Armee Sibiu. Um vor deutschen Bombenangriffen sicher zu sein, quartierte er sich etwas außerhalb auf dem Land ein. Für die etwa sechs Wochen seines Aufenthalts beschlagnahmte er das standesgemäßeste Haus des Dorfes – unseres.

In unserer wunderschönen Emaillebadewanne mit den Löwentatzen dümpelte also einst der wichtigste Militär der Sowjetunion. Und ganz bestimmt saß er auch auf unserem Plumpsklo. Vielleicht sogar so lange und leidvoll wie ich achtzig Jahre später mit meinem Brunnenwasser-Keim.

Als im August endlich unser Badezimmer fertig ist, steht die neue Wanne nicht mehr längs im Raum, sondern quer vor dem Fenster. Trotzdem liege ich darin mit dem Kopf an derselben Stelle wie die damaligen Bewohner. Von rechts spielt die Abendsonne durch das hohe, schmale, runde Fenster mit dem Pfirsichbaum der Nachbarin von gegenüber. Ich habe alle Wandregale, Spiegel und sogar das kleine Acrylglas-Tablettenregal aufbewahrt und nach dem Abschluss der Arbeiten wieder angebracht. Links hinter der Wanne grüßt seit Jahrzehnten eine neckische Nackte von einer alten österreichischen Werbegrafik: *Moorschwebstoff-Bäder aus Neydharting.*

Ich finde, wir haben es ganz gut hinbekommen mit der Wiederbelebung des alten Hauses.

20

Prince Blue und die Völkerverständigung im Matsch

Eines Tages ist der Hof plötzlich von Gequietsche und Gekläffe erfüllt. Die Kinder haben beim Einkaufen im Dorfladen die Tochter der Ladenbesitzer kennengelernt. Diese achtjährige Katie lernt seit dem Kindergarteneintritt Deutsch, weil ihre Tante nach Baden-Württemberg geheiratet hat und weil ihr möglichst viele Chancen offenstehen sollen. Und nun hat sich Katie ein Herz genommen und einfach geguckt, ob das Hoftor offen ist – samt ihrem vier Monate alten Huskywelpen Prince Blue. Die fröhliche Abwechslung ist uns natürlich herzlich willkommen, wie die geölten Blitze sausen Hund und Kinder kreuz und quer über das Gelände. Nachdem der erste Spieltrubel vorüber ist, ziehen sich unsere großen Söhne zurück. Die beiden Mädchen und unser Jüngster hocken neben den Hortensien und buddeln einträchtig im Dreck.

»Komm, wir graben ein Matschloch«, höre ich Miriam sagen.

»Was ist das, Matsch?«, fragt Katie neugierig.

»Waaas? Du weißt nicht, was Matsch ist?!« Unsere Tochter kann es nicht fassen. Sie verleiht ihrem Erstaunen mit der ihr eigenen schroffen Unverblümtheit Ausdruck.

Doch die etwas ältere Katie reagiert ganz gelassen. »Ich weiß viel, aber noch nicht alles.«

»Na, Matsch ist Dreck«, erklärt Miriam ein wenig nüchterner. »Aber Dreck ist ja trocken. Matsch ist eher so Dreck mit Batz[14].«

»Und was ist Batz?«

»Matsch halt!«

»Matsch? Batz?«

»Dreck!«, schreit Miriam, und Katie kichert.

»Matsch! Batz! Dreck!«, wiederholt sie laut zu Johanns Begeisterung, während der Huskywelpe völlig von Sinnen im Kreis um das Matschloch springt.

Später zerfetzt Prince Blue in seinem Enthusiasmus einen kleinen Teddybären. Die Mädchen beerdigen ihn und dekorieren den Grabhügel mit Blumen. Was man eben so spielt im transsilvanischen Frühling.

Es ist der Beginn einer äußerst vorteilhaften Freundschaft.

Am Vormittag danach stehen auch Katies Eltern vor unserem Hoftor. Respektable Leute, gut gekleidet, der Papa mit gepflegtem grauem Schnauzer, die Mama quirlig und naturblond. Sie stellen sich als unsere Nachbarn vor, denen neben dem Laden noch weitere Liegenschaften im Dorf gehören.

14 Matsch auf Bayerisch, aber mit einer feucht-formbaren Komponente. Gesprochen »Baaz«.

»Ihr habt auch eine Tochter?«, fragt Katies Mutter, die Biologielehrerin Stefania, hoffnungsfroh auf Deutsch.

Oh ja, die haben wir. Und was für eine! Es ist eine Win-win-Situation für alle Beteiligten. Katie geht auf eine deutschsprachige Schule in Sibiu. Mit unserer Miriam zu spielen ist für sie sozusagen gratis Premium-Nachhilfe. Für uns dagegen bedeutet die Freundschaft zu den Mogas einen wichtigen Ankerpunkt im Dorf.

Wir entdecken einige schöne Gemeinsamkeiten: Papa Neluțu, so etwas wie der Dorfpate unseres Viertels, und unser Johann teilen sich den Geburtstag, und Miriam ist exakt eineinhalb Jahre jünger als Katie.

»Wir sind so froh, dass ihr das Haus gekauft habt«, sagt Stefania. »Es waren schon viele, viele Interessenten da. Aber allen war der Investitionsbedarf zu hoch.«

»*Avem timp*«, sage ich. Wir haben Zeit. Nur nichts überstürzen.

»Willst du mal sehen, wie wir das gemacht haben?« Stefania ist so stolz auf das Erreichte, dass sie mich an der Hand fasst und quer über die Straße bis zu ihrem Anwesen zieht. Und völlig zu Recht. Der – nein, *die* Gewölbekeller weiß getüncht und voller Vorräte. Blitzsauber und fast schon unheimlich geordnet geht es zu bei Mogas. In Reih und Glied türmt sich Selbsteingemachtes, Schnaps vom Onkel, Weißwein in Fässern. »Die Trauben kommen aus Arad«, erklärt Neluțu und stößt mit mir an. »Aber den Rest machen wir selbst!«

Und zwar gar nicht schlecht, das kann ich bestätigen. Auch Stefania trinkt mit, obwohl wir uns eigentlich mitten in der orthodoxen Fastenzeit befinden: Sie verzichtet auf tierische Lebensmittel und Süßes, aber Schnaps ist ja glücklicherweise vegan und zuckerfrei. Dies hier ist übrigens kein *ţuică* – der zwingend aus Pflaumen gebrannt wird –, sondern fällt in die übergeordnete Kategorie *rachiu*, doppelt gebrannter Obstler. Birne. Nicht übel.

Nachgeschenkt wird fleißig. »Du hast es ja nicht weit!« Zwei Stunden später schwanke ich nach Hause, je eine Flasche Weißwein und *rachiu* im Gepäck – und die Dankbarkeit für einen ersten vertrauensvollen Kontakt.

~

SO GANZ NEBENBEI
Wie man richtig Schnaps trinkt

Ich muss gestehen: Ich bin Weintrinkerin. In der Bierregion Oberbayern ist das immer ein kleiner Affront – schließlich wächst der nächste richtige Wein erst bei den verfeindeten Franken. Zum Glück ist das in Rumänien weniger das Problem. Wie groß war daher mein Entsetzen, als mir Bauer Nicolae eines Tages verriet, dass ich das *ţuică*-Trinken die ganze Zeit *komplett falsch* gemacht hätte.

Es reicht nämlich nicht, nur einen *ţuică* zu trinken. Nein, ein anständiger Bewohner des christlichen Abendlandes trinkt drei *ţuică*: einen für den Vater, einen für den Sohn und einen für den Heiligen Geist. Alles andere bringt Unglück. Ein einsames, einzelnes Glas *ţuică* bedeutet, dass es mit deiner Gesundheit und aufrechten Gesinnung nicht so weit her sein kann.

Na prost. Als ich das nächste Mal bei den Mogas sitze, erzähle ich stolz von meiner neuen Erkenntnis. Neluţu lacht: Ha, das sei schon viel besser, aber immer noch nicht komplett richtig! Denn ein braver Christ tränke *vier* Schnäpse: Zum Abschluss auch noch einen auf die gesamte Dreifaltigkeit.

Seit ich das weiß, bemühe ich mich wirklich. Mittlerweile komme ich schon recht problemlos bis zum Sohn. Der Heilige Geist aber schwebt noch drohend über mir wie der Flugsaurier-Schatten eines Storchs. Und erst die Dreifaltigkeit … eieiei.

~

21

Der Schreimann und wie er die Welt sieht

Anfang August ist das Haus ein Reinraum. Der frisch lasierte Dielenboden schimmert. Die Fenster sind gerade wenige Stunden eingebaut und noch nicht verputzt, die Innentüren neu lackiert, die Wände gerade so getrocknet. Alles ist leer und riecht nach einer Mischung aus Labor und Werkunterricht.

Wir haben die alte Eierschalenfarbe der Türen und Fenster beibehalten und bis auf zwanzig Zentimeter unter der Decke den Cremeton RAL 9001 dazukombiniert. Am Anfang wollen wir am liebsten überhaupt nichts in diese nagelneue blütenzarte Sauberkeit hineintragen, weder Spielzeug noch Möbel noch – Gott bewahre, *Doămne ferește!* – Dreck. Schlimm genug, dass der Baustaub immer noch herumschwebt und einen Weg durch alle Ritzen findet. Irgendwann aber muss selbst die allerschönste Wand der Welt dran glauben, schließlich wollen wir unsere Bilder nicht bis auf alle Ewigkeit am Boden stapeln. Denn alte Bilder in schönen Rahmen waren jede Menge im Haus, und bis auf eine verblichene Stadtansicht von Venedig will ich sie auch alle wieder aufhängen.

Ich kaufe also ein Dutzend Nägel im Dorfladen und schlage sie mit der Rückseite eines Handbeils in die Wand. Geht hervorragend. Die Ikonen der Gottesmutter Maria und Jesus am Kreuz werden jetzt begleitet von einer Stadtansicht von Warschau, dazwischen hängt ein antiker Weihwasserbehälter, flankiert von einer modernen Küchenuhr aus dem Baumarkt (Lokalmatador Dedeman, versteht sich). Über allem hängt ein Farbdruck des oberbayerischen Wettersteinmassivs, gesehen von den Sieben Quellen bei Eschenlohe: ausgerechnet unsere Heimatberge! Dieser schöne Zufall ist mir schon bei der Erstbesichtigung aufgefallen.

Nur im Badezimmer über dem Handtuchtrockner schlage ich zwei Nägel krumm, wo eigentlich das fancy Acrylglas-Miniregal hängen und Seventies-Vibes verbreiten soll. Aber wo dann? Nagelschere, Zahnseide und Nagellack wollen schließlich deutlich außerhalb der Reichweite eines Kleinkinds aufbewahrt werden …

»Gerade war der Schreimann in unserem Schlafzimmer«, reißt mich mein Mann aus den Überlegungen.

»Was?!«

»Ja, er stand plötzlich vor dem Bett, hat mir die Hand geschüttelt und *bună ziua* gesagt. Ganz höflich. Ich habe ihn trotzdem wieder rauskomplimentiert.«

Oha. Der Schreimann.

Ich persönlich habe ihn bisher erst einmal von hinten gesehen, als er nach dem Ostergottesdienst unsere Straße entlang nach Hause taumelte – in einer Art groteskem Veitstanz hüpfend, ein durchaus üppiges Schinkensandwich von sich werfend und eben schreiend.

»Aaaah – waaaah – wahaaah!«

Ganz schön laut. Bei jedem Ausatmen. Je schneller er hüpft, desto kurzatmiger wird er und desto rascher folgen die Schreie. Er ist vielleicht sechzig Jahre alt, eher klein und zierlich, aber zäh und muskulös. Angeblich war er in seinen jungen Jahren vollkommen unauffällig, bis er im Zuge der Revolution eine Kugel in den Kopf bekam.

»Es gibt bei uns so ein, sagemol, Sprichwort«, erklärt Hausverkäufer Popa dazu. »In jedem Wald wächst Unterholz. Es gibt die hohen Bäume, und es gibt das Unterholz. Ohne das Unterholz wäre der Wald vielleicht schöner, aber ganz ohne geht es nicht. Es gehört auch dazu.«

Mit dem Unterholz meint er den Schreimann.

Früher, als dessen Eltern noch gelebt hätten, sei es nicht so schlimm gewesen. Die hätten auf ihn aufgepasst. Doch seitdem die Eltern vor ein paar Jahren gestorben seien, schreie der Schreimann eben relativ unkontrolliert herum. Besonders schlimm sei es nach Alkoholkonsum. Jedermann im Dorf wisse eigentlich, dass man ihm keinen Alkohol geben dürfe, aber bei großen Feiern oben an der Kirche finde er immer irgendwo eine Gelegenheit, sich unbemerkt ein paar Stamperl hinter die Binde zu kippen. Es gibt in der orthodoxen Gemeinde viele große kirchliche Feiertage. Es gibt auch viele Dorfbewohner, die ihm bei privaten Feiern tüchtig einschenken. Teils aus Mitleid, teils aus einer hämisch-kindischen vorgreifenden Schadenfreude heraus. Und dann schreit er eben.

Aber warum schreit er? Es löst irgendeine Blockade, es erleichtert ihn. Er fühlt einen Drang dazu, vielleicht wie eine Art Tourette-Syndrom. Geistig behindert ist er nicht, schließlich lebt er allein und kann auch meist verständlich sprechen. Doch sein

Kurzzeitgedächtnis ist ziemlich hin. Seine Unberechenbarkeit macht ihn bedrohlich. Er erinnert mich an eine ältere Bekannte im fortgeschrittenen Stadium der Demenz: Sie plauderte bis zuletzt ganz reizend über das Wetter, erzählte von ihrer harten Kindheit auf einem Tiroler Bergbauernhof, lobte die schöne Mütze eines Kindes und stellte immer wieder dieselben Fragen, bis ihr plötzlich irgendwann ihr Mann einfiel. Und dann wurde der Mann gesucht. Sofort. Ohne Wenn und Aber. Über alle Hindernisse hinweg entwischte sie und suchte ihren Mann, bis sie oft kilometerweit entfernt völlig verwirrt wieder aufgegriffen wurde. Als es gar nicht mehr ging, kam sie in ein Heim.

Der Schreimann kommt nicht ins Heim. Der Schreimann kommt irgendwie klar. Es gibt gute und schlechte Tage: An schlechten Tagen kann er nicht einmal mehr Rumänisch sprechen. An guten Tagen genießt er das Leben und die Tatsache, dass er in seinem kleinen Dorf unter all den alten Bekannten gut aufgehoben ist. Er läuft nicht weg. Er sucht niemanden Bestimmten. Er läuft nur herum und schreit.

Leider schreit er nicht nur draußen auf der Straße (das wäre ja noch vollkommen tolerabel), sondern ist wohl auch ein alter Bekannter des verschiedenen Onkel Nicolae. Das wiederum bedeutet: Jedes Mal, wenn er an unserem Hoftor vorbeikommt, erinnert er sich mit seinem verbliebenen Langzeitgedächtnis an die guten Zeiten, die er dort drin hatte. Und dann versucht er eben sein Glück und schaut, ob die Tür offen ist. Neugierig wandert er herein und guckt sich um. Könnte ja sein, dass ihm jemand ein Stamperl *țuică* ausgeben würde!

Bisher waren immer die Handwerker zur Stelle und haben ihn verscheucht. Auch Herr Popa und Nachbar Nelutu haben ihm schon deutlich zu verstehen gegeben, dass die guten alten Zeiten bei Nicolae jetzt passé sind. In konsequenter Beharrlichkeit versucht er es immer wieder.

Zwei, drei Mal ist er auch auf meinen Mann gestoßen, der glücklicherweise einen Kopf größer ist als er und ihn dann höflich, aber bestimmt hinauswirft. Meistens schafft er es nur zum Tor, steckt den Kopf rein, winkt, kassiert eine Abfuhr und geht wieder. Dieses eine Mal am Tag des Bilderaufhängens ist er aber ungehindert durch Tor, Hof, Haustür und Flur bis ins Schlafzimmer spaziert, bevor Jürgen ihn wieder zurück auf die Straße führte.

Ob ich das so gut hinkriegen würde, weiß ich nicht. Besonders gruselig finden wir aber die Vorstellung, dass er eines Tages auf unsere Kinder trifft, wenn wir nicht da sind: Sie wären der nostalgischen Neugierde des Schreimanns hilflos ausgeliefert. Bis wir wieder nach Hause kämen, hätte er sich vermutlich an unserer Hausbar gütlich getan und läge vielleicht selig schlafend – hoffentlich nicht schreiend – in unserem Ehebett.

Wegen des Schreimanns und nicht wegen eventueller Diebstähle sperren wir deshalb immer das Hoftor ab, selbst wenn wir nur für eine Dreiviertelstunde zum nächsten Supermarkt fahren. Das alte Hoftor ist aus massiven Balken und nur oberflächlich verwittert. Ein paar Zierleisten sind abgefallen, aber im Grunde hält die Konstruktion mit dem tiefen Schloss bombenfest.

Doch im Zuge der Hofpflasterung mussten wir vorübergehend den Metallbolzen entfernen, der das Tor am Boden verankert. In dieser Zeit ließ sich das Tor nicht mehr richtig schließen, wir bekamen jede Menge unerwünschten Besuch. Und an einem gewittrigen Dienstagabend lernte ich den Schreimann endlich auch persönlich kennen.

Ich schäle gerade Kartoffeln in der halb fertigen Sommerküche, Jürgen liegt neben mir auf dem Rücken unter dem Waschbecken und schraubt eine Arbeitsplatte an, da ertönen knirschende Schritte auf dem noch ungepflasterten Hof. Ein staubiges Männlein mit einer Art Turnbeutel über der Schulter erscheint in der Dämmerung, entdeckt uns und sagt mit Grabesstimme und unbewegter Miene: *»Bună ziua.«*

»Bună ziua«, entgegne ich lächelnd. Automatisch gehe ich davon aus, dass es ein Helfershelfer unserer Handwerker ist, der irgendetwas vergessen hat oder abholen soll. Einmal musste ich der kaugummikauenden, stark geschminkten und noch stärker gelangweilten Freundin des Maurers bei der vergeblichen Suche nach einer grünen Flex helfen. Mit diesem Kerl hier würde mir das nicht passieren, denke ich. Der sieht einigermaßen kompetent aus, der würde so eine Flex oder eine 12er Maulschelle oder was auch immer bestimmt finden.

»Das ist der Schreimann«, flüstert Jürgen und kriecht unter der Arbeitsplatte hervor, um ihn unter viel Händeschütteln und Schulterklopfen wieder auf die Straße zu führen.

»Eigentlich ist er ja ein armer Kerl«, sagt Jürgen hinterher mitleidig und schlägt vor, ihm beim nächsten Mal einfach einen richtig schlechten Schnaps zu geben. Einen, der halb blind macht und für ordentlich Kopfweh sorgt. Zur Abschreckung.

»Daran kann er sich doch am nächsten Tag nicht mehr erinnern«, befürchte ich.

Bună ziua sagen, Hände schütteln, eventuell einen Schnaps abgreifen. Wie ein Minecraft-Zombie latscht er durchs Dorf, durchaus würdevoll in seiner geheimnisvollen Aura eines schweren Schicksals und einer harten Vergangenheit.

Wir sind nicht die Einzigen, die er besucht. Manchmal funktioniert das Frühwarnsystem in Gestalt eines Nachbarn, noch bevor man seine Schreie von der Querstraße herüberklingen hört: »Achtung, der Schreimann geht um!« Dann eilen alle und sperren ihre Hoftore ab.

Mit der Zeit gewöhnen wir uns an seine gelegentlichen »Überfälle«. Er küsst mir die Hand, Pokerface, gut gekleidet, nur ganz, ganz selten in Jogginghose. *»Bună ziua.«* Er mag Kinder und bleibt mit seinem Turnbeutel minutenlang stehen, um Johann beim Tretrollerfahren zuzusehen.

Und wenn man am Abend das Fenster öffnet und er draußen wieder schreit, dann kann man sich eigentlich für ihn und mit ihm freuen – hat er doch wieder ein Ventil gefunden, wenigstens für ein paar Stunden.

22

Spielplatz der Kuschelstörche

Beim Vorbeifahren hatte der Spielplatz noch super ausgesehen: Bunte Turngerätschaften neben einer riesigen alten Ulme, daneben ein Mast mit Storchennest! Gerade in dem Moment unserer Ankunft stand da oben auch ein richtig echter Storch drin. Und das keine fünfhundert Meter von unserem Haus entfernt, auch für Kleinkinderbeine absolut zu schaffen.

Es dauert im ganzen Ankunftstrubel ein paar Tage, bis ich es mit unseren beiden Jüngsten tatsächlich mal zum »Spielplatz mit dem Storch« schaffe. Schon von Weitem fällt mir auf, dass der Rasen ungemäht und der Platz menschenleer ist. Eine einzige andere Kleinkindmama kommt des Weges, nickt uns zu und schiebt ihren neongrünen Buggy gezielt am Spielplatz vorbei. Sie wusste, warum: Von den Spielgeräten stehen bei näherem Hinsehen praktisch nur noch die Metallgerippe. In den Landesfarben Gelb, Blau und Rot lackierte Treppen führen ins Nichts. Die Blechrutsche hängt an einer Schraube – die dreiundzwanzig Kilo meiner sprungfreudigen Zweitjüngsten hätten ihr garantiert den Rest gegeben. Auf einem einst bestimmt verlockenden Klettergerüst mit

Brücke stechen ein paar letzte Holzsplitter in den blauen Frühlingshimmel. Im Gras liegt eine Auswahl regionaler Bierdosen und Energy-Drinks[15], die drei Abfalleimer sind leer. Und als wäre das alles noch nicht trist genug, gibt es natürlich auch keine Spur mehr vom Storch.

»Aber schaut doch mal, das kleine rote Häuschen da drüben ist noch ganz!«, freue ich mich. Dem unerschrockenen Johann gefällt sowieso alles gut. Ich stiefle ihm hinterher, drehe eine erste Runde um das hübsche rote Holzhäuschen in perfekter Kindergröße und wundere mich. Wieso gibt es denn hier gar keinen Eingang? Also wenn man von den zwei herausgebrochenen Latten absieht. (Rumänischer Standard. Nur zwei? Kann man noch ein paar Jahre so lassen.)

Im Inneren des Häuschens ist auch kein Sandkasten oder wenigstens eine Bank, sondern nur ein stark verwittertes, knapp mannshohes Holzkreuz. In koptischer Form mit einem Ring um die Kreuzmitte, die filigranen Schnitzereien immer noch gut zu erkennen. Langsam dämmert mir, dass wir es hier mitnichten mit einem Kinderspielhaus, sondern mit einem Schutzdach für ein jahrhundertealtes Grab zu tun haben. Und Gräber kommen bekanntlich, sofern es sich nicht gerade um mächtige Könige mit Hügelgrabbestattung handelt, selten allein.

Ich verlasse den Spielplatz in einer Art Demutshaltung und nehme mir vor, so schnell nicht wieder herzukommen. Jedenfalls nicht, bevor nicht irgendwelche hilfreichen Geister die Palette Zement verbaut haben, die in einer Ecke steht und auf bessere

15 Besonders beliebt ist hierzulande die ungarische Sorte HELL mit einem fies grinsenden Teufel drauf: *Gives you energy like hell.*

Zeiten wartet. Kein Wunder, dass dieser Ort so unbelebt und heruntergekommen ist. Wer spielt denn schon gerne auf einem uralten Friedhof?

Um den enttäuschten Johann trotzdem zum Nachhausegehen zu überreden, verspreche ich ihm etwas aus dem kleinen Lebensmittelladen mit dem hübschen blauen Vordach, der auf halber Strecke liegt. Dort mache ich die nächste nette Bekanntschaft. Die Verkäuferin, die ungefähr in meinem Alter ist, fragt mich gleich, woher wir kämen und was wir hier täten, und ich radebreche die Wahrheit. *Bavaria*, Bayern. Das Dorf Grainau, in den hohen Bergen?

Kennt sie nicht.

Zugspitze?

Nix.

Garmisch-Partenkirchen?

Sie schüttelt ratlos den Kopf, auch als ich einen Neujahrs-Skispringer imitiere. Ich gebe mich geschlagen und erweitere den Umkreis auf die Landeshauptstadt.

Aus der Nähe von München also. *Monaco.*

Da reißt die Frau die Augen auf und schlägt die Hände vors Gesicht. München! Aus München, *serios? Sigur*? Ernsthaft? Sicher? Hierher?! *De ce*?!? WARUM?

Warum nicht, sage ich. *În Germania, multe oameni sunt plem-plem. Românii are mai mulţi de sănătate in cap. Intelegeţi*? In Deutschland sind viele Leute plem-plem. Die Rumänen haben mehr Gesundheit im Kopf. Verstehen Sie?

Sie lacht und bietet mir die Hand. Maria, eine der zahlreichen. Wir machen ein bisschen Smalltalk und klären die Frage, welches Haus genau ich denn nun gekauft hätte, als ein Herr mittleren Alters in den Laden kommt und sich als ein weiterer Nachbar zu erkennen gibt: der von *la stânga*, von links. Er kauft einen Kohlkopf und schenkt Johann ein kleines Schoko-Osterei.[16]

Die Nettigkeit nimmt kein Ende. Jeder nickt uns zu, winkt, grüßt. »*Bună ziua, vecinii!*«, schallt es überall aus extra heruntergekurbelten Autofenstern.

Katie erklärt uns später, dass man das volle »*bună ziua*« auf der Straße eigentlich nur zu Leuten sagt, die man kennt. Für Menschen, die man nicht sofort zuordnen kann, gelte eher das knappere »*bună*«. Wenn man höflich sein möchte, aber keinen Wert auf weiterführende Kommunikation legt, genüge auch ein »*ciao*«.

Im Falle von Tea genügt das »*ciao*« leider nicht. Man kann die Uhr nach ihr stellen: Sobald unser roter VW-Bus irgendwo um die Ecke biegt, macht sie sich zielstrebig auf den Weg. Dann wartet sie, bis ich nicht mehr in männlicher Begleitung bin (minderjährige männliche Begleitung zählt dabei nicht) und bettelt drauflos. Und da sie mir leider im Rumänischen rhetorisch überlegen ist, fällt es mir schwer, darauf richtig zu reagieren. Unser erstes Gespräch verlief in etwa so:

»*Doamnă, doamnă*, bitte etwas Kleingeld!«

16 Später stellt sich heraus, dass es sich um Geländewagen-Radu handelt. Der arbeitet als Softwareheini in der Stadt und ist nur am Wochenende im Dorf – dann aber im Feiermodus. Wenn man Radu trifft, springt immer etwas Nettes dabei heraus, sei es ein Schoko-Ei oder eine Spritztour im Geländewagen.

Ich, gestresst von der langen Autofahrt mit vier schlägernden, kreischenden, pinkelnden, bröselnden Minimonstern, einen schlafenden, schwitzenden Zwanzig-Kilo-Brocken aus dem Sitzgurt fädelnd: »*Scuze*, jetzt nicht, ich habe vier Kinder, ich habe Stress.«

Sie, völlig ungerührt und nicht auf den Mund gefallen: »Ich habe auch Kinder. Und ich habe auch Stress, denn die haben Hunger.«

Okay, Diskussion gewonnen. Dass sie überhaupt keine Kinder hat, erfahre ich erst später. In meiner Not drücke ich ihr ein Croissant mit Cremefüllung in die Hand – es ist ihrem Gesichtsausdruck nach nicht wirklich das, was sie sich erhoffte – und quetsche mich mit dem Kleinkind auf dem Arm an ihr vorbei in den Hof. Tür zu.

Ein andermal bringt sie mich wirklich zum Weinen, weil sie mir tränenreich von ihrer verstorbenen Mutter erzählt und dass sie kein Geld habe, um in der Kirche eine Messe lesen zu lassen. Aber ich gebe aus Prinzip kein Geld, und ich habe sowieso kaum noch Bargeld. »Man kann dem Pfarrer auch Kaffee geben«, schlägt sie vor. Ich drücke ihr eine große Packung hochwertiger Espressobohnen in die Hand, die wir extra vom Kaufland geholt haben, weil es im Dorfladen nicht das richtige Material für unsere italienische Siebträgermaschine gibt. Wir umarmen uns schluchzend.

Tage später begegne ich Tea beim Spaziergang durchs Dorf. Sie ist in Begleitung einer älteren Dame, die ihr sehr ähnlich sieht. Wenn ich es nicht besser wüsste, hätte ich die Dame für ihre Mutter gehalten. Jubelnd springt Tea auf mich zu und herzt mich. »Vielen Dank für den Kaffee, liebe *doamnă*! Und hast du vielleicht einen Kaugummi für mich?«

Noch ein paar Tage später kommt unser cleverer Mittlerer vom Einkaufen zurück, wo er sein Taschengeld in Eis und Softair-Munition investierte. In seiner messerscharfen Art teilt er uns seine dortige Beobachtung mit: »Mama, ich habe im Dorfladen die Tea getroffen. Sie hat ein Kilo Kaffeebohnen gekauft. Das bedeutet, dass sie eine Kaffeemaschine hat, wo man ganze Kaffeebohnen reintun kann. Und *das* bedeutet, dass sie gar nicht so arm ist.«

Wir fragen Stefania, ob sie die Frau kennt und was man da am besten tun soll. Ja, die kenne sie: »Die spinnt. Die ist auch nicht wirklich arm.« Und: »Nichts geben! Nichts! Niemals! Wirklich nicht. Sonst kommt sie immer wieder.«

In dieser Hinsicht habe ich ja leider schon versagt mit meinem Croissant, dem Kaugummi und vor allem dem Kaffee. Stefania behält recht: Tea kommt immer wieder. Sie hat ein untrügliches Gespür für die wenigen Minuten, in denen unser Hoftor nicht abgesperrt ist. Dann steht sie plötzlich da, will mir Blumen schenken, weil doch Maria Himmelfahrt sei, der Tag der Mütter, und ich doch auch eine tolle Mutter sei. Natürlich erwartet sie eine finanzielle Gegenleistung, die sie nicht bekommt (ich lehne die Blumen ab), doch sie ist unverdrossen. Das nächste Mal zieht sie eine Handvoll Walnüsse und ein Dutzend überreifer Birnen unter ihrem Pullover hervor (!) – »aus unserem Garten, für die Kinder, für die Kinder!«

Ich bin mir ziemlich sicher, dass sie rechtmäßig geerntete Gartenfrüchte nicht unter ihrem Pullover verstecken müsste, nehme aber zähneknirschend an. Ist schließlich irgendwie meine Schuld, durch das geschenkte Croissant und den Kaffee habe ich dieses Tor nun mal aufgestoßen. Also muss ich mich für alle Zeiten von ihr bejubeln und – wenn ich mich nicht wehren kann, weil ich beispielsweise gerade einen Mauerriss verputze und beide Hände voll habe – sogar abbusseln lassen. Immerhin hört sie nach einem Jahr Bekanntschaft langsam auf zu betteln. Und jedes Mal, wenn sie mir über den Weg läuft, bedankt sie sich herzlich für alle guten Taten, die ich ihr jemals habe angedeihen lassen. »*Doamnă*, weißt du noch, wie du mir Kaffee geschenkt hast? *Und* Kaugummi!«

Einmal, im Herbst, verrät sich Tea. Wieder möchte sie Geld oder wenigstens Kaffee. Diesmal aber nicht für den Pfarrer, sondern für den Arzt: Ihre Mutter sei so schlimm krank.

Die Grenzen zwischen bedürftig aussehen, sich bedürftig verhalten und wirklich bedürftig sein verschwimmen in diesem Land wie die Strohballen am sommerlichen Horizont.

~

SO GANZ NEBENBEI

Warum man hier keinem Etikett trauen kann

Bei jeder Verabschiedung von Bauer Nicolae ist der letzte Satz zuverlässig: »Und denk an meinen Kaffee!«

Ja, wir unterhalten ein kleines halblegales Import-Export-Unternehmen. Von unseren Deutschlandtrips karren wir immer mehrere Packungen Bohnenkaffee zurück und tauschen sie bei Nicolae gegen Tomaten oder Schnaps. Dallmayr Prodomo muss es sein, der goldene. Nicolae trinkt ihn auch gar nicht selbst, sondern verteilt ihn als Geschenk weiter an den Hausarzt, die Physiotherapeutin, den Elektriker … Anfangs habe ich darüber gelacht. In jedem rumänischen Supermarkt gibt es doch den identischen

Kaffee zum annähernd selben Preis, sogar mit deutscher Packung. Es ist nur ein Aufkleber mit dem rumänischen Kleingedruckten hintendrauf, der sich mit etwas Geschick rückstandsfrei abfummeln lässt!

Ein in beiden Ländern tätiger Deutschrumäne korrigierte mich. Offenbar kommt es tatsächlich bis heute immer wieder zu Produktpiraterie im Markensegment. Und ganz sicher davor ist eben nur, wer sich von seiner deutschen Drückerbande des Vertrauens das richtig echte Original mitbringen lässt.

~

23

Jesus wollte das nicht

»Weisch, meine Eltern haben ein Problem«, sagt meine Telefonfreundin Alida eines Tages im Spätherbst. Alida stammt von hier, hat ihr Glück aber in Deutschland gesucht und gefunden. Heute lebt sie mit ihrem deutschen Mann und Kind in Stuttgart und tauscht sich leidenschaftlich gern am Telefon mit mir über den binationalen Dorftratsch aus.

»Worum geht's denn?«, frage ich. Die Eltern zählen noch zur entfernten Nachbarschaft, in der ich gerne mal einen Brief übersetze oder ein paar Euro wechsle. Außerdem brennt Alidas Papa den besten Schnaps von allen – obwohl, oder vielleicht auch weil, er selbst überhaupt nicht trinkt. »Kann ich helfen?«

»Nee nee, denen kann man nicht mehr helfen«, sagt Alida. »Es ist so: Das Schwein vom Pfarrer ist zu klein. Nur hundertzwanzig Kilo, weisch.«

Ich hatte bereits erwähnt, dass die Hausschlachtung in Rumänien noch weit verbreitet ist. Die Bezeichnung »Fette Sau« hat hier durchaus etwas Positives. Und in jedem anständigen rumänischen Dorfhaushalt wird in der Vorweihnachtszeit geschlachtet. Selbstverständlich auch beim Pfarrer. Aber da die Zweibeiner ja vorgehen und der hohe Herr sich mehr um Seelsorge statt um Stallausmisten kümmern muss, zieht er sein Schwein meist nicht selbst groß. Einer frommen Familie aus der Gemeinde fällt die Ehre zu, diese irdische Aufgabe für ihn zu übernehmen. Und dann hat das Vieh nur kümmerliche hundertzwanzig Kilo! Geradezu peinlich. Hat es ihm etwa nicht geschmeckt? Wurde es vernachlässigt?

»Das war halt Pech, weisch, das ist zu spät geboren«, verteidigt sich Alida.

Aber damit ist es nicht allein. In der Vorweihnachtszeit haben die meisten rumänischen Schweine echt Pech, unabhängig vom Geburtsdatum.

Die weise Ana, die gern mit ihren beiden zahmen Schafen an der Leine Gassi geht, kann sich darüber fürchterlich aufregen. Besonders darüber, dass sich bei dem adventlichen Gemetzel immer alle auf ihren Glauben berufen. »Ja glaubt denn irgendjemand wirklich, dass Jesus das so wollte?! Dass Jesus gesagt hat: Hey, ich habe Geburtstag, ihr müsst mir jetzt alle gleichzeitig ein Schwein schlachten?! Das Gegenteil ist doch der Fall! Jesus hat uns Verzicht und Nächstenliebe gepredigt, und das gilt ganz sicher auch für Tiere«, echauffiert sie sich.

Kurz nach dem Telefonat mit Alida sind wir zu einem weiteren Schlachtfest in der Nachbarschaft eingeladen. Johann darf die Wurstmaschine kurbeln helfen. Es werden sehr, sehr viele Würste, und die *Tocana* ist butterzart. Ich erfahre, dass das Schwein eine Sau war und über dreihundert Kilo (!) auf die Waage brachte. Von hier, aus dem Dorf? Nein, nein, lachen die Gastgeber. Aus dem Apuseni-Gebirge natürlich! Denn die richtig guten Ferkel, die könne man nur dort kaufen.

Das muss vielleicht mal jemand dem Pfarrer erzählen.

Überhaupt kommen aus dem Apuseni-Gebirge die feinsten Dinge. Eine entfernte Nachbarin – nennen wir sie Viorica – hat von dort ins Dorf geheiratet und ihr traditionelles Brotrezept mitgebracht. Mindestens einmal die Woche heizt sie den großen alten Holzofen im Hof an und backt darin Dutzende Laibe auf Vorrat, wobei gerne die halbe Straße mithilft. Auf den ersten Blick wirkt das so erzeugte Brot recht unspektakulär. Es ist eben ein Weißbrot, möchte man meinen, aus schlichten, wenn auch hochwertigen Zutaten. Gleichmäßig luftig, aber schnittfest, angenehm im Biss, mit einer nicht zu braunen Kruste und einem feinsäuerlichen Geschmack. Doch das Geheimnis dieses Brotes ist unsichtbar und liegt im *aluat*, dem verwendeten Sauerteig. Den hat Viorica bei ihrer Hochzeit aus den Apuseni-Bergen mitgebracht und pflegt ihn seither nahtlos in unserem Dorf weiter. Diese ganz spezielle Bakterienkultur aus den Bergen wird in ihrer Familie seit geschätzt dreihundert Jahren treu umsorgt und weitervermehrt – eine Art unsterbliches, essbares Haustier.

24

Das Mädchen mit den elf Brüdern

Und dann kommt Maria.

Sie wirkt auf mich wie direkt aus einem Charles-Dickens-Roman entsprungen. Ihren Gesichtsausdruck kenne ich sonst nur aus den Werbebroschüren der großen Hilfsorganisationen: Sie steht einfach da, in respektvollem Abstand, und schaut uns zu. Die Entfernung zu mir ist gerade so groß, dass sie rechtzeitig abhauen könnte, falls das erforderlich werden sollte. *Guck nicht so blöd. Nerv nicht!* Das hat sie offenbar gelernt, und zwar ganz ausgezeichnet. Genauso wie die zwei etwa gleichaltrigen Jungs, die neben ihr stehen und stumm herüberschauen.

Wir sind beim Sonntagsspaziergang wieder mal bei Tante Felicia und Bauer Nicolae hängen geblieben, die Bogdans glückliche Rückkehr vom Erdbeerenpflücken in Deutschland feiern. Das Hoftor steht offen.

»Gehören die Kinder da zur Familie?«, frage ich den deutschsprachigen Cousin von Bogdan.

»Ach, das ist nur Maria. Die hat elf Brüder«, erklärt er beiläufig.

Maria lehnt also da an dem Pferdekarren, auf dem eben noch meine Kinder herumgeklettert sind, und starrt mich neugierig an. Sie ist ungefähr sechs Jahre alt, schätze ich, und hat eine hellbraune kurze Bobfrisur. Irgendwie kommt sie mir dumpf bekannt vor. An ihrem T-Shirt erkenne ich sie wieder: Musicalstar Violetta ist darauf abgebildet. Jetzt erinnere ich mich: Sie war es, die mir bei meinem allerersten Spaziergang durchs Dorf *»bună ziua!«* zugerufen hat. Sie ist mein erster einheimischer Kontakt.

Dafür hat sie etwas gut bei mir. Außerdem interessiert mich, ob die Story mit den vielen Brüdern wirklich stimmt oder ob ich den Cousin nur falsch verstanden habe. Also hocke ich mich zu ihr und spreche sie auf Rumänisch an. Wie sie heißt, wie ich heiße, dass ich vier Kinder habe und wie diese heißen. Dass es in Deutschland nicht einfach sei mit vier Kindern, aber große Familien doch etwas Schönes seien. Und sie, sie habe ja eine Menge Brüder. Wie viele denn, vier oder fünf?

»Am mai mulţi«, entgegnet Maria ganz trocken. Ich habe sehr viele mehr.

Ja, Maria hat tatsächlich elf Brüder. Das bekräftigen mir verschiedene unabhängige Quellen im Dorf. Im nächsten Sommer fragt mich Maria zu meiner Überraschung, ob ich ihr nicht einen Lippenstift schenken könnte – sie finde den Lippenstift bei ihrer Schwester nämlich so schön, aber die wolle nicht mit ihr teilen. Elf Brüder und eine Schwester also! Angesichts der elf Brüder haben meine Quellen die läppische einzelne Schwester einfach unterschlagen.

Monatelang bin ich total gespannt, wie Marias Mutter aussieht. Ich stelle sie mir doch ganz schön ausgezehrt vor. Als ich sie dann schließlich kennenlerne, bin ich fast enttäuscht: Die Frau mit den dreizehn Kindern ist mittelgroß, schlank und hat einen flotten, blondierten Kurzhaarschnitt. Eigentlich sieht sie aus wie ich, nur ohne Brille. Sie raucht und arbeitet im nächstgelegenen Hotel als Zimmermädchen. Ihr Ehemann, ebenfalls ein drahtiger Mensch in den Vierzigern, ist optisch kaum von seinen erwachsenen Söhnen zu unterscheiden, mit denen er oft auf der Wiese vor dem Hof irgendetwas repariert. Kinder halten jung … Allzu viel Geld kann da nicht hängen bleiben. Andererseits – wer verdient schon genug Geld für einen Haushalt mit fünfzehn Personen?

Die Kinder sind durchaus gepflegt. Auch wenn das Violetta-T-Shirt immer das gleiche ist, wird es doch regelmäßig gewaschen. Marias Haare sind sauberer als die unserer Tochter. Die Geschwister bewegen sich viel an der frischen Luft. Im Sommer rasen sie zu dritt auf einem rostigen Damenfahrrad wieder und wieder halsbrecherisch den Hügel hinunter. Das kann man als Vernachlässigung der Aufsichtspflicht sehen, aber auch als rar gewordene Entwicklungsfreiheit. Ich kann gar nicht hingucken, aber Maria und ihre Brüder lachen sich scheckig.

Wenn sie mich auf der Straße trifft, umarmt sie mich. »*Doamnă*, kaufst du mir einen Tretroller? Nicht? Ooh. Na, dann wenigstens einen Kaugummi! Oder einen Saft! Bittebitte!!!«

Manchmal mache ich das sogar.

Einmal spielen Johann und ich am Bach, sammeln Steine und Stöcke und werfen sie von der Brücke. Maria guckt zu. Als gerade niemand in der Nähe ist, fragt sie mich leise und kulleräugig: »Ist es woanders sehr fein?«

»Na ja, kommt drauf an. Uns gefällt es hier besser«, sage ich. Maria scheint mit der Antwort nicht ganz zufrieden, wird aber in dem Moment von ihren Brüdern weggerufen. Erst als sie außer Sichtweite ist, wird mir klar, dass Maria vermutlich noch nie aus dem Dorf herausgekommen ist. Dass sie mich gar nicht so sehr wegen des vermeintlich locker sitzenden Portemonnaies interessant findet, sondern wegen des Dufts der großen weiten Welt. Maria war in ihrem jungen Leben bisher vielleicht maximal auf dem Wochenmarkt im nächsten größeren Ort Săliște, zehn Kilometer weiter. Aber ist das schlimm? Lässt ihr das nicht viel mehr Möglichkeiten für die Zukunft offen, zwingt das nicht ihre Fantasie zum Wachstum?

Im Herbst ist Maria eine stolze Erstklässlerin, die mit einem rosa-lila Glitzertraum von Schulranzen in die Grundschule marschiert. Mittags wird sie zusammen mit ein paar anderen Erstklässlern von einer mütterlichen Blondine über die Straße zu einer privaten Tagesbetreuung geführt, wo sie rundum versorgt und bei den Hausaufgaben unterstützt wird. Maria geht es gut.

Ihre Brüder sind omnipräsent. Egal, was man tut – einkaufen, spazieren, im Winter Schlittenfahren –, immer ist irgendwo einer von Marias Brüdern dabei. Oder zwei. Oder drei. Sie helfen hier beim Schlachtfest, stapeln dort Holz und klettern drüben in den Apfelbaum. Das kann man bedrohlich finden oder auch beschützend.

Manchmal ist es sogar richtig niedlich: An letztem Allerheiligen klingelt es Sonntagabend. Wir haben gerade mit dem Abendessen angefangen und erwarten niemanden. Als ich verwundert aus dem Schlafzimmerfenster gucke, stehen da sechs Zwerge vor dem Tor, eingewickelt in gelbe Spannbettlaken, ausgestattet mit ausgehöhlten Zucchini[17] mit brennenden Grablichten darin. Im fahlen Schein dieser Funzeln erkenne ich Maria und ihre vier jüngsten Brüder, dazu ein Kumpel. »Gebt uns zehn Lei, oder wir erschrecken euch!«, fordert Maria. Sie ist ganz klar die Wortführerin, weil sie mich schließlich schon am besten kennt.

»Ja genau, zehn Lei!«, ergänzen die Brüder. »Oder es passieren schreckliche Dinge!«

Ich habe leider keine Süßigkeiten zu bieten, weil ich die Möglichkeit eines solchen Halloween-Überfalls gar nicht in Betracht zog. Also hole ich schnell einen Zehn-Lei-Schein und Johann, damit er auch Zeuge der regionalen Bräuche werde. Ich beuge mich aus dem Fenster und reiche den Schein Richtung Gespensterschar, doch weil deren Arme zu kurz sind, fliegt er davon und wird von einem geisterhaften Abendhauch über die Straße getragen. Beim Versuch, das Geld einzufangen, stolpert eins der brüderlichen Gespenster über sein Gewand und fällt rückwärts in unseren Bauschutthaufen. Nichts passiert. Kaum sind die zehn Lei aufgehoben, erschrecken uns die Gruselgestalten natürlich trotzdem: Gar schauderhaft ächzend und röchelnd hüpfen sie vor dem begeisterten Johann herum, bis eine zufällige Passantin des Weges kommt. Da ist den Kindern ihr Gruselgebaren plötzlich peinlich, sie winken kurz und trollen sich.

17 Eigentlich *dovlecel* (Mehrzahl) oder *dovleac*, eine komische Kürbis-Kreuzung in der Form und Farbe von blassen Zucchini, aber mit knallharter Schale und, wie ich finde, steigerungsfähigem Geschmack. Ich baue sie auch selbst an, weil sie problemlos wachsen und schöne Blätter haben, aber niemand mag sie. Vielleicht ist es wirklich die beste Verwertungsmöglichkeit, daraus Laternen zu schnitzen.

25

Unsere Nachbarn sind höfliche Leute

Seit im Sommer 2019 unser Wunsch nach dem Eigenheim in Rumänien Gestalt annahm, lerne ich Rumänisch. Zuerst wollte ich ein ganz herkömmliches Lehrbuch erwerben, doch da fand ich nichts Ansprechendes. Bei der Suche nach einer Lern-App blieb ich bei *Mondly* hängen: Die Mischung aus kleinen, knackigen Tageslektionen mit verschiedenen Themengebieten und Übungs-Chats gefiel mir, ebenso der anspornende Aufbau. Wie bei einem Computerspiel erhält man für erfolgreiche Einheiten goldene Sterne, Medaillen und Pokale. Man steigt im Ranking, buntes Konfetti rieselt. Weil ich schnell Fortschritte machte, holte sich Jürgen auch ein Abo. Allerdings erst, nachdem wir den Kaufvertrag für das Haus unterzeichnet hatten und es so richtig ernst wurde. (Mein werter Gatte, ganz auf Effizienz getrimmt: »Nicht, dass doch noch was dazwischenkommt und wir stattdessen Polnisch oder Portugiesisch lernen müssen!«)

Eigentlich sprechen wir also nicht wirklich Rumänisch, sondern Mondlyanisch. In Mondly-Land sind immer alle fröhlich, feiern Partys, fragen nach guten Restaurants und wann der nächste Flug nach Paris geht. Manchmal überschneiden sich die Tageslektionen mit der Realität wie Arsch auf Eimer: *Aceasta este casa noastra.* Das ist unser Haus. An anderen Stellen kommt Mondly daher wie ein Fenster in die längst vergangene glückliche Prä-Pandemie-Ära: *Eu calatoresc prin lume.* Ich reise um die Welt. Dann wird wieder in die Hände gespuckt, es geht voran in Mondly-Land! *Imi trebuie o maşina noua.* Ich brauche ein neues Auto. Das Schlimmste, was bis zum Level 21 passiert, sind die dreckigen Fenster und der feuchte Boden: *Ferestrele sunt murdare. Podeaua este umeda.*

»Gleich kommt wieder der arme Kerl, der keine Häuser baut«, sagt Jürgen, ohne bei seiner Tageslektion vom Smartphone aufzuschauen. Stimmt, den gibt es ja auch noch. Verachtung schwingt in Mondlys sonst so angenehm-plakativer Frauenstimme mit: *El nu construieste case.* Aber der ist auch der Einzige, der sich der allgemeinen Aufbruchsstimmung widersetzt. Und wer weiß, was er sonst so für seinen Lebensunterhalt tut. Vielleicht ist er ja erfolgreicher Softwareunternehmer oder gar ein berühmter Schriftsteller und hat es nicht nötig, schnöde Häuser zu bauen.

Eine weitere immer wieder auftauchende Redewendung bei Mondly lautet: *Vecinii noştri sunt oameni politicoşi.* Unsere Nachbarn sind höfliche Leute. Und das stimmt auch. Zum Glück! Das haben wir besonders in dem Moment gemerkt, als wir die windschiefe Scheune zwischen Brunnen und Plumpsklo abreißen ließen und zum Nachbarhof plötzlich ein Sechs-Quadratmeter-Loch klaffte. Die Baufälligkeit des Gesamtensembles war nie ein Problem gewesen, da sich die beiden Schuppen aneinanderlehnten wie zwei besoffene Trinkbrüder auf dem Heimweg. Doch jetzt war eben der eine Wackelkandidat weg – und es stellte sich heraus, dass der andere ohne ihn nicht zurechtkam. Die vorhandene Pseudo-Mauer stürzte ein, und aus dem Speicher über dem Wohnzimmer von Radus Eltern hätte man drei Meter tief in unseren Hof springen können. Wenn man gewollt hätte.

Wie die Mauer denn auf seiner Seite aussehe? Radu winkt gelassen ab. »*Same shit.*« Da lohne es sich gar nicht, eine neue Mauer hochzuziehen, die würde nur wieder umfallen. In wechselnder Besetzung erbittet die Nachbarsfamilie Einlass und steht grübelnd vor der Bescherung. »Hm, hm«, machen alle. Wir schließen uns an.

Am Tag danach ist das Loch mit Spanplatten und viel dicker Klarsichtfolie geflickt. Nicht sehr hübsch, aber funktional. Im September, verspricht Radu, wird er die Wand von unserer Seite aus verspachteln und streichen lassen. Auf eigene Kosten. Einfach, weil er sein Anwesen gerne rundherum sauber und ordentlich hat. Das freut uns. Wir auch!

Dann ist September, dann ist Oktober. Die Klarsichtfolie flappt nervig im Wind. Erneut bestätigt sich der große Unterschied zwischen deutschen und rumänischen Handwerkern: Der rumänische Handwerker kommt vielleicht später, aber er kommt. Und wenn er dann mal da ist, macht er Nägel mit Köpfen. Anfang November baut kein Geringerer als Florin persönlich, der bekannteste Handwerker des Dorfes, von dem alle nur mit Ehrfurcht sprechen, mit seinen Mannen in unserem Hof ein Gerüst auf. Und eine Woche später blicken wir auf die wahrscheinlich stabilste und schönste Scheunenwand der ganzen Grafschaft Sibiu.

Leider fiel der Mauersanierung die historische Signatur zum Opfer, die vielleicht noch Radus Uropa einst in den frischen Putz gekratzt hatte: ein paar unleserliche Worte und die verschnörkelte Jahreszahl 1920.

Aber ich habe das stolze Signum fotografiert, damit es nicht erneut in Vergessenheit gerät. Ich weiß, dass die Inschrift noch unter dem Putz steckt wie ein überpinselter Jesus in den einst katholischen Wehrkirchen, und dieses Wissen verleiht mir Extrapunkte auf der nach oben offenen Nostalgieskala. Ein weiterer Nagel in der Silberflinte meiner Geschichtsliebe.

~

SO GANZ NEBENBEI
Warum man in Rumänien niemals »Prost« sagen sollte

Rumänisch sieht komplizierter aus, als es ist. Hier ein paar Grundregeln zur Aussprache:

Ein normales »a« hat oft eine Schüssel obendrauf: ă

Ein nicht normales »a« hat ein Dach: â = dann ist es eher ein »i«.

Tatsächlich wurde das Rumänische erst relativ spät verschriftlicht, und die letzte Reform von 1993 hat sich noch nicht überall durchgesetzt: Beispielsweise wird das Dorf Sângătin oft noch Sîngătin geschrieben, und wann – *când* – kommt auch mal als *cînd* vor.

S mit Haken untendran = Sch. Beispiel: Das *şniţel* = Schnitzel.

T mit Haken untendran = Z. Beispiel: Der Pflaumenschnaps *ţuica* = Zuica

Und apropos *ţuica*: Bloß niemals *Prost!* sagen. *Prost* bedeutet auf Rumänisch nämlich so viel wie »Depp«.

»Prost« heißt *noroc.* Alternativ *sănătate,* Gesundheit. Oder *La mulţi ani* (»Lamulzahn«) = auf viele Jahre.

In schweren Fällen auch einfach *Doamne ajută* (»Doamne aschuht«) = Gott steh uns bei bzw. Himmel hilf.

Das war's eigentlich auch schon. Alles klar?

Na dann, Prost!

~

26

Reußmarkter Radieschen von unten

Apropos unerwartete Entdeckungen im Zusammenhang mit antiker Bausubstanz: Meine absolute Lieblingsstory ist die vom unterirdischen Reußmarkter Geheimgang. Da durfte ich mal wieder nicht nur den Puls der Geschichte fühlen, sondern quasi direkt hineinstolpern wie einst Sir Howard Carter ins Grab des Tutanchamun!

Der große Fantast Michael Ende war felsenfest davon überzeugt, dass der Kern einer jeden guten Geschichte von einem Märchen gebildet wird und deshalb im Grunde immer schon irgendwie vorexistiert. Jedes Werk der Fiktion sei dementsprechend seltsam prädestiniert, in einer Zwischenwelt aus Kindheitserinnerungen und kollektivem Unterbewusstsein auf einen des Schreibens mächtigen Menschen lauernd, den es nur ausreichend in den Fingern jucken muss, um diese über ihm schwebende Geschichtenblase anzustechen …

Aber wir befinden uns ja hier nicht in einer Geschichte, sondern im real existierenden Transsilvanien. Und hier in der bäuerlich geprägten Kultur herrschen (noch!) die unaufgeregten, unaufgeschriebenen Regionalsagen vor.

Im Unterschied zum Märchen, das sich schon Jahrhunderte vor der Erfindung von Postkutsche und Internet durch wandernde Unterhaltungskünstler und sonstige herumziehende Erklärbären teils über viele Ländergrenzen hinweg verbreitete und so zum Allgemeingut wurde, ist die Sage meist mit einem geografisch greifbaren Ort verbunden: einer markanten Felsspalte, einer wichtigen Wegkreuzung, einem großen Waldstück oder eben einem alten Gemäuer …

Reußmarkt, auf Rumänisch Miercurea Sibiului, der drittwestlichste der originalen Sieben Stühle[18]*, erholte sich nie wirklich von den Türkenstürmen im fünfzehnten Jahrhundert, die seine Bevölkerung mehr als halbierten. Die Wehranlage der Kirchenburg wurde erst danach errichtet, mit den begrenzten Mitteln einer übersichtlichen Gemeinde. 1658 kamen die Türken zurück und legten erneut alles in Schutt und Asche. 1704 waren es die Serben, die den Markt plünderten. Ein weiteres Mal konnte und wollte man sich das nicht gefallen lassen. Doch weil Reußmarkt von den beiden nächsten Stühlen Mühlbach und Hermannstadt aus gesehen hinter den Hügeln liegt, hätte man im erneuten Angriffsfall nicht mal per Signalfeuer auf das Problem aufmerksam machen können. Bald war die Lösung*

18 Die »Sieben Stühle« waren die ersten wehrhaften Siedlungen der deutschsprachigen Siedler entlang der Reichsgrenzen des Königsbodens, alle gegründet Anfang des dreizehnten Jahrhunderts. Eigentlich sind es acht Ortschaften, da man den Hauptstuhl Hermannstadt nicht mitzählt: (von West nach Ost) Broos, Mühlbach, Reußmarkt, Leschkirch, Großschenk, Schäßburg und Reps.

klar: Ein Fluchtweg muss her! Eine Möglichkeit, um unbemerkt aus der Kirchenburg zu entkommen und Hilfe zu holen. Und so gruben die Reußmarkter in langer mühevoller Arbeit einen Geheimgang, der von der Kirchenburg aus in den Keller des außerhalb gelegenen Posthauses führte. Doch damit nicht genug: Für das doppelte Pech, dass auch das Posthaus schon vom Feind besetzt wäre, ging der Geheimgang anschließend noch weiter, unter dem halben Marktplatz hindurch und bis hinüber auf den orthodoxen Friedhof. So fühlten sich die tapferen Reußmarkter endlich richtig gut vorbereitet, falls doch noch einmal fremde Horden angestürmt kämen.

Das geschah zum Glück nie, der unbenutzte (und natürlich auch supergut getarnte) Geheimgang geriet über die Jahrhunderte in Vergessenheit. Nur die Sage von seiner Existenz wurde hin und wieder bei abendlichen Zusammenkünften, beim gemeinsamen Brotbacken oder auf langen Karrenfahrten nach Hermannstadt weitergetragen – rein mündlich.

Und jetzt kommt's: Diese Sage hielt sich, bis ein paar tüchtige Leute vom Hermannstädter ASTRA-Museum im ehemaligen Reußmarkter Postgebäude eine Dependance eröffneten. Sie richteten ein reizendes kleines Heimatmuseum ein, widmeten den Keller dem naheliegenden Thema Weinbau und veranstalten heute alle paar Wochen im idyllischen Innenhof einen traditionellen Handwerkermarkt mit Tag der offenen Tür. Hin und wieder finden internationale Symposien statt, die Räumlichkeiten und besonders den Keller kann man für allerlei Events auch privat mieten.

Weil man für all die Besucher natürlich auch sanitäre Einrichtungen braucht – besonders wegen der beliebten Weinproben –, entstand im Zuge der Posthaussanierung auch ein anständiges

Besucherklo. Im alten Gewölbekeller, gleich zwischen der Kornkammer und dem Lager für die Weinfässer.

Dort kam es leider in einem außergewöhnlich kalten Frühjahr zu einem Wasserrohrbruch. Kurz darauf wurde es wieder etwas wärmer, und es regnete stark: Der Keller des alten Posthauses soff ab. Da das Museum nicht bewohnt ist, blieb das Malheur tagelang unentdeckt. Kubikmeterweise rauschten Regen und Leitungswasser durch die Räume. Als man es abgepumpt hatte, musste der Keller erst einmal professionell trockengelegt werden, es ging schließlich ums Fundament. Der modrige, gestampfte Erdboden im Keller wurde einige Zentimeter tief abgegraben und durch eine lockere Kiesschicht ersetzt, um weitere Überschwemmungen auszubremsen.

Bloß im Eingangsbereich war das Wasser mysteriöserweise schon von selbst verschwunden. Nur wohin? Ein bisschen Gepolke mit Hacke und Schaufel brachte schließlich eine kreisrunde Öffnung zum Vorschein. Das Loch hat einen Durchmesser von einem guten Dreiviertelmeter und würde, einem Kaninchenbau gleich, in etwa zwei Metern Tiefe deutlich Richtung Kirchenburg ins Ungewiss-Bodenlose abbiegen, wenn es nicht über die Jahrhunderte hinweg von eingestürzten Erdbrocken und nun auch noch hineingeschwemmtem Kies-Matsch ein wenig aufgefüllt worden wäre – hatte der Wasserrohrbruch etwa den sagenhaften Geheimgang zurück in die Realität gebracht?[19]

Ich habe ein bisschen herumgeforscht, aber offenbar bin ich der erste Mensch, der die Sage vom Reußmarkter Geheimgang

19 Spoiler Alert: Leider nein. Eine Archäologin entzauberte das Loch zum bloßen Vorratsraum.

aufschreibt. Ich habe versucht, das voller Respekt zu tun. Ein bisschen darf ich so auf den Spuren des Kronstädter Sprachwissenschaftlers Heinrich von Wlislocki (1856–1907) wandeln, der als einer der ersten Volkskundler die mündlichen Überlieferungen der »Wanderzigeuner« erforschte. Heute gibt es sehr viel mehr, was gerettet werden muss. Denn *noch* kann man diese Art Kulturgut bewahren und durch Weitergabe aufpäppeln, noch werden solche Sagen erzählt. Hin und wieder entstehen sogar neue – wie zum Beispiel die von der bayerischen Familie, die auszog, ihr Glück in Transsilvanien zu finden … Aber es wird langsam knapp. Die internationalen Medienkonzerne schlafen nicht, Pokémon und die Paw Patrol verdrängen wie überall auf der Welt die kleinen, leisen Geschichten von vergessenen Geheimgängen, verlorenen Kindern und verratener Liebe.

27

Zwanzig kleine Schafe mit Soße Aua

Google heißt bei uns Uschi. Das stammt noch aus der Zeit, als wir unseren gebrauchten Toyota Prius ganz neu hatten und wir für die Damenstimme aus dem Lautsprecher einen Namen suchten. Damals machte das bordinterne Navigationssystem, obwohl schon vergleichsweise recht fortschrittlich, nämlich noch lustige Fehler und verhielt sich oft ziemlich erratisch. Unvergessen, wie wir einmal Freunde in einem Neubauviertel besuchten, das das System (auf sechs CDs! Ohne Internet!) noch nicht kannte: Zunehmend garstig forderte die Stimme uns auf, doch jetzt bitte wenn möglich zu wenden. »Bitte wenden. Bitte wenden! Wenden Sie jetzt, verdammt noch eins, sonst knallt's aber!!«[20]

So eine Domina ohne Überblick braucht natürlich einen entsprechenden Namen, und der war dann eben Uschi. Als wir vom CD-basierten Bordnavi zu Google Maps auf dem Smartphone

20 Das hat sie natürlich so nicht gesagt, aber es hörte sich genauso an. Immerhin duzte die Ur-Uschi uns noch nicht.

wechselten, zog der Name mit um. Es ist ja auch ein Jahrzehnt später noch durchaus so, dass die Google-Uschi manchmal Mist baut. Wenn ich ihr vertrauensvoll auf abseitige Feldwege folge, die selbst für Geländewagen eine Herausforderung darstellen (gelobt seien die zehn Zentimeter mehr Bodenfreiheit unseres VW-Transporters). Oder wenn sie eben rumänische Ortsbezeichnungen ausspricht: Aus dem *drumul județean*, der Bezirksstraße, wird dann der DJ. Auf Englisch, wie die Berufsbezeichnung: Dee-Jay. Weshalb Uschi in der deutschen Sprachausgabe die Abkürzungen zu Anglizismen verballhornt, weiß nicht mal Computerversteher Jürgen (und dessen lizenzfreie Codebausteine sind sogar Teil von Googles Quellcode, er hat Uschi also quasi zu einem winzigen Bruchteil miterschaffen). Jedenfalls gibt es bei uns wirklich viele DJs. Hier hatten die armen Kerle ja auch während der anhaltenden Club-Schließungen in Deutschland noch was zu tun.

Viel haben die Rumänen mit den Franzosen gemeinsam. Zum Beispiel das schöne Wort *şoseaua* für Chaussee. Das wird auch ziemlich genau so ausgesprochen, nämlich »Schossea«. Nur nicht von Uschi. *Computer doesn't like.* Uschi sagt »Soße Aua«.

Und ich – nun ja, ich habe vielleicht etwas mehr Rumänisch-Kenntnisse, nicht aber immer unbedingt die richtigen. Mit naiver Freude an der Kommunikation pflüge ich durch die Fallstricke der Bedeutungsnuancen und nehme dabei allerlei Fettnäpfchen mit. Es ist der Roadkill auf der Soße Aua des DJs. Mein bisher wohl größter Fauxpas trug sich am Vorabend der Pandemie in Timişoara zu: Dort wohnten wir in einer berückend billig renovierten (also quasi gar nicht, was in solchen Fällen oft am wenigsten Schaden anrichtet), zentral gelegenen Altbauwohnung, die wir über AirBnB gemietet hatten. Erster Stock, vier Meter hohe

Decken, Originalparkett. Vorne die Fußgängerzone, unten ein Schnellimbiss, im Innenhof fragwürdige Nachbarn. Als ich auf dem Gemeinschaftsbalkon Kinderwäsche aufhängte, begann die gepflegte Dame aus der Wohnung nebenan ein Gespräch mit mir. Lila-graue Dauerwelle, große goldene Ohrringe, Klappstuhl mit Leopardenbezug vor der Tür. Vielleicht hätten da schon die Alarmsirenen klingeln sollen, wer weiß.

Doch sie lächelte und duftete nach Parfüm und fragte mich, welche Fremdsprachen ich spräche – Französisch, Spanisch? Leider nichts davon. Deutsch und Englisch konnte sie wiederum nicht. Also sprachen wir mithilfe meiner Rumänischbrocken über Kinder und die Schönheit der Stadt, bis sie mir von ihrem schlimmen Nierentumor erzählte und dass sie mit nur dreitausend Euro geheilt werden könne. Praktischerweise begann in diesem Moment mein damals noch Eineinhalbjähriger in der Wohnung zu brüllen. Ich wollte mich elegant entschuldigen, doch die Dame winkte ab und holte ihre Tochter zur Verstärkung. Es sei ja so großartig, dass ich Rumänisch spräche! Die Entscheidung zwischen bedürftiger Klimperoma und brüllendem Kleinkind war hart, ich saß gewissermaßen auf glühenden Kohlen, aber letztendlich fühlte ich mich doch eher zum Kind gerufen.

»Ach, ich weiß nicht viel«, sagte ich also bescheiden, angesichts der schwerwiegenden gesundheitlichen Probleme mit Grabesstimme. Dachte ich jedenfalls. Die Tochter prustete los, tippte sich ans Hirn und verschwand neben dem Leopardenklappstuhl im Halbdunkel. Die Dauerwellendame behielt ihr Pokerface, entließ mich aber, und ich ging trösten und wickeln.

Erst Wochen später war mein Rumänisch weit genug fortgeschritten, dass ich meinen eigenen Irrtum erkannte: Statt *Nu ştiu mult*, ich weiß nicht viel, hatte ich *Nu şti mult* gesagt. Du weißt gar nicht viel. Immerhin hatte meine unfreiwillige Komikeinlage uns drei Damen aus einer unangenehmen Situation gerettet.

Oder den hier. Einen hab ich noch! Eines Abends verabschieden sich unsere deutschstämmigen Bekannten in Großpold per WhatsApp mit: *Schönes Wochenende euch.*

Wünschen wir euch auch! Si altfel!, schreibe ich beglückt zurück.

Das heißt »Und anders«. Du meintest wahrscheinlich »Si la fel«, gleichfalls, korrigiert mich Michael umgehend. Ups. Die vielen Rumänen, denen ich in den letzten Tagen »Und anders!« hinterhergerufen habe, waren glücklicherweise zu höflich dafür.

Eine Engelsgeduld hat auch Bauer Nicolae mit mir. Ob er auch Eier hat, frage ich ihn eines Nachmittags. Also Hühnereier. Klar, meint er. Wie viele ich denn bräuchte? Zwanzig Stück. Er nickt, *desigur*, kein Problem, und geht. Daraufhin bleibt er ungewöhnlich lange fort. Vier, fünf Tage lang sehen wir keinen Zipfel seines markanten Wollpullovers. Langsam wird das Gemüse knapp. Die Eier sowieso. Wenn ich auf der Straße Hufgeklapper höre, gucke ich hoffnungsfroh aus dem Fenster – doch es ist immer ein anderes Pferd, nie Nicolaes Stella.

»Warum braucht er denn diesmal so lange?«, rätsele ich. »Er wird mich doch nicht falsch verstanden haben?« Das Wort für »Ei« – *Ou* – ist recht schwierig zu intonieren. Noch schwieriger wird es in der Mehrzahl: *Ouă. Douăzeci de ouă.* Der Vokalwust erinnert frappierend an den Begriff für »Schaf« – *Oaie.* Ein Schaf – *o oaie.* Unaussprechlich! Ich rufe mir das Verkaufsgespräch in Erinnerung und bin mir plötzlich nicht mehr ganz sicher, ob ich nicht versehentlich zwanzig Schafe bestellt habe. *Douăzeci de oi.*

HEREIN-
SPAZIERT

Sanierungsbedürftiges Schnäppchen mit Scheune. Kommentar einer Freundin: „Glückwunsch, ihr habt euch also einen Haufen Arbeit gekauft!“

Dienstboteneingang, Drei-Meter-Duplotürme UND Dracula: Wer könnte da widerstehen?

Johann, Bauer Nicolae und das „Fert", das uns zusammenbrachte. Rechts milde Gaben aus der Nachbarschaft

Märchenhaft: Miti schabt das Brot schön. Johann sucht nach Hexen-Resten, und Jürgen trägt die Pute zum Schafott

Vioricas Sau beim Morgenspaziergang. Daneben der Schwingbaum eines Ziehbrunnens (sorry, unscharf!), die Schlitten-Schlange und das Kindergarten-Shuttle mit 1 PS

Tierisch Trouble. Die Straßenhunde Werner (oben) und Dacki haben sich in unsere Herzen geschlichen, Katze Fritzi sogar in meine Kapuze

Rituale der Rumänen gibt's live im Dorf (links), Sitten der Sachsen und Lebensweisen der Landler z.B. im Großpolder Heimatmuseum

Unsere mechanisch-
metabolistische,
komplett ANALog
betriebene Zeit-
maschine, das plakative
Plumpsklo (hat
mittlerweile ein
Solardach!)

Nicolae hat extra zweimal nachgefragt. Er könnte auch zwanzig Schafe liefern, kein Problem, ich habe seine Herde ja schon besichtigt. Voller Sorge male ich mir aus, wie wir wohl die zwanzig Schafe unterbringen und verköstigen werden, bis wir das Missverständnis aufgelöst haben. Oder … Moment, Nicolae kann ja nicht nur Agrarfrüchte herstellen und Tiere züchten, sondern sie auch verarbeiten. Pfannenfertig. Das habe ich auch schon gesehen (Stichwort Schweineohr). Oh mein Gott. Vor meinem geistigen Auge biegt jede Sekunde das brave Pferd Stella um die Ecke, den bluttriefenden Holzkarren haushoch beladen mit einem Berg aus vierzig Schafshälften.

Kurz bevor ich überlege, ob wir uns in unserem bevorzugten Elektrofachmarkt Altex nicht doch nach einer Tiefkühltruhe umsehen sollten (oder zweien oder dreien, sicherlich kann man bei der Abnahme von mehreren Tiefkühltruhen einen guten Deal bekommen, zum Glück ist der Keller ja groß), klingelt Nicolae. Zu Fuß. In der Hand trägt er einen abgerockten schwarzen Ledershopper aus Ceauşescus Zeiten.

»Da sind jetzt die zwanzig kleinen Schafe drin«, sagt unser mittlerer Sohn, der Spaßvogel. Nicolae smalltalkt ein bisschen, greift hinein und überreicht mir feierlich eine Plastiktüte voller Eier. Ich bin so was von erleichtert. Die daraus hergestellten Pfannkuchen schmecken nach Triumph.

Nach dem Zweiten Weltkrieg wurde es ziemlich ungemütlich für die deutschsprachige Minderheit in Rumänien. Zehntausende junger Leute – Mädchen ab achtzehn, Jungen ab sechzehn – wurden zur Zwangsarbeit nach Sibirien verschleppt. Nicht alle kamen zurück. Die verbliebenen Sachsen und Landler sollten in der Öffentlichkeit kein Deutsch mehr sprechen. So musste sich auch die Schwiegermutter meiner Freundin Elke aus Großpold als kleines Mädchen hinsetzen und Rumänisch büffeln. Die dabei entstandenen Versprecher bereichern das kulturelle Familiengedächtnis noch heute. Als sie zum Beispiel einmal von ihrer Mutter losgeschickt wurde, um sich eine Schere auszuleihen, ging sie voll Elan zur Nachbarin und sprach: *»Da-ţi mi o şura, va rog!«*

Grammatikalisch korrekt. Nur leider ist *şura* – Schura – ein *false friend* und bedeutet nicht Schere, sondern Scheune.

Einmal muss Jürgen zu einer Konferenz nach Lissabon fliegen, und ich bringe unseren VW-Bus selbstständig zur Generalinspektion in die Vertragswerkstatt nach Reußmarkt. Die Wartezeit überbrücke ich in Ionelys Café & Pizza, einem unserer favorisierten Familienrestaurants, wo ich als einziger Gast einen Latte Macchiato bestelle und ein wenig mit der netten Kellnerin Elena plaudere.

Sie lobt meinen neuen Kurzhaarschnitt und sagt, dass sie uns ja schon öfter hier gesehen habe. Ob wir aus Großpold seien, wo es so viele Deutsche gebe?

»Nein, aus dem Nachbardorf. Wir sind die einzigen Deutschen dort«, sage ich. »Warum nicht?«

Elena sieht mich mit großen Augen an. »Ja, warum nicht«, sagt sie dann. *»Desigur.«* Aber sicher.

In der folgenden halben Stunde trinke ich gemütlich meinen Kaffee und lese meinen Daily-Dracula-E-Mail-Verteiler. Immer wenn Elena an meinem Tisch vorbeikommt, sagt sie etwas Aufmunterndes zu mir. So etwas wie »Wir Frauen sind so stark, wir schaffen das schon« oder »Hier auf dem Land halten wir zusammen, da brauchen wir doch gar keine Männer!« Außerdem lobt sie noch mehrmals meinen gelungenen Haarschnitt.

Die ist aber wirklich nett, denke ich. Bei der Verabschiedung gebe ich ihr ein Trinkgeld und sage, dass ich mich auf den nächsten Besuch bei ihr sehr freue.

Erst am Abend zu Hause wird mir klar, was ich der armen Elena eigentlich mitgeteilt habe: Statt »Wir sind die einzigen Deutschen hier im Dorf« habe ich wohl gesagt: »Ich bin ein deutscher Single hier im Dorf.«

Elena denkt jetzt, dass mich mein Mann mit den Kindern sitzen gelassen hat und bei uns bald die Scheidungsglocken läuten, weshalb ich in meiner Verzweiflung direkt zum Friseur gerannt bin. Man kennt das ja, die Trennungsfrisur!

Immer wenn mir meine Sprach-Ausrutscher peinlich zu werden drohen, fahren wir zum Dedeman-Baumarkt. Dann brettern wir durch die Ausläufer von Sibiu, und die Uschi sagt wieder einmal knallhart, dass wir nach links in die Soße Aua abbiegen sollen. In solchen Momenten weiß ich: Ich und all meine Vorgänger sind nicht allein in unserem holprigen Versuch, Rumänien zu ergründen. Dem Weltkonzern Google geht's auch nicht anders.

28

Wie uns der Storch mit den Landlern bekannt machte

Unsere Sprachlern-App Mondly wusste es schon immer: Wahrhaft glücklich kann nur werden, wer höfliche Menschen zu Nachbarn hat! Und das hat sich auch in unserem Fall bestätigt. Im innerdörflichen Mikroklima, aber auch in Bezug auf die ganze nähere Umgebung.

Eines Nachmittags im August stellt uns Handwerker Aurelian neue Bekanntschaften in Aussicht: Im Nachbardorf Großpold gebe es ganz viele Deutsche, die uns kennenlernen wollten. Eine entfernte Verwandte von ihm leite dort ein Heimatmuseum, und sie würde uns schon heute Abend besuchen. Oder morgen. Oder übermorgen, in jedem Fall aber bald. Mittlerweile vertrauen wir den rumänischen Zeitangaben. Sie sind zwar etwas elastischer als unsere, aber vielleicht gerade deshalb umso verlässlicher. Ein Rumäne kommt vielleicht nicht pünktlich, aber er kommt garantiert irgendwann – was man ja von beispielsweise deutschen Handwerkern nicht unbedingt behaupten kann. (Diese gewagte Aussage treffe ich aufgrund von leidvoller persönlicher Erfahrung. Es gibt mit Sicherheit Ausnahmen auf beiden Seiten.)

Und tatsächlich: Am dritten Abend hält ein Kleinwagen mit deutschem Kennzeichen vor dem Haus, und unter großem Hallo »überfallen« uns eine groß gewachsene Dame und ein schwäbelndes Ehepaar. Es sind Maria Mann und ihre Freunde.

Kein Wunder, dass sie neugierig auf uns sind. Wir sind eine kleine Sensation: In Großpold sind die meisten Deutschen längst fortgezogen, viele haben ihre Häuser an Rumänen verkauft. Bei uns ist es genau andersherum. Unser Beispiel macht hoffentlich Schule, sagt Maria. Denn das deutschsprachige Großpold soll wiederbelebt werden. Nicht nur von der Großeltern-Generation, die nach der rumänischen Revolution nach Deutschland ging und als Rentner wiederkommen möchte, sondern gerade auch von Familien mit Kindern!

So schlimm sei es doch gar nicht, widerspreche ich. Gerade ein paar Tage zuvor hätte ich in der Hermannstädter Buchhandlung Schiller mit der Frau Köber gesprochen, und die habe die Anzahl der Deutschen in der Grafschaft auf immerhin gute zweitausend geschätzt.

Maria schmunzelt fein und droht mir scherzhaft mit dem Zeigefinger. »Ja, aber das sind zum Großteil die Siebenbürger Sachsen, das ist wieder ein anderer Stiefel. Das darfst du auf keinen Fall verwechseln! Wir sind nämlich keine Sachsen, wir sind Landler!«

Hier darf ich einen kleinen geschichtlichen Abriss über die verschiedenen deutschsprachigen Gruppen in Rumänien einfügen:

Zuerst kamen die bis heute zahlenmäßig stärksten Siebenbürger Sachsen, deren Name allerdings nichts mit dem deutschen Bundesland Sachsen zu tun hat, sondern vermutlich eher von ihrer bevorzugten Waffe herrührt: dem Sax, einem Kurzschwert. Diese »Sachsen« waren Söldner. Bereits im zwölften Jahrhundert zog der ungarische König Géza II. mit adeligen *Saxones* in den Krieg nach Byzanz. Er schätzte die tüchtigen deutschen Ritter und warb mehr von ihnen an – so wurde das umkämpfte Grenzgebiet Transsilvanien zur *Terra Saxonum*.

Rund fünfhundert Jahre später waren es die Banater Schwaben, zur Gruppe der Donauschwaben zusammengefasst, die ab 1692 die Donau hinunterfuhren, um das durch die Türkenkriege entvölkerte Land wieder aufzubauen. Auch sie waren eher selten Schwaben, sondern vor allem Franken und sogar Sauerländer. Der Sammelbegriff »Schwaben« blieb haften, weil die Einschiffung der Glücksritter zumeist im Hafen von Ulm stattfand. Sie erhielten gratis Boote gestellt – die sogenannten »Ulmer Schachteln« –, das Versprechen auf eigene Höfe und enorme Steuererleichterungen. Zum Erliegen kam das große Umsiedlungsprojekt langsam mit dem »Temeswarer Wasserschub«, als ab 1744 zusätzlich zu den händeringend gesuchten Siedlern zweimal jährlich auch unerwünschte Personen die Donau hinuntergeschippert wurden. Das erschwerte die Anwerbung von fleißigen Schwaben, die nicht mit Querulanten, Kleinkriminellen und »liederlichen Weibspersonen« in einen Topf geworfen beziehungsweise in eine Ulmer Schachtel gesteckt werden wollten.

Doch es gab Nachschub in Form von österreichischen Bauern. Im katholischen Habsburgerreich des achtzehnten Jahrhunderts stießen nämlich die »Lutheraner« auf wenig Gegenliebe. Zwischen 1736 und 1756 wurden sie deshalb des Landes verwiesen und mussten – aus den Augen, aus dem Sinn – an den äußersten Rand des österreichich-ungarischen Kaiserreichs ziehen. So schlugen Karl IV. und später Maria Theresia gleich zwei Fliegen mit einer Klappe: Sie waren die Fehlgeleiteten los und konnten mit dem Menschenmaterial die Lücken auffüllen, welche die Pest gerissen hatte. Im hintersten Winkel der Donaumonarchie, in der Region um Hermannstadt, war die Siedlersituation prekär genug für die Unerwünschten. So also kamen die Landler nach Transsilvanien.

Die Landler sind die jüngste Gruppe der Rumäniendeutschen und deshalb vielleicht am stärksten in ihren Traditionen verhaftet geblieben. So stark, dass sie sich nach Möglichkeit nicht einmal mit den Siebenbürger Sachsen vermischten und ihre Tracht und ihren Dialekt komplett unverändert bewahrten. Das liegt mit Sicherheit auch daran, dass die Landler als einzige der deutschsprachigen Siedlergruppen nicht freiwillig nach Rumänien kamen. Sie vermissten ihre verlorene Heimat. Sie wollten und mussten zusammenhalten! Trotzig bewahrten sie sich den Glauben, dessentwegen sie in die Ferne gezwungen worden waren. Gegen die »Mitgefangen, mitgehangen«-Politik der Siegermächte nach dem Zweiten Weltkrieg half ihnen der Separatismus freilich nicht: Alle arbeitsfähigen Deutschsprachigen wurden zur Fronarbeit in die Sowjetunion verschleppt. Schon wieder deportiert! Tausende junger Männer und Frauen kehrten nicht zurück. Anschließend versuchte das Regime, den Sachsen, Schwaben und Landlern ihre kulturelle Identität zu nehmen und sie gewaltsam zu romanisieren. In der Öffentlichkeit Deutsch zu sprechen war verpönt, Schulunterricht gab es nur noch auf Rumänisch. All die fleißigen Bauern wurden enteignet (die Rumänen natürlich genauso). Dazu kam die wirtschaftliche Not unter Ceauşescu. Nach 1990 verließen neunzig Prozent der Rumäniendeutschen das Land.[21]

Die Gemeinschaft ist so stark, dass sie selbst im deutschen Doppel-Exil noch zusammenhängen: Vor allem rund um München und Augsburg, aber auch um Stuttgart haben sich ganze Cluster von Großpoldern gebildet. Doch die zurückgekehrten und auch die verbliebenen Landler verteilen sich immer noch schwerpunktmäßig auf die drei in der Umgebung von Hermannstadt liegenden Ortschaften, in denen sie einst angesiedelt wurden: Großau (Cristian), das mittlerweile von Hermannstadt eingemeindete Neppendorf (Turnişor) – und Großpold.

Das wussten wir bei unserer Entscheidung für diese Gegend nicht. Und so haben wir am Karpatenrand, eintausenddreihundert Kilometer südöstlich, ganz zufällig unsere heimische alpine Nachbarschaftskonstellation nachgebildet: Der rostige Hügel fungiert dabei als Zugspitzgrat. Auf der einen Seite davon leben wir Bayern und direkt hinter dem Gipfel die Tiroler Riegers, Stiegers, Schunns, Sonnleitners und wie sie alle heißen.

Der Gegenbesuch in Großpold zieht sich etwas, da wir das sagenumwobene Heimatmuseum einfach nicht finden. An einem Samstagabend lädt uns Maria zu einem großen Straßenfest der Deutschen ein, sogar einen italienischen Eiswagen soll es geben. Es sind Rückkehrer auf Zeit, die den Sommerurlaub in der alten

21 Interessanterweise nur die wenigsten Richtung Österreich, weil sich die Alpenrepublik mit der Aufnahme ihrer verlorenen Söhne und Töchter etwas schwertat. Den deutschen Pass gab es leichter. So wurden aus den eingefleischten Salzburgern, Hallstättern und Tirolern nach zehn Generationen doch noch Deutsche.

Heimat der Eltern und Großeltern verbringen. Sie bringen ihre Kinder und Enkel mit, stöbern die alten Anwesen durch, schwelgen in Erinnerungen und feiern zusammen.

Da wären wir sehr gern dabei, nur leider: Wir finden es nicht. Maria hat uns die Anfahrt ganz exakt beschrieben: »Wenn ihr über das Wasser fahrt, müsst ihr gleich rechts abbiegen und in die kleine Gasse hinein bis ganz hinten, wir sind dann ganz oben neben dem Storchennest.«

Klingt simpel. Doch bereits in Sichtweite des »Wassers« müssen wir das erste Mal wieder umdrehen. Die Kinder auf der Rückbank prügeln sich derart, dass wir zurückfahren und die beiden Streithanseln unter Mitwisserschaft der Nachbarin zu Hause absetzen. Wir wollen ja nur eine Stunde wegbleiben. Mit den verbliebenen beiden Jüngsten fahren wir dann übers Wasser, biegen scheinbar falsch rechts ab und verfranzen uns. Kein Storchennest. »Vielleicht meint sie ein anderes Wasser«, mutmaßt Jürgen. Wir probieren einen neuen Ansatz von der anderen Dorfseite her, wo man wirklich über ein Wasser mit Brücke fahren und dann gleich nach rechts abbiegen kann. Klein ist die Gasse auch, und steil. Ganz oben, hat Maria gesagt, also jage ich den widerstrebenden Jürgen das unbefestigte Bergsträßchen hinauf, bis der VW-Bus fast stecken bleibt. Rechts und links sitzen Roma-Familien auf den Feierabend-Bänken vor den Häusern und freuen sich über die Abwechslung. Aber auch hier ist kein Storchennest und bald auch kein Haus mehr, das von der Größe her ein Heimatmuseum beherbergen könnte. »Mir ist schlecht«, quäkt es von der Rückbank. Entnervt geben wir auf und fahren nach Săliște, wo es einen leicht zu findenden Spielplatz und einen anständigen Eiskaffee gibt.

Der nächste Versuch erfolgt per Rad. Wir ziehen konzentrische Kreise um die Großpolder Außenbezirke. Wieder nix. Welches Wasser meint Maria nur? Okay, mein räumliches Orientierungsvermögen ist nicht das allerbeste, aber für ein übersichtliches Dorf muss es doch reichen … Es ist mir peinlich, es mir immer wieder erklären zu lassen.

Der dritte Versuch also, wieder mit dem VW-Bus und nur mit unseren Söhnen. Unsere Tochter verbringt den Tag mit ihrer Freundin Katie und deren Eltern im Freibad. Die Söhne benehmen sich ausreichend gut, um uns relativ entspannt in Großpold ankommen zu lassen. Wieder fahren wir über das erste Wasser, finden keine Möglichkeit zum rechts Abbiegen, probieren es beim zweiten Wasser und landen in der engen Berggasse, aber diesmal kurble ich das Fenster runter und frage die dort sitzenden Roma: »Hier gibt es irgendwo ganz viele Deutsche, die haben auch ein Museum, aber wir finden sie nicht. Wo sind denn hier die vielen Deutschen, bitte?«

Eine Frau in meinem Alter mit Baby auf dem Arm gibt sich alle Mühe, aber sie weiß es auch nicht so genau. Ich rufe die Website der Stiftung auf und zeige ihr das Foto vom Anwesen. Immer noch Ratlosigkeit, bis ich auf den Storch hinweise. Da gebe es auch einen Storch, sage ich. »Wo ist denn hier ein Storch? *Unde este o barză?*«

Beim Stichwort *barză* drängt sich eine winzige, schrumpelige Oma mit buntem Kopftuch aus dem Hintergrund nach vorne. »*Desigur, desigur!*« Der *barză*, aber natürlich! Der habe sein Nest genau auf der anderen Seite vom Dorf, von hier aus gesehen gleich hinter der Kirche. Nun berappeln sich auch die anderen Sippenmitglieder. Ja, das müsste es wohl sein, denn das sei im Moment der einzige *barză* im Dorf. Da müsst ihr nur umdrehen, einmal rechts und dann nach dem großen Saal noch mal rechts – dann seid ihr fast da, da könnt ihr den Storch schon sehen!

Womöglich liegt der plötzliche Ausbruch von Hilfsbereitschaft auch daran, dass Johann auf dem Rücksitz begonnen hat, Grimassen zu schneiden und seine speckige Himmelfahrtsnase gegen das Fenster drückt, um das Baby auf sich aufmerksam zu machen. Plattgedrückte Kleinkindnasen funktionieren immer.

»*Ce copii minunați!*«, juchzt die Roma-Oma uns hinterher. Was für entzückende Kinder! Und dank ihrer kompetenten Beratung finden wir wenige Minuten später tatsächlich das Heimatmuseum.

Maria Mann muss man erlebt haben. Wahrscheinlich gibt es niemanden auf der ganzen Welt, der mündlich so viel geballte Information in so kurzer Zeit vermitteln kann. Und nein, das soll nicht bedeuten, dass Maria zu schnell oder zu viel redet. Es soll bedeuten, dass man bei einer Begegnung mit ihr besser ordentlich aufpasst, weil man da so viele spannende Einblicke in das Wohl und Wehe der Landler und überhaupt der deutschsprachigen Gemeinschaft Siebenbürgens gewinnen darf![22]

Zum Beispiel, weshalb Großpold keine Wehrkirche hat: Tatsächlich gab es bis ins neunzehnte Jahrhundert hinein eine solche – bis die wohlhabenden Weinbauern sich etwas Repräsenta-

22 Das hat zum Glück auch der Bayerische Rundfunk schon erkannt und im Sommer 2022 einen sehenswerten Beitrag über Marias Engagement gedreht. Ihre Führung durch das Handwerksmuseum »Bei meinen Nachbarn in Großpold« gibt es mittlerweile aber auch auf YouTube.

tiveres wünschten und das fünfhundertjährige Gemäuer abrissen, um eine minimal überdimensionierte neobarocke Saalkirche hinstellen zu können.

»Den Leuten ging es damals einfach zu gut, um den Wert des Alten zu erkennen. Schon ein bisschen schade«, findet Maria, die unermüdliche Bewahrerin. Wir verstehen uns.

Es ist der Beginn einer wunderbaren Freundschaft zu immer mehr und mehr Großpoldern. Schnell zeigt sich, dass Maria Mann nicht nur ein tüchtiges Organisationstalent, sondern auch ein sozialer Knotenpunkt ist. Ob wir schon die andere »neue« Familie kennen würden? Eine Landlerin aus Großpold mit einem deutschen Mann. Die seien vor zwei Jahren zurückgekommen, mit drei Kindern ... Wenig später haben unsere beiden Ältesten auch endlich einen guten Freund vor Ort, mit dem sie sich aktuell das Internatszimmer in Sibiu teilen.

Die gut vernetzten Großpolder Kontakte schließen wichtige Wissenslücken. Und so ist es auch ein Großpolder, der mich darüber aufklärt, weshalb es in unserem Dorf keine Deutschen mehr gibt: »Und zwar wegen der Pest. Die war schlimm hier. Manche Dörfer hatten mehr Glück, aber hier sind leider alle Deutschen daran gestorben. Das ist alles schon so lange her, aber es gibt immer noch ein Sprichwort darüber.«

»Ja? Welches?«

Er macht eine Pause, zögert. Die Sache ist ihm offenbar etwas unangenehm. »Also, es heißt, bei euch hätten sie den letzten Deutschen in den Brunnen geworfen.«

Das erklärt natürlich vieles. Ich glaube, ich habe auch so eine ungefähre Ahnung, in welchen.

29

Die Schwalben bringen das Glück ins Haus

Eines Tages sitzt draußen im Torbogen ein schrecklich vorwurfsvoll piepsendes Vogelbaby. Über ihm flattern zwei aufgeregte erwachsene Schwalben, weshalb ich davon ausgehe, dass es sich bei der braunen Federkugel ebenfalls um eine Schwalbe handelt. Ich weiß, dass Schwalben ihre Kinder auch am Boden versorgen, und würde der Natur gerne ihren Lauf lassen. Allerdings hat das Gepiepe und Geflatter schon jede Menge unerwünschter Aufmerksamkeit auf sich gezogen: An allen Straßenecken und Mauervorsprüngen schnüffelt und huscht es. Der Ring aus hungrigen Hunden und Katzen zieht sich immer enger.

Ich hatte schon vor dreißig Jahren einen Vogel. Henry hieß er, eine aus dem Nest gefallene Rauchschwalbe. Meine Schwestern und ich haben ihn aufgezogen, indem wir ihn zu jeder Tages- und Nachtzeit aus einer Pipette mit Insektenbrei fütterten und sogar in einem kleinen Körbchen mit in die Schule nahmen. Das hat damals gut funktioniert, obwohl Henry bei seiner unsanften Ankunft in unserem Fahrradschuppen noch kein einziges Federchen hatte. Ein paar Wochen später legte er eine Bruchlandung nach der anderen hin, bis er eines Tages einfach auf und davon flog und sich seinen Kollegen im weiß-blauen Sommerhimmel anschloss …

Und dieser Vogel hier ist viel, viel weiter als Henry damals. Er oder sie ist voll befiedert, es fehlt nur noch der Wechsel zum eleganten schwarz-weißen Federkleid der Eltern. Ich denke an Henry, setze den schlecht gelaunten Federball in eine Schachtel, und wir haben ein Vogelbaby als Haustier.

Doch der Abend hält noch allerlei andere Überraschungen bereit: Zuerst schickt Jürgen unseren Mittleren zum Dorfladen, Mikrowellenpopcorn kaufen. Er schraubt währenddessen unsere uralte Leinwand an die Ziegelwand und kramt seinen noch älteren Beamer aus der vorvorletzten Umzugskiste. Nacheinander nehmen die Kinder auf den ausrangierten Sofas und Sesseln Platz, dann eröffnet das Scheunenkino mit *Dora the Explorer*. Auch wenn das Popcorn aus der Mikrowelle schon eher nach verbranntem Pappdeckel schmeckt, auch wenn der Film nicht bei allen vier Kindern auf ungeteilte Zustimmung trifft – besser kann's doch kaum kommen, das Leben.

Während meine wilde Meute in der Scheune drüben lacht, dass die Backsteine wackeln, setze ich mich ganz allein mit meinem Notebook und einem Glas Weißwein von Meister Cosmin ins Bett und schreibe an diesem Buch. Himmlisch.

Als es auf dem Dielenboden vom Flur her leise trapst, denke ich mir zuerst nichts dabei. Ein Kind auf dem Weg zum Klo vermutlich. Oder Johann, der doch lieber ins Bett möchte. »Na, gefällt dir der Film nicht?«, frage ich und schaue zur Tür. Doch da steht kein Kind, sondern eine Katze im Raum und guckt mich ein paar Sekunden lang mäßig erschrocken an, bevor sie elegant wieder abdreht und Richtung dunkler Hof verschwindet. Ich gehe ihr hinterher und schließe die »Dienstbotentür«, um keine weiteren ungebetenen Gäste hereinzulassen. Doch offenbar ist die Katze vor dem Besuch bei mir schon in allen anderen Räumen des Hauses unterwegs gewesen: Am nächsten Morgen ist Henry der Zweite spurlos verschwunden. Wir sind nicht einmal mehr dazu gekommen, ihm einen eigenen Namen zu geben. Seither schaue ich immer in wehmütiger Erinnerung hinauf zum Nest und hoffe, dass seine fleißigen Eltern noch viele genauso lebensfrohe, draufgängerische Geschwister in den Sommerhimmel setzen.

Auch im windgeschützten Durchgang zwischen Haus und Sommerküche haben wir ein Schwalbennest. Wie eine graue Beule klebt es direkt an der antiken Deckenlampe aus grünem Glas, die seit unbestimmter Zeit nicht mehr funktioniert.

»Oh, das ist sehr gut«, sagt Nelușu, als wir den Mogas nach der abgeschlossenen Renovierung im Herbst eine Führung geben. »Denn im März kommen die Schwalben wieder, und dann bringen sie das Glück ins Haus.«

Wie immer hat er recht. Die Schwalben sind pünktlich und nehmen es uns auch nicht lange krumm, dass wir im Winter zuvor zum Zwecke des Glühbirnenaustauschs ihr altes Nest zerstören mussten. Laut schimpfend sausen sie über unsere Köpfe hinweg, dreckeln unseren Eingangsbereich voll und bauen ein neues Nest. In den Arbeitspausen sitzen sie auf dem Glasfaserkabel und singen und flöten und fiepsen mit tausend Zungen, dass es eine wahre Freude ist. Die Feststellung, dass Schwalben eigentlich so etwas wie Wellensittiche in Schwarz-Weiß sind, macht mich wirklich glücklich.

Ihnen selbst bringt das Nest so nah am Haus allerdings kein Glück: Unser Kater Fritz sitzt geduldig daneben, bis Herr Schwalbe eines Tages zu nachlässig ist. Es bleiben nur ein paar lange blauschwarze Federn. Frau Schwalbe wartet noch ein paar Tage vergebens auf seine Rückkehr und ward dann nicht mehr gesehen. Wenigstens hatten sie noch keine Eier gelegt.

30

Die Katze von der Straße

Wie sich nach ein paar Wochen herausstellt, ist Kater Fritz gar kein Kater. Ihr forsches Verhalten beim Einzug hatte mich über ihre Geschlechtszugehörigkeit getäuscht, außerdem kann man das bei sehr kleinen Katzen auch wirklich schlecht erkennen.

Fritzi also. Fritzi verbringt so viel Zeit wie möglich in meiner Nähe, ich bin schließlich ihre Mama. Die ersten Monate lebt sie quasi auf mir wie die zahme Ratte eines Bahnhofspunkers, verlässt mich nur zum Fressen und Geschäfteverrichten.

Fritzi ist zweifarbig, aber mit unfreiwillig lustiger Aufteilung. Von der Nasen- bis zur Schwanzspitze trägt sie einen klassischen grau-braunen Tigermantel, doch darunter ist sie schneeweiß wie ein Eisbär. Eigentlich sieht sie aus wie der »Seher« aus dem gleichnamigen Asterix-und-Obelix-Comic: als hätte sie sich nur zu Imponierzwecken ein Wolfsfell umgehängt. Das Gesicht ist markant dunkel gestreift – bis auf die weiße Blesse auf der Stirn, die einem schon von Weitem entgegenleuchtet. Sieht apart aus, wenn sie da so auf meiner Schulter sitzt und den grauen Ringelschwanz über meinen Rücken hängen lässt. Ich nehme sie überallhin mit, spaziere mit ihr über den Hügel und gehe zum Vergnügen aller Passanten mit ihr einkaufen. Sie will nun mal nicht allein gelassen werden, ist neugierig – und ein wirklich schicker lebender Fellkragen. Ich recherchiere: Die Zeichnung heißt *Mackerel Tabby Grey with Mask and Mantle.*

»*E de rasă?*«, fragt die Verkäuferin im Dorfladen. Ist es eine Rassekatze?

»*Nu, e de stradă!*«, antworte ich stolz.

Und wie von der Straße benimmt sie sich auch. Fritzi ist der Meinung, dass ihr nach dem harten Start ins Leben ein echter Platz an der Sonne zusteht und sie von unserer Seite aus alles und noch mehr verdient. Wir haben sie exakt dann zu streicheln, wenn es ihr gerade passt. Ansonsten sind Menschenhände zum Anknabbern da und Menschenfüße zum Fangen. Haushaltstätigkeiten (Fenster öffnen, Staub wischen, Spülmaschine öffnen) dienen allein ihrer Zerstreuung. Wäsche aufhängen beispielsweise mache ich sowieso nur zu ihrer Unterhaltung: Ich hänge zwei Socken auf, sie wirft drei wieder herunter.

»Du kannst die Katze von der Straße holen, aber du kannst niemals die Straße aus der Katze holen«, sagt Jürgen mit mildem Tadel. Aber in Wirklichkeit ist er ihr natürlich längst ebenso verfallen wie ich.

Beim Anblick von besonders schmackhaftem Futter (altes Schinkenbrot, fast leere Thunfischdose, Spaghettisoßenreste usw.) wird sie zum, äh, Tier: Dann lässt sie ein tiefes, grollendes Knurren ertönen, für das sich ein ausgewachsener Tiger nicht schämen müsste. Ihre Beharrlichkeit in Sachen Futtersuche ist sowieso erstaunlich. Wenn sie Hunger hat, kommen die paar Wochen Überlebenskampf in ihrer Kindheit wieder hoch. Dass sie auf unserem

Esstisch nichts verloren hat, sieht sie allerhöchstens sekundenweise ein. Zehn Millionen Mal klopfe ich ihr auf die Nase und schimpfe »Runter!«, elf Millionen Mal springt sie wieder hoch. Schamlos schlürft sie meinen Milchschaum und klaut dem Jüngsten die Wurst von der Gabel. Wir müssen dazu übergehen, sie während unser eigenen Nahrungsaufnahme auszusperren.

Ich schätze ihren Geburtstag auf den 1. September. »Viel zu jung«, sagt die Tierarzthelferin am Telefon, als ich im Januar einen Kastrationstermin ausmachen möchte. »Warten Sie bis Ende Februar, vielleicht März!«

Na, die kennt unsere Fritzi nicht – und vor allem nicht deren männliche Kollegen. Während sie ihr noch im November dreist das Futter vor der Nase weggefressen haben, ohne sie auch nur eines Blickes zu würdigen, ändert sich um die Jahreswende herum etwas in der hormonellen Gesamtkonstellation. Nacht für Nacht streifen die Kater der Umgebung höchst interessiert durch unseren Hof. Nachdem ich beim Spazierengehen auf einmal eindeutige Aromen von meinen Füßen her wahrnehme, gehe ich dazu über, alle Schuhe fortan *im* Haus aufzubewahren: Ein Kater hat mir in die Stiefel gepinkelt. Wahrscheinlich war es der überaus hübsche Silberne, der als Allererster Fritzis Zukunftspotenzial erkannte und sich zum Verehrer wandelte. Ihre und seine Vorzüge preisend, sitzt er seither pünktlich zu Dämmerungsbeginn unter unserem Wohnwagen und singt. Wirklich wunderschön. Ein anderer Kater, der aber unsichtbar bleibt, jodelt lieber in den frühen Morgenstunden – so durchdringend, dass wir senkrecht im Bett sitzen, weil wir denken, es sei etwas Schlimmes mit den Kindern.

»Behalten Sie die Katze doch einfach für zwei Wochen im Haus«, empfiehlt die Tierarzthelferin. Alles klar. Vor allem, wenn man nachts zweimal raus in den Hof muss, um Woody zu füttern, damit man nicht erfriert. Da stolpern wir mit klappernden Zähnen durchs Dunkel und sind froh, wenn die Katze schnell genug zwischen unseren Beinen durchwitscht, um nicht über sie zu stolpern.

Anfang März ist es schließlich so weit: Fritzi wird kastriert. In der hypermodernen Tierarztpraxis SkyVet Sibiu ist die Sache schnell erledigt, für umgerechnet sechzig Euro inklusive Parasitenkur und Flohmittel für hinterher.

Interessanterweise beendet die Operation nicht automatisch Fritzis Sozialleben. Zwar haben die nächtlichen Gesangseinlagen schlagartig aufgehört, doch der hübsche silberne Kater bleibt uns treu. Täglich taucht er in unserem Hof auf, sieht nach dem Rechten und spielt mit Fritzi. Dabei frisst er ihr auch das Futter weg, was Fritzi knurrend geschehen lässt (durchsetzungsstark ist sie nur gegenüber Menschen). Natürlich wird der Gute dabei immer dicker und dicker. Er hat ja auch noch einen offiziellen Futterplatz irgendwo schräg gegenüber.

Als wir aber aus den Osterferien in Bayern zurückkommen, haben wir wirklich ein bisschen Angst um den hübschen silbernen Kater. Er ist jetzt nicht nur dick, sondern richtig fett! Eine monströse Kugel erwächst ihm da in der Körpermitte. Eine arge Behinderung für das sonst so geschickte Tier. Der direkte Weg unter dem Hoftor hindurch ist ihm versperrt – einmal versucht er es und bleibt direkt stecken. Wir wundern uns, wie er es in seinem Zustand überhaupt in unseren Garten schafft. Der Bauch ist so schwer, dass er auch nicht mehr auf unser Plumpsklo springen und von dort über die Dächer und Mauerkronen in die anderen

Gärten wandern kann. Wenn er Stress mit Fritzi hat, braucht er mehrere Anläufe für einen einzigen, ungeschickten Hüpfer auf die kniehohe Kompostumrandung. Von oben betrachtet sieht er aus wie eine überfahrene Kröte. Was ist das, ein Tumor?

Das Rätsel löst sich erst Wochen später, als wir Nachbarin Elena zum Kaffee besuchen: Dort liegt der hübsche silberne Kater im Hof und säugt seine Jungen. Er entpuppt sich als die Zwillingsschwester von Fritzis Verehrer.

Später rächt sich, dass ich das winzige Fellknäuel Fritzi anfangs in meine Kapuze gesteckt und überallhin mitgenommen habe: Auch als ausgewachsener Vier-Kilo-Brummer nimmt sie bevorzugt auf meiner Schulter Platz, so wie sie es aus den guten alten Zeiten kennt. So manches Mal erleide ich bei der Gartenarbeit oder beim Staubsaugen einen halben Herzinfarkt, wenn sie sich von einer Mauer oder einem Schrank glücklich in mein Genick plumpsen lässt.

Sind halt Katzen und keine Hunde, die mit treudoofem Blick wohlerzogen in der Ecke sitzen bleiben. *Ce să face?*

»Wenn sie euch nervt, lasst sie doch mal in Sibiu spazieren gehen«, schlägt ein praktisch veranlagter Nachbar vor. Damit meint er, wir sollten das arme Tier bei unserer nächsten Fahrt mitnehmen und dort irgendwo aussetzen. Kommt natürlich überhaupt nicht infrage! Auch wenn die Übergangszeit von Katzenklo zum Kompostklo nicht reibungsfrei verläuft. Für mich ist klar: Das Katzenklo unter unserem Waschtisch im Bad war eine winterliche Übergangslösung für ein frierendes Katzenbaby. Große Katzen gehören in den Garten, notfalls in den Sandhaufen oder das Hochbeet!

Aber Fritzi versteht lange nicht, warum sie ihre Geschäfte auf einmal nicht mehr im Haus verrichten darf. Sie pinkelt mir auf die Socken, sie kackt uns in die Ecken – und einmal derart gnadenlos aufs Sofa, dass ich einen komplett verschmierten weißen Kopfhörer entsorgen muss.

Dennoch versuchen wir es mit Erziehung und bauen eine Katzenklappe ein. Es wird nicht in Sibiu spaziert, dafür haben wir das Mistvieh doch viel zu lieb. Außerdem würden wir ja so nur den Spieß umdrehen: Denn es sind zumeist die Großstädter, die ihre lästigen Haustiere hinter der ersten oder zweiten Autobahnausfahrt entsorgen. Haustiere nach Sibiu fahren, das wäre doch wie Eulen nach Athen tragen!

Tatsächlich löst sich um Fritzis ersten Geburtstag herum das Rätsel ihrer Herkunft: Ich lese zufällig einen Artikel über einen Hermannstädter Rentner, der beim Aussetzen seiner Katze samt Jungen erwischt wurde und dreitausend Lei Strafe aufgebrummt bekam. Bei der Verhandlung sah er die Schuld allerdings nicht bei sich, sondern bei der Katze: Was sich das lüsterne Vieh auch immer wieder herumtreiben und trächtig werden müsse! Jetzt habe es ihm eben gereicht, und er habe auch die vermehrungswütige Mutterkatze gleich mit loswerden wollen. Den vorhergehenden Wurf habe er an der Hauptstraße unseres Dorfes ausgesetzt.

Eine sofortige Nachschau des Tierschutzes habe keine Spur dieses Wurfs mehr ergeben, hieß es im Artikel noch. Es war sogar ein Foto der Katzenmutter in ihrem Karton beigefügt: *Mackerel Tabby Grey with Mask and Mantle.*

31

Eine Welle aus Fell

Ich hatte ja schon erwähnt, dass wir bei unserer Ankunft von einem Leichenwagen begrüßt wurden – und von Bernhard, unserer ersten lokalen Straßenhund-Bekanntschaft. Bernhard ist phänotypisch gesehen ein echter Bernhardiner, weshalb ich ihm auch diesen zugegeben wenig einfallsreichen Namen gab. Niemand weiß, was genetisch alles in ihm steckt, doch äußerlich hat er die kraftvolle Eleganz und die breitschultrige Würde seiner Schweizer Vorfahren.[23] Für einen Straßenhund seiner Größe, der ja einen ziemlichen Energiebedarf hat, kommt er ganz gut zurecht. Abgemagert ist er jedenfalls nicht.

Und wie wir heute wissen, war Bernhard nur die Vorhut. Eine wahre Welle aus Straßenhunden flutet durch die Gassen und schlägt über denen zusammen, die Mitgefühl zeigen. Man

23 Dazu muss man wissen, dass die eidgenössischen Bergbauern diese Art von großen, muskulösen Hunden ursprünglich als Zweinutzungstier gezüchtet hatten: im Sommer ein guter Wachhund, im Winter zur Not ein Braten. Bedenkt man dies, hat Bernhard ja fast noch die Sonnenseite des Schicksals erwischt.

weiß gar nicht, wo man anfangen soll. Ich gewöhne mir an, das Haus immer mit einer Handvoll Hundetrockenfutter in der Tasche zu verlassen: erstens, um die noch in Amt und Würden befindlichen Herdenschutzhunde gnädig zu stimmen, zweitens für Notfälle.

Von denen gibt es nämlich immer irgendwo einen. Mindestens. Es gibt sie in allen Formen, Farben und Varietäten. Wo auch immer man einen Fotostopp einlegt, Pinkelpause macht oder einfach nur tankt: Mit neunundneunzigprozentiger Sicherheit kommt ein schwanzwedelndes, knopfäugiges Geschöpf auf der Suche nach Snacks und Liebe daher.

Allerdings täuscht der Eindruck oft – viele scheinbar herrenlose Straßenhunde haben durchaus ein gutes Zuhause und genießen einfach nur ihre Tagesfreizeit im Kreis der Kollegen. Seinen Hund an den Arbeitsplatz mitzunehmen ist hier nämlich genauso wenig üblich wie professionelles Gassigehen (es sei denn, man ist zufällig Hirte). Wenn Herrchen morgens zur Arbeit fährt, lässt er den Hund selbstverständlich zurück. Der muss schließlich auf Haus und Hof aufpassen! Klar, dass manche Hunde dies als Aufforderung zum Strawanzen verstehen. Ein Rückfall in uralte, ungezähmte Verhaltensweisen auf Zeit, Urlaub im Rudel sozusagen. Wir haben auch eine Woche lang eine niedliche wilde Dackelmixdame gefüttert und waren schon ganz stolz, dass sie sich zum Fressen auf unseren Hof traute, bis wir sie eines Abends brav bei Frauchen an der Leine ertappten. Sie guckte verschämt weg. Also die Dackelmixdame.

Wie wichtig die freie Rudelbildung besonders nachts ist, haben wir schon früher auf dem Campingplatz Ananas in Cisnădioara (Michelsberg) gelernt. Dass Dorfhunde nachts immer wieder mal bellen, wenn ein fremdes Geschöpf auf zwei oder mehr Beinen vorbeikommt, ist ja normal. Doch in einer mondhellen Mainacht war das Hundegebell so laut, anhaltend und geradezu hysterisch, dass wir kaum schlafen konnten. Aus allen Himmelsrichtungen japste und jaulte es, eine Symphonie aus an- und absteigendem Kläffen, das immer wieder von tiefem, kehligem Knurren unterbrochen beziehungsweise ergänzt wurde. Gähnend fragten wir am nächsten Morgen den deutschen Platzbetreiber, was denn da los gewesen sei. Ein Einbrechertrupp? Ein Erdbeben?

»Das war ein Bär oder ein Wolf, wahrscheinlich ein Bär. Die suchen sich jetzt im Frühling ein neues Revier. Wenn die hier durchs Tal kommen, dann bellen die Hunde eben.«

Geschätzte achttausend Braunbären leben in Rumänien, die meisten davon völlig unauffällig. Seit 2016 ist die Jagd auf sie verboten. Unter anderem wegen des illegalen Raubbaus an den Urwäldern kommt es zu immer mehr gefährlichen Begegnungen. Die offiziellen Entschädigungen fließen zäh. Die Behörden handeln meist zu langsam.

Was tun also die armen Dorfbewohner, wenn ihnen der Bär zum dritten Mal die Hühner klaut? Wie wehren sich die angestellten Hirten gegen Schafrisse, die ihnen vom Lohn abgezogen werden und dadurch direkt ihre wirtschaftliche Existenz bedrohen? Sie lösen das Problem selbst, indem sie präparierte Fressköder auslegen, sogenannte Bärenbomben. Die Bärenbombe besteht aus Gipspulver und zwei Zutaten, die ich hier natürlich nicht verrate. Der Bär findet das jedenfalls lecker und frisst. Sobald er jedoch zum Bach geht und trinkt, härtet der Gips in seinem Magen aus und bringt ihn langsam und qualvoll um.

»Das ist absolut unnötig grausam und trifft vor allem oft die falschen Bären«, sagt mir ein Jäger aus der Gegend. »Es wäre viel besser, wenn man gezielt die Bären abschießen dürfte, die ihre natürliche Scheu verloren haben und eine wirkliche Bedrohung darstellen.«[24]

Auch Bauer Nicolae begegnete neulich einem Bären. Er war gerade beim Holzfällen auf einem Hügel östlich des Dorfes, zum Glück nicht allein. Der Bär war ziemlich groß und kam ziemlich nahe. Er wollte sich eben ansehen, was die beiden gut genährten Männer da in seinem Revier treiben. Nicolae demonstriert, wie er mit beiden Armen über dem Kopf gewunken und laut gebrüllt habe, um möglichst abschreckend zu wirken. Trotzdem sei er sehr froh gewesen, dass sein Begleiter eine Motorsäge dabeigehabt habe. Nach einer Minute des Herumschnüffelns habe sich der Bär dann wieder getrollt.

»Der hat dort drüben schon zwei Kühe und ein Kalb gerissen«, erzählt Nicolae. Aber das Waldstück von Tante Felicia, für das er eine Berechtigung habe, liege nun mal mitten im Bärengebiet. »Und auf dem anderen Hügel wäre es sowieso nicht viel besser. Da hat der Schäfer solche Probleme mit dem Wolf!«

24 Im Sommer 2023 entschied das rumänische Parlament, aufgrund der gehäuften Zwischenfälle die Bären-Abschussquote von 130 auf über 400 pro Jahr zu erhöhen.

32

Dacki ist ein freier Hund

Bis ich nach Rumänien kam, hätte ich mich eher als Katzenlady bezeichnet. Doch langsam schlägt das Pendel auch in die andere Richtung aus. Wir haben eine Hundebeteiligung, und zwar an einer freundlichen Seele namens Mitică. Von allen Straßenkötern, die sich mittags an der Schule gegenüber herumtreiben und auf ungeliebte Pausenbrote hoffen, ist er der wohlerzogenste. Er macht Männchen, gibt Pfote und versteht sogar Kommandos wie »Platz!« (jedenfalls, wenn er mag). Bis wir erfahren, dass die anderen Dorfbewohner ihn Mitică nennen, haben wir bereits einen eigenen Namen für ihn geprägt: Dacki. Dies zur raschen, vor allem optischen Unterscheidung von anderen Straßenhunden wie Werner, dem Werwolf oder Bernhard, dem Bernhardiner. Dacki erinnert entfernt an einen Dackel, aber gekreuzt mit einem russischen Grizzly oder dem Michelin-Männchen. Er hat einen Dickschädel mit wachen, honigbraunen Augen und einen enormen Brustkorb auf kurzen, krummen Beinchen. Die Fellzeichnung dagegen stammt eher von einem deutschen Schäferhund. Insofern passt der Name Mitică – was so viel wie »der Kleinste«, aber auch »der Mythische« bedeutet – doch ganz gut. Ein Dackel nach der missglückten Behandlung im Superheldenlabor.

In der Zeit, in der wir uns mit Dacki anfreunden, gucken wir abends mit den Kindern die Harry-Potter-Verfilmungen. In seiner ganzen Art erinnert uns Dacki an Dobby, den Hauselfen. Dobby stirbt am Ende glücklich mit den Worten: »Dobby ist ein freier Elf.«

Und Dacki ist ein freier Hund. Er hat sich mit seiner Situation arrangiert. Wir gehen davon aus, dass er vielleicht bei einer alten Lady aufgewachsen ist, die irgendwann gestorben ist. Das würde seine Wohlerzogenheit und seine korrekte Art erklären: Wenn man ihm einmal bedeutet, dass er *nicht* durchs Hoftor darf, dann lässt er das auch. Kinder streicheln ihn bedenkenlos, er schnappt nicht, er bellt nicht. Gern begleitet er uns auf Familienspaziergängen. Nur wenn wir in die Nähe einer Schafherde kommen, ist er plötzlich verschwunden. Dem Konflikt mit den viermal so großen Herdenschutzhunden geht er lieber elegant aus dem Weg.

Die ganze Straße liebt und füttert Mitică/Dacki, vor dem Dorfladen hat er seinen Stammplatz. Dank seiner »Spezialisierung« auf die Rolle des lustigen Kinderfreunds (wegen der Pausenbrote) haben wir auch keinerlei Angst, ihn mit unserem Jüngsten spielen zu lassen. Johann streichelt und quietscht, Dacki rollt sich vor Freude über den Boden. Jürgen ist so angetan von dem gut gelaunten, ruhigen Tier, dass er den Bau einer kleinen Dacki-Hütte plant.

Dacki hat nur einen Fehler, der ihn vermutlich irgendwann das Leben kosten wird: Er jagt Autos. Die auf der Hauptstraße, die auch mal mit siebzig durchs Dorf rasen (was ja durchaus eine kleine Verwarnung durch ortsansässige Vierbeiner verdient). Nur dann hört man auch Dackis Stimme. Ja, er kann bellen! Scharf und laut kläfft er das Auto an, bis es weg ist. Es ist Millimeterarbeit, um Haaresbreite schrappen die Radkappen an ihm vorbei. Alle anderen Fahrzeuge von Fahrrad bis Sattelschlepper lassen ihn übrigens kalt, nur Pkw lösen den Jagdreflex in ihm aus. Ganz besonders eifrig geht Dacki seiner Passion nach, wenn wir dabei sind. Ob er uns vor den Autos beschützen möchte? Ob er uns mit seinem Mut und seiner Schnelligkeit beeindrucken will? »Seht her, was ich für ein idealer Familienhund bin, ich nehme es mit all diesen rasenden Feuerdrachen auf!«

Irgendwann wird ein Fahrer dabei sein, der im falschen Sekundenbruchteil einen Schlenker zur Seite macht. Ich kann wirklich nicht hinsehen.

Doch auch mit Werner, dem Werwolf werden wir warm. Er ist genauso ruhig und dankbar wie Dacki, aber verschreckter. Man ahnt, dass er wohl schon öfter eins vor den Latz gekriegt hat. Mit dem kaum halb so großen Dacki verbindet ihn eine respektvolle Rivalität. Immer wieder bin ich gerührt von der Zuneigung der Dorfbewohner zu »ihren« Straßenhunden: Sogar der unansehnliche Werner hat einen Stammplatz am Hauseck einer alleinstehenden älteren Dame. Dort schläft er auf alten Decken und Resten von Isolierfilz, in den schlimmsten Winternächten durch ein hochgestelltes Blech und ein paar Kartons vor dem Eiswind geschützt. Bei jedem Fahrzeug, jedem Passanten hebt er hoffnungsvoll den Kopf: Krieg ich was?

Eigentlich ist Werner ein hübscher Kerl – wenn die blutunterlaufenen roten Triefaugen und das wirklich hässliche Fell nicht wären. Durch die längeren schwarzen Zotteln über der hellen, cremefarbenen Unterwolle wirkt er wie nicht rechtzeitig nachgefärbt. Wie ein eitler Opa, der das Geld für den Friseur doch lieber versoffen hat. Werner ist groß und schwer, hat womöglich eine Spur Irish Wolfhound in sich. Seine Pfoten sind handtellergroß. Ich bin sicher, dass er sich in Vollmondnächten in einen abgerissenen alten Mann mit schütterem Haar und Bindehautentzündung verwandelt. Dann mischt er sich auf dem Parkplatz des nächsten Autobahnhotels unter die Trucker und kippt sich den ein oder anderen *țuica* hinter die Binde, bevor er wieder zurück zu seiner fleckigen Matratze hinter dem Windschutzblech schleicht …

Aber auch Werner ist wahnsinnig lieb, beißt nicht, bellt nicht. Anfangs ist er uns gegenüber noch sehr skeptisch. Als ich ihm das erste Mal einen Napf Hundefutter hinstelle, kapiert er gar nicht, dass ich wirklich ihn meine. Verlegen steht er auf der anderen Straßenseite herum und guckt triefäugig Löcher in die Luft wie ein Typ, dem die Preise an der Bar zu hoch sind. »He, Werner, hierher!«, rufe ich. »Jetzt gibt's ein Happi-Happi, Werner!«, aber er hört natürlich nicht auf seinen neuen Namen. Woher auch.

Ich winke mit dem Futternapf und pfeife sogar (was für Frauen in Rumänien als äußerst unschicklich gilt). Doch immerhin erwecke ich so die Aufmerksamkeit eines Passanten, der stehen bleibt, die Situation sofort erfasst und den hoffnungsfroh schwanzwedelnden Werner schließlich über die Straße zu mir führt: »*Uite*, die *doamnă* hat was für dich!«

An einem unvergesslichen Nachmittag begleitet er uns im Duo mit Dacki auf unserer Standardrunde über den Hügel. Die Sonne scheint, ich greife immer wieder in meine Trockenfutter-

Tasche. Da packt die beiden abgebrühten Straßenhunde derart die Lebensfreude, dass sie rings um uns herumgaloppieren wie die jungen Rehe. Dackis kurze krumme Beinchen berühren kaum mehr den Boden vor lauter Geschwindigkeit. Eine Raketenwurst. Und Werner, dessen Beine so lang sind, wie Dacki hoch ist, fällt zurück. Seine Fellmasse schwabbelt hin und her, er hat einen richtigen Seegang. Als es bergab geht, verschärft sich die gefährliche Schieflage, was ihn aber nicht zum Abbremsen verleitet, im Gegenteil: Wir rechnen jeden Moment damit, dass ihn sein eigenes Hinterteil überholt und er sich grandios überschlägt.

Das ist nicht passiert. Aber es war knapp.

Wir hatten Spaß mit Dick & Doof beziehungsweise Dacki. Acht Lebewesen auf insgesamt zwanzig Beinen.

Es gibt zwei Haupttypen von Straßenhunden: die Bettler und die Clowns. Denn Futter gibt's nicht umsonst. Menschen spendieren es entweder aus Mitleid oder als legitime Bezahlung für den Unterhaltungswert. Schon früh entscheidet sich durch die entsprechende Erfahrung, was bei welchem Hund am besten zieht. Manche haben beigebracht bekommen, Männchen zu machen oder ein Tänzchen aufzuführen. Dacki, der ja wirklich nicht durch Schönheit glänzt, verdient sich seinen Lebensunterhalt durch Liebenswürdigkeit, andere durch ihren besonders traurigen Blick. Hässliche Bettler wie Werner haben's besonders schwer. Ich habe angefangen, ihn nicht nur zu füttern, sondern auch zu kraulen.

Nach einer eiskalten Nacht Anfang April – den letzten Nachwehen des »Märzwinters« – bekomme ich auf der Fahrt zur Schule einen Riesenschreck: Werner liegt reglos auf seinem

Schlafplatz, verkrümmte Haltung, in der Morgensonne glitzert der Reif in seinem Fell. Er wird doch nicht …? Auf dem Heimweg dasselbe Bild.

»Der rührt sich nicht mehr«, stimmt Jürgen zu.

Oh nein.

»Er war ja auch schon ziemlich alt«, beginne ich zu schluchzen.

In meine Trauer mischt sich das schlechte Gewissen: Am Vorabend saß der arme Werner noch schwanzwedelnd an unserer Hausecke und hoffte. Ich hatte mir vorgenommen, ihm eine Schale warm eingeweichtes Trockenfutter rauszubringen, und es dann vor lauter abendlichem Kindertohuwabohu vergessen. Vielleicht lag es an genau diesem einen fehlenden Futterschälchen. Vielleicht wäre genau das genug Energie gewesen, um Werner durch die Nacht zu bringen. Und jetzt droht ihm das Ende so vieler Straßenhunde. Nein, das sollen meine Kinder nicht sehen. Nicht Werner, das höfliche Zottelmonster! Unter Tränen beschließe ich, die Sache selbst in die Hand zu nehmen. Ich nehme mir ein Stück Seil und gehe los, um das gefrorene Tier in ein sicheres Gestrüpp zu ziehen. Nach anfänglichem Sträuben schließt Jürgen sich mir an. Er könne mich ja nicht allein an dem Vieh herumzerren lassen, das vermutlich genauso viel Gewicht habe wie ich. Ritterlich bietet er an, den gefrorenen Werner notfalls über der Schulter zum Gestrüpp zu tragen.

»Aber begraben tun wir ihn nicht!«

Draußen treffen wir die weise Ana. »Wie geht's, ihr Süßen?«

Ich greife zum Taschentuch und erzähle, dass in dieser Nacht ein Hund gestorben sei, den wir sehr mochten.

»Wo denn?«, wundert sich Ana.

»Genau vor deinem Haus, exakt da drüben ...«, zeige ich auf Werners Obdachlosenidyll hinter der Blechplatte. Es ist leer.

Verwirrt lasse ich das Seil sinken. Von hinten stupst mir Dacki gegen die Hand: »Hee, ich bin auch noch da!«

Hundert Meter vor uns liegt Werner auf dem Asphalt und guckt uns neugierig zu. Er hat sich von seinem »Sterbebett« erhoben und genießt jetzt die ersten Strahlen der Frühlingssonne.

Leicht peinlich berührt gehen wir zurück, Trockenfutter für Dick & Dacki holen.

»Aber du hast den Reif in seinem Fell doch auch gesehen?«, frage ich.

Jürgen nickt. »Der ist halt ein Morgenmuffel. Wie du. Deshalb findest du ihn auch so sympathisch.«

Unser Fazit nach dem ersten Jahr: Solange die Hunde noch bellen, ist es in Ordnung. Im Winter stapeln sich die toten Straßenhunde nämlich förmlich an den Dorfrändern. Manche werden angefahren, andere sterben einfach so. Vier Meter neben unserem Schulweg gewinnen wir täglich interessante Einblicke in die Dynamik der Zersetzung: 1. Füchse – Bauchhöhle, 2. Krähen – Kopf, 3. Kollegen – Rest ... Einmal finde ich einen, der noch ein frühlingshaft blaues Plastikband um die Vorderpfoten trägt. Jemand hat den toten Hund daran ins Gebüsch geschleift.

Beim Spaziergang mit den Kindern kommen wir hinter der Feuerwehrgarage an einem wohl erfrorenen Welpen vorbei, den wir Tage zuvor noch gefüttert haben. Der arme Kleine war ein *Ciobănesc Românesc de Bucovina*, ein rumänischer Bukowina-Schäferhund. Das sind kräftige, flauschige Tiere mit apartem Schwarz-weiß-Muster. Doch das schöne, wuschelige Fell half bei minus zwanzig Grad Celsius weder dem Welpen noch seiner Mutter, die nicht alle ihre vier Kinder gleichzeitig wärmen konnte und sich wohl für das stärkste entschied. Im Februar war jedenfalls nur noch ein Welpe übrig.

Wir wissen nicht, was aus Nummer zwei und drei geworden ist. Wir wissen nicht, was überhaupt passiert ist. Wir ändern die Standardroute unseres Winterspaziergangs, damit die Kinder das Elend nicht sehen müssen. Ab und zu lässt es sich aber nicht vermeiden. Auf dem Rückweg vom Rodeln bleibt mein Mittlerer plötzlich zurück. Ich drehe mich um: Mist, er hat das tote Hundekind entdeckt. Ein paar Sekunden steht er stumm davor. Dann nimmt er seinen Plastikbob als Schaufel, um Schnee über die Leiche zu häufen und den beiden kleineren Geschwistern den Anblick zu ersparen.

»Der war so kuschelig«, sagt er gefasst.

Ce să face? Tatsächlich versuchen viele Dorfbewohner, das Tierleid ein bisschen zu lindern.

Es ist eine Gratwanderung. Als sich nach einigen Tagen zum ersten Mal die unglückliche schwarz-weiße Bukowina-Mama zum Fressen an unser Hoftor traut, kriegt sie eine Extraportion. Ich heule fast. Wenn ich sie jetzt füttere, wird sie schneller wieder läufig, und das Drama mit den so kuscheligen toten Hundebabys wiederholt sich. Aber wie könnte ich als satte Vierfachmutter dieser verwaisten Mama mit den dicken Hängezitzen widerstehen?

Die einzige Lösung wäre, sie einzufangen und zu sterilisieren. Es gibt angeblich mobile »Kastrations-Busse«, die über die Dörfer fahren. Bei uns habe ich noch keinen gesehen. Aber soll man in das sowieso schon ziemlich kurze Leben dieser Viecher so krass eingreifen? Sie auch noch um die wenigstens theoretische Möglichkeit von Reproduktion und Mutterglück bringen? Oh Darwin. Während ich der Evolution nicht im Weg stehen möchte, beruft sich meine weise Freundin Ana auf eine andere Instanz.

Ende Januar hole ich bei ihr ein paar Süßigkeiten und Kürbis für die Suppe. Dabei sprechen wir natürlich auch über das Wetter: Es sei so schrecklich kalt, die Tiere täten mir leid. Ana lacht. Aber nein, ich solle mir wirklich keine Sorgen um die Straßenhunde machen. »Um die kümmert sich doch Gott!«

33

Feuer & Wasser

Womit wir bei einem anderen großen, ja elementaren Thema wären: dem Feuer. Denn die Rumänen und das Feuer, die haben eine lange und bewegte Geschichte miteinander, aber auch eine stinkige, rußige Gegenwart. Schon während der Dakerkriege war das Feuer kriegsentscheidend, und auf dem »rostigen Hügel« brennt zu Frühlingsbeginn immer noch ein großes Feuer wie vielleicht schon seit dreitausend Jahren an diesem strategisch gut gelegenen Signalposten über der Handelsstraße Sebeş–Sibiu.

Ob nun aus Nostalgie oder einfach aus praktischen Gründen: Der Rumäne kokelt gern. Reist man im Frühling oder Spätherbst durch Transsilvanien, sieht man diese Zündelliebe überall. Schon im Sommer ist es schwer, ein Panoramabild ohne Rauchfahnen zu schießen – im Frühling und Spätherbst wird es dann unmöglich. Meistens sind es Pflanzenreste, die da brennen. Der Onkel hat seinen Obstgarten auf Vordermann gebracht und zündet jetzt die alten Zweige an. Die Oma macht ein Kartoffelfeuer mit dem trockenen Stroh. Grundsätzlich keine schlechte Idee: aufräumen, Pflanzenkrankheiten wegräuchern und Boden düngen in einem Aufwasch!

Wir haben aber beim Vorbeifahren auch schon Omas gesehen, die ganz eindeutig noch geplatzte Autoreifen auf ihr Kartoffelfeuer draufwarfen. Wenn man schon mal dabei ist … Und am Straßenrand Richtung Großpold brennt jedes zweite Mal der typische Gelbe-Sack-Inhalt. Daneben stehen die Kühe, als ob sie das nichts anginge. Die kennen das wohl schon. Natürlich ist das nicht nur am Ortsrand von Großpold Usus.

Man ist versucht, das Faulheit zu nennen. Wieso bringen die Leute ihren Kram nicht einfach zum Wertstoffhof? Haben die denn keine Müllabfuhr?

Die Antwort lautet leider manchmal Ja. Man erinnert sich vielleicht an Aufnahmen vom in Restmüll untergehenden Neapel, wo die süditalienische Mafia zur Jahrtausendwende eine geregelte Müllabfuhr systematisch verhinderte. In Rumänien ist das teilweise noch ähnlich. Nicht unbedingt wegen der Mafia, sondern wegen anderer Betrüger. Unser Dorf und die umliegenden Gemeinden zum Beispiel haben zum Zeitpunkt der Niederschrift dieses Buches immer noch kein fließendes Wasser, obwohl die Abwasserrohre und auch die Frischwasserleitungen mit den Hausanschlüssen fertig gelegt im Boden verharren. Angeblich – diese Geschichte habe ich ohne Gewähr und mit Sprachbarriere von Dritten erfahren – hatten ein paar benachbarte Gemeinden mit freundlicher Unterstützung der EU insgesamt 1,3 Millionen Euro zusammengetragen, um eine gemeinsame Kläranlage bauen zu lassen. Man fand den geeigneten Standort, einigte sich über die ganzen Besitzverhältnisse und sonstigen rechtlichen Belange, richtete ein Bieterverfahren aus, beauftragte eine neu gegründete, aufstrebende Firma und überwies denen die Kohle. Sicherlich fühlten sich alle Beteiligten sehr erleichtert, vermutlich gab es einen großen Spatenstich, Händeschütteln für die Lokalpresse und vielleicht einen Umtrunk: Endlich eine Kläranlage für eines der letzten verbliebenen schwarzen Abwasserlöcher auf der Landkarte der rumänischen Infrastruktur!

Doch dann passierte: nichts mehr. Die neu gegründete, aufstrebende Firma hatte die 1,3 Millionen eingestrichen und sich sprichwörtlich vom Acker gemacht.

Wie bereits erwähnt handelt es sich bei dieser schönen Geschichte um ein für mich nicht tausendprozentig nachprüfbares Legendenkonstrukt, das die Schuld an der Misere an anonyme Bösewichte auslagert. Doch dass kein Wasser kommt, das ist Realität.

»Das Wasser kommt im Sommer«, sagen die Nachbarn im Frühling.

»Das Wasser soll im Herbst kommen, vielleicht schon im September«, sagen die Nachbarn im Sommer.

»Dieses Jahr wird das wohl nichts mehr mit dem Wasser«, sagen die Nachbarn im September.

Im nächsten Frühling fragen wir schon gar nicht mehr und feiern unsere Autarkie.

Zum Zeitpunkt der Fertigstellung dieses Buches gibt es immer noch kein Wasser. Wohlgemerkt ist mit »dem Wasser« nur das Trinkwasser gemeint, wofür ja die Leitungen hoffnungsfroh schon ganz real existieren. Vor jedem Haus wurde ein schwarzer Gummideckel in den Gehsteig eingelassen, unter dem sich der zukünftige Versorgungsknotenpunkt für das kostbare Nass befindet. Zum Wohl und Wehe der künftigen Abwasserregelung, also der eigentlichen Kanalisation, werden noch nicht einmal Prognosen gewagt.

Unsere Großpolder Gewährsleute sagen dazu: »Natürlich könnte man die Straße grundsätzlich auch nur *einmal* aufreißen und dann gleich alles zusammen verlegen: Strom, Gas, Wasser, Kanal, Glasfaser ... Aber dann gibt es ja auch nur einmal Geld.«

Und so pflastern die Großpolder aufwendig einen neuen Gehsteig, um ihn in absehbarer Zeit für die Verlegung der Abwasserrohre wieder wegzubaggern. Auch auf diese Weise kann man Jobs schaffen. Dem britischen Ökonomen und Vollbeschäftigungs-Apologeten John Maynard Keynes gefällt das!

Wer jedoch kein fließendes Wasser hat, tut sich schwer mit der Feuerwehr.

Es bleibt dabei: Rumänen kokeln gerne. Dabei gehen sie aber durchaus mit der gebotenen Umsicht vor. Als wir Anfang September im Hof einen morschen alten Hasenstall verbrannten, stand um zehn Uhr abends der Bürgermeister persönlich vor dem Tor: Die Nachbarn von gegenüber (die mit den guten Kartoffeln) hatten ihn als der deutschen Sprache mächtigen Mann zur Vermittlung gebeten, weil sichtbare Funken über die Mauer geflogen seien. Erst im Mai hatte es keine zweihundert Meter entfernt einen großen Scheunenbrand gegeben. Damals war bereits ein angrenzendes Gebäude in Flammen aufgegangen, und das Feuer drohte auf weitere Gebäude überzugreifen. In einer heroischen nächtlichen Gemeinschaftsleistung kämpften die einheimischen Männer gegen das von den Medien später als *»incendiu puternic«* – kräftiger Brand – bezeichnete Feuer. Denn die Feuerwehr war zwar angerückt, konnte aber mangels Wasser nicht viel ausrichten. Die Nachbarschaft öffnete ihre Zisternen zum Leerpumpen, so gelang letztlich das Löschen. Angeblich fielen dabei seitens der Einwohnerschaft einige ehrabschneidende Worte gegenüber der Feuerwehr. Ansonsten aber gab es keine größeren Verletzungen und auch keinen bedeutenden Sachschaden, weil in den abgebrannten Schuppen nichts Wichtiges gelagert worden war. Also alles gerade noch einmal gut gegangen!

Und dann kommen wir und zündeln in unserer deutschen Unkenntnis wild herum, mitten im Herzen des dicht bebauten Altdorfs nach einer wochenlangen Dürreperiode. Klar, dass sich die armen Leute Sorgen machten. Sie wussten ja nicht, dass wir mittlerweile dank Pumpe fließendes Brunnenwasser und eine Auswahl nagelneuer Baumarktschläuche hatten. Skeptisch beäugte der Bürgermeister die herausgerissenen Fensterrahmen und morschen Dachlatten, die sich meterhoch neben unserem Lagerfeuer stapelten. Ob wir das ganze Altholz verbrennen wollten? Wir könnten es doch auch an den Ortsrand fahren lassen, da gebe es ein schönes Loch dafür ... Nein, nein, bekräftigen wir, das Altholz wollten wir zersägen und für die Zentralheizung verwenden. Nur sei unsere Kettensäge gerade kaputt, deshalb müssten wir noch warten.

Ja, so macht man das hierzulande. Kreative Müllentsorgung. Richtige Entsorgungsbetriebe in vertretbarer Nähe gibt es auf dem Land halt nicht so viele. Dafür gibt es aber jede Menge Ein-Mann-und-ein-Pferdewagen-Entsorgungsbetriebe! Das ist, muss ich schon sagen, sehr praktisch. Wenn wir ein größeres Metallstück loswerden wollen (ein verbeultes Spülbecken zum Beispiel oder eine Zisternenpumpe, die nicht antik genug für Maria Manns Museum ist), dann legen wir es einfach am Freitag vor dem Haus auf die Straße. Denn Freitag ist der offizielle Tag der Restmüllabfuhr, und vor den freundlichen Müllmännern von

SOMA in ihrem topmodernen Müllfahrzeug kommt bestimmt der ein oder andere freiberufliche Schrotthändler vorbei, der sich über den kleinen Zusatzverdienst freut. Funktioniert auch mit gammligen Sesseln und IKEA-Schränken, die ihren Zenit überschritten haben (aber nicht so zuverlässig).[25] Man muss nicht zu einem Wertstoffhof mit unpraktischen Öffnungszeiten fahren, in der Schlange stehen und vielleicht noch argumentieren, weil man das falsche Kennzeichen hat. Nein, in Rumänien kommt der Wertstoffhof zu dir! Okay, manchmal kackt einem der »Motor« zum Dank vors Haus, aber über ein paar Pferdeäpfel freut sich doch jedes Hochbeet.

Wer rund um ein rumänisches Dorf spaziert, kann sie überall entdecken, die halbprivaten Kleindeponien. Haufen aus Balken und Bauschutt, durchsetzt mit Altkleidern und platt gefahrenen PET-Flaschen aus dem vergangenen Jahrtausend. Es wachsen erst Brennnesseln und später Gestrüpp darauf, manchmal blüht es hübsch und sieht irgendwann aus wie eine absichtliche landschaftliche Begrenzung. Die alte Mülldeponie unseres Dorfes liegt einen Kilometer von der Dorfgrenze entfernt in einer idyllischen Flussbiegung auf dem Weg nach Großpold und vice versa: Die alte Mülldeponie von Großpold liegt einen Kilometer von der Dorfgrenze entfernt in einer idyllischen Flussbiegung auf dem Weg zu unserem Dorf … Tatsächlich werden beide hin und wieder aus Gewohnheit und Sparsamkeit noch benutzt.

25 Wir sind trotzdem immer ein bisschen beleidigt, wenn wir unter unserem Scheibenwischer mal wieder einen Flyer mit der Aufschrift *CUMPAR RABLE* finden: *Kaufe Schrott*. So schlimm steht es um die Karre dann auch noch nicht.

Das geht alles. Irgendwie. Irgendwann zündet es einer an, und dann wächst Gras drüber. Irgendwo ist immer ein Weg, und wenn er der besseren Befahrbarkeit halber mit Mörtelbrocken, zerbrochenen Dachziegeln und bunten Fliesenscherben aufgeschüttet wird – why not?

~

SO GANZ NEBENBEI

Warum deutsche Nummernschildhalter so beliebt sind

Die rumänische Welt ist in Ordnung, sofern man eine *maşina*, ein Auto, und ein *mobil*, ein Smartphone, hat. Offiziell sind mehr als 50 Prozent aller in Rumänien zugelassenen Kraftfahrzeuge Gebrauchte aus Deutschland. Das deutsche Auto und das Smartphone sind die Stützen des Wohlstands, und sie bedingen sich gegenseitig: Man braucht schließlich ein Smartphone, um Fotos von seinem Auto zu posten – und andersherum. Ohne Auto gibt es nichts zu posten. Auch erfolgreiche, liebevolle Familienväter haben ihren schicken Audi Dingsbums als Profilbild. Da man dem Auto aber nach der Zulassung in Rumänien ja nicht mehr ansieht, dass es aus Deutschland stammt, hat sich ein reger Handel mit Nummernschildhaltern gebildet: Solange da also nicht *Gebrauchtwagenzentrum Jülich-Dödelstedt* oder *BMW Brunzhuber* draufsteht, ist die Karre nur halb so gut.

~

34

Ned hifoahrn!

Kurz bevor wir uns 2019 als Familie in das Land Rumänien verliebten, machten wir Station auf einem abgelegenen Campingplatz in Serbien. Dort waren wir die einzigen Gäste außer einer österreichischen Abenteuer-Rentnerin, die jedes Jahr drei, vier Monate ganz allein in ihrem schicken silbernen VW California verbrachte. Beeindruckende Lady. Ich fragte sie, wo sie gerade herkäme: vom Schwarzen Meer. »Oh toll, da wollen wir auch hin«, freute ich mich. »Haben Sie vielleicht einen Tipp für uns?«

Ja, sie habe in der Tat einen Tipp für uns, nickte sie mit steirischer Nonchalance: »Ned hifoahrn.«

Warum denn nicht?

»Des werd's dann scho selber seng.«

Und das sahen wir dann tatsächlich selbst. Bereits beim bulgarischen Burgas wussten wir, was sie meinte: Vor lauter größenwahnsinnigen, gleichmacherischen Hotel- und Apartmentklötzen, die Hälfte davon bereits wieder Bauruinen, konnte man das Schwarze Meer kaum noch erahnen. Und so ging es beinahe nonstop durch bis kurz vor dem Donaudelta, wo wir die Küste wieder verließen. Klar, auch am Schwarzen Meer gibt es kleine, nette Oasen wie den Campingplatz gleich hinter der riesigen Raffinerie von Constanța. Es gibt das Donaudelta, wo man sich anstatt vor Betonbunkern eigentlich nur vor Mücken fürchten muss. Doch im Großen und Ganzen sollte die österreichische Abenteurerin recht behalten. Ich denke oft an sie und wie und wo sie wohl die Lockdowns überstanden hat. Hoffentlich ist sie wieder unterwegs in ihrem silbernen Bulli, irgendwo da draußen auf dem Balkan. Ich weiß ja, wo wir sie *nicht* treffen.

Nachdem sich die Distanz zur Meeresküste im eigenen Land mit dem Umzug fast halbiert hat, foahrn mia allerdings ab und an trotzdem hi, da hilft nix. Im August beschließen wir, der Baustelle für eine Woche den Rücken zu kehren und jetzt auch mal Urlaub zu machen. Also so richtig, mit Meer, Sand, Eis- und Sonnencreme. Wir packen unseren Wohnwagen und zuckeln los zum Campingplatz Malul Marii, an dem es uns 2019 so gut gefallen hat.

Es gefällt uns immer noch gut. Auf dem Weg zum Strand kommt man immer noch an freundlichen Fischer-Opas vorbei, denen man beim Netzeflicken zugucken kann. Aber diesmal ist es derart voll, dass wir uns schwertun, unser Vorzelt aufzubauen. Statt der frisch eröffneten Terrassenkneipe mit der netten Bedienung, bei der wir zu sechst für hundert Lei satt wurden, drängen sich an der Straßenkreuzung im Nirgendwo jetzt drei Restaurants aneinander, die trotzdem nicht genug Sitzplätze für eine überdurchschnittlich große Familie haben. Es geht das Gerücht, dass sich der Sohn des Finanzministers den darunterliegenden Strand gekauft habe und dort demnächst ein Luxus-Resort bauen würde.

Ja, es ist schwierig, die Balance zwischen Unterentwicklung und Overtourism zu halten. Davon kann meine Heimatgemeinde Grainau, davon kann der halbe Alpenraum ein Lied singen. Jeder will etwas vom Kuchen abhaben, viele setzen ihre Hoffnung auf die schönen Orte, wo den Leuten das Geld etwas lockerer in der Tasche sitzt.

Monate später, am 6. Dezember, *Sfântul Nicolae*, lädt uns Bauer Nicolae zu seinem Namenstagsfest ein: der ganze Raum voller Nicolaes und Nicuşors (die zählen auch). Im Hof wird gegrillt, alle paar Minuten trifft ein neuer Gratulant ein, natürlich bechern auch alle Nikoläuse kräftig. Ich bringe Nicolae als Gastgeschenk einen Milka-Weihnachtsmann mit: »Ein kleiner Nicolae aus Schokolade!«, das findet er lustig. Es gibt Kartoffelspalten, Krautsalat, *murături* und frisches Brot zu Schweinesteaks und brutzelnden Würsten. Ein schönes Fest.

Nach der ersten Runde Schnaps stellt der Gastgeber die anderen Nicolaes vor. Die meisten kenne ich schon vom Sehen. Zu einem grauhaarigen, drahtigen Herren mit wachen Augen erklärt Nicolae, dieser habe zehn Jahre als Kellner in Constanţa gearbeitet, noch unter Ceauşescu. Das heißt, er hat all die längst geschlossenen, maroden Prunkhotels und exklusivsten Restaurants des Landes noch in Betrieb erlebt, hat die Seepromenade in Rumäniens dunkelster Epoche leuchten sehen und hatte bestimmt den ein oder anderen Einblick in die rauschenden Feste der kommunistischen Schickeria … Ja, die Erlebnisse dieses Saisonarbeiters könnten ein Buch füllen. Meine eigenen Erfahrungen eher nicht so. Denke ich an Constanţa, denke ich an die zehntausend uniformen Wohnblocks, die ringsherum rund um die Uhr aus dem

Boden gestampft werden, bis sich auch noch der allerletzte Rumäne dort eine Ferienwohnung gekauft hat. Es gibt vierundzwanzig Millionen Rumänen, wenn man die Diaspora im Ausland mitzählt. Kann also noch eine Weile dauern.

~

SO GANZ NEBENBEI
Was Rumänen NICHT in ihren Koffern haben

Nach einem Besuch der Frankfurter Buchmesse sitze ich selig am Flughafen Frankfurt/Hahn und warte auf meinen Rückflug nach Sibiu. Neben mir platziert sich eine deutsche Familie, die auf dem Weg nach Agadir ist. Vater, Mutter, dezent überfüttertes Kind.

»Guckt mal«, meint der Vater und deutet auf die Gepäckaufgabestelle. »Seht ihr die Leute da drüben mit den Jogginghosen und den großen Koffern?«

Frau und Kind bejahen brav.

»Das sind Rumänen«, erklärt der gute Mann. »Die haben deshalb so viel Gepäck, weil sie für ihre Familien da drunten so viel mitnehmen müssen. In den Koffern sind die ganzen Sachen, die es in Rumänien nicht gibt. Säuglingsnahrung und so.«

Ich muss mich sehr beherrschen. Ich hatte in rumänischen Super- und sonstigen Märkten noch nie einen Mangel an irgendwas feststellen müssen. Nicht mal Nudeln und Klopapier waren jemals knapp, und sogar das Speiseöl hielt sich preislich immer im Rahmen.

Wo es mir allerdings am Vormittag des Rückflugs nicht gelungen war, eine Packung Kaugummi zu erwerben, da mit dem

Herstellerkonzern preisliche Unstimmigkeiten herrschten: im Penny-Markt Bornheim-Mitte.

Seither ist das ein Running Gag bei uns, wenn wir Erledigungen in rumänischen Einkaufstempeln machen: »Mist, schon wieder keine Säuglingsnahrung!«

~

35

Die Schule des Lebens

Heimweh. Die ersten Monate gar kein Thema für mich. Tatsächlich denke ich oft darüber nach, dass ich jetzt eigentlich Heimweh haben müsste. Doch zwischen Baustellenfragen und Behördenhickhack ist gar keine Zeit für Heimweh.

Dann sind die Handwerker nach vielen Wochen tatsächlich fertig, gerade rechtzeitig zu Jürgens Rückkehr an den Arbeitsplatz. Rohre, Elektrik, Fliesen verlegt, Mauern saniert, Wände gestrichen, Türen lackiert, Boden geschliffen, Fensterbretter eingebaut. Das Wasser fließt in Sommerküche und Badezimmer, und das auch noch warm. Der Hof ist gepflastert. Bei unserer vorerst letzten Baumarkt-Tour kaufen wir eine Hollywoodschaukel: die billigste mit drei Sitzplätzen, grün-weiß gestreiftes Polyesterpolster. Und da sitze ich nach einem plötzlichen Temperatursturz im Nieselregen und fühle mein erstes kleines bisschen Heimweh. Ist der Herbstbeginn in meinem Alpental nicht am schönsten? Dort weht doch der Föhnwind klarer, dort ist die Sonne wärmer, das Laub bunter. Ich könnte die Kinder in ihre jeweilige Betreuungseinrichtung verfrachten und einen langen

Herbstspaziergang mit meiner besten Freundin machen, die ich nicht nach jedem zehnten Wort unterbrechen und nach dessen Bedeutung fragen muss …

»Ich sage meiner Frau immer: Du musst mehr Deutsch lernen, damit du mit Jürgen sprechen kannst«, witzelt Nachbar Neluțu. Ja, die Fähigkeit zum Fremdsprachenerwerb ist in unserer Ehe minimal ungleich verteilt. Man muss zu Jürgens Ehrenrettung sagen, dass ich ein Jahr Vorsprung hatte und er dafür um einiges flüssiger Englisch spricht als ich (es ist seine Arbeitssprache). Doch was Neluțu mit seinen Neckereien eigentlich meint, ist Folgendes: Ihr lebt jetzt hier in Rumänien, also könntet ihr euch wirklich langsam mal auf eure vier Buchstaben setzen und ordentlich Rumänisch lernen!

Und da hat er ja recht. Wer in ein fremdes Land auswandert, sollte sich rechtzeitig mit dessen Sitten, Gebräuchen und selbstverständlich auch der Sprache auseinandersetzen. Was ist das A und O bei solch eventuell lebensverändernden Entscheidungen wie Eheschließung, Autokauf oder Auswanderung? Gute Vorbereitung!

Okay, wir geben es an dieser Stelle zu: Bei uns war da nix mit rechtzeitig und Vorbereitung. Bei uns war da eher so hauruck und Wird-schon-irgendwie-gut-gehen. Ursprünglich hatten wir das Auswandern nämlich überhaupt gar nicht geplant. Ursprünglich wollten wir einfach nur eine klitzekleine, bescheidene Weltreise machen …

Denn es war einmal eine glückliche junge Familie mit zwei Elternteilen, denen ungefähr im Jahre 2015 aufging, dass sie ihre Arbeit ja beide rein am Computer verrichteten und von daher nicht jahrzehntelang an einem einzigen Ort versauern müssten.

Ehrlich, Jürgen und ich haben das Homeoffice *erfunden.* Alles, was wir zur Einkommensgenerierung benötigen, sind unsere Hirne und das Internet. Oder notfalls auch Papier und Stift. Ach, was sage ich – in meinem speziellen Fall genügt sogar ein Stück Birkenrinde und als Tinte mein eigenes Blut!

Wir beschlossen, dass wir diesen Umstand nutzen und nach zehn Jahren knallharter Familienarbeit auf eine einjährige Weltreise gehen würden. Dann wäre unser Jüngster mit zwei Jahren im besten Kleinkindalter, dann hätten unsere beiden ältesten Söhne die Grundschule ganz abgeschlossen und die Tochter die zweite Klasse beendet.

Auch deshalb hatten wir die Kinder bewusst früh eingeschult – sie sollten nicht viel älter sein als ihre Mitschüler, wenn wir zurückkämen und sie durch die Weltreise ein Jahr »verloren« hätten. Denn Schule würden wir während dieses Jahres keine haben, das hätten wir uns doch wirklich verdient. Ich sah darin kein Problem: Schließlich standen wir als leistungsorientierte Akademikerfamilie mit verbeamteten Lehrer-Großeltern ja auf bestem Fuße mit dem bayerischen Schulsystem. Ich duzte die Kindergartenleiterin und die Direktorin der Grundschule, und die Schulamtsleiterin war eine liebe alte Kollegin meiner Eltern. Mit den Lehrerinnen unserer Jungs hatte ich selbst schon die Schulbank gedrückt. Mit so einem bildungsaffinen Hintergrund würden uns doch alle Beteiligten respektvoll die Füße küssen, wenn wir unserem wohlgeratenen Nachwuchs für einen überschaubaren Zeitraum auf eigene Kosten die Welt zeigen wollten. Wir betrachteten uns mit Fug und Recht als künftige Digitalnomaden. Einen Fuß bereits im noch zu beschaffenden alten Wohnwagen mit dem selbst montierten Solardach. Wir hätten alle weltlichen Belange für einen langen Zeitraum auf ein überschaubares Maß reduziert und sahen uns innerlich schon mit dem neuesten Notebook am Sandstrand sitzend, während sich die Kinder lachend gegenseitig mit Sonnencreme einschmieren und jeden Tag ganz unvergessliche Erinnerungen sammeln würden …[26] Oh, wie wir uns auf die Weltreise freuten! Endlich würden wir als Familie von unseren ortsunabhängigen Jobs profitieren. Endlich würden wir ausschlafen, unsere Zeit frei einteilen und gemeinsam genießen können! Ein Datum für den Reisestart hatten wir auch schon: den 1. August 2020.

Anfang Januar begann ich mit der genaueren Planung. Leider erklärte mir die Schulamtsleiterin, dass eine so lange Beurlaubung von schulpflichtigen Kindern auch unter unseren optimalen Rahmenbedingungen nicht den leisesten Hauch einer Chance hätte. Sie meinte wörtlich: »Das ist dann auch nicht mehr meine Zuständigkeit, sondern wird weiter oben entschieden. Sie können das schon beantragen, aber aus der Erfahrung heraus sage ich Ihnen ganz offen, dass so etwas sowieso nicht genehmigt wird.«

Ich fiel aus allen Wolken und sagte, dass wir doch garantiert nicht die erste Digitalnomadenfamilie aller Zeiten wären. Ich fragte, was man denn außer einer befristeten Beurlaubung tun könne, wenn man mit seinen Kindern länger reisen wolle oder sogar beruflich bedingt müsse?

»Dann melden Sie sich einfach ab«, sagte die Dame.

»Wie, abmelden? Aus Deutschland oder wie?«

26 Klar, wird überschätzt. Also, das Arbeiten am Sandstrand, nicht die Sonnencreme. Aber hey, mit nur zwei Jahren Verspätung haben wir es wenigstens mal ausprobiert!

»Ja genau. Wenn Sie keinen Wohnsitz in Deutschland haben, unterliegen Sie auch nicht der deutschen Schulpflicht. Und wenn Sie zurückkommen, melden Sie sich eben wieder an!«

Hm. Aus Deutschland abmelden? Das klang krass. Das klang nach Endgültigkeit und verlorenem Sicherheitsnetz. Auf jeden Fall klang es nach ungeahnten bürokratischen Hürden und unvorhergesehenen Härten, mit denen man sich eigentlich lieber nicht herumschlagen wollte.

Zum Glück wurde dieses erste Steinchen im Getriebe wenig später von einer ganz realen unvorhergesehenen Härte überdeckt: der Corona-Pandemie.

Im Grunde ist die ganze Aktion mit Rumänien also nur ein aus dem Ruder gelaufenes Sabbatical. Statt der ganzen Welt stand uns nun ein stabil ummauerter Bauernhof offen – und die Tür ins Herz eines transsilvanischen Dorfes. Eine ungeplante Verzwergung unseres Vorhabens, aber eine unverhoffte Vergrößerung unseres kulturellen Horizonts.

Nur, als unsere Kinder nach Monaten des mehr schlecht als recht überstandenen Homeschooling-Dramas auf einmal wieder in die *Schule* wollten, kam kurz die Wehmut hoch.

»Wir haben ihnen eine Weltreise versprochen, und jetzt stecken wir sie in eine rumänische Dorfschule«, klagt Jürgen.

»Aber sie wollen doch in die Schule gesteckt werden«, halte ich dagegen. »Und das mit der Weltreise klappt doch momentan eh nicht.«

Die Schule von Großpold aber klappt, und sogar relativ unbürokratisch. Sie hat quasi auf uns gewartet. Das Gebäude steht seit 2014. Trotz der relativen Neuheit rollt sich in den Klassenzimmern der Laminatboden auf, auch an der Turnhalle wurde vorerst gespart – Bewegung findet an der frischen Luft statt, ist sowieso gesünder. Das Budget ist schmal, aber die Lehrer sind motiviert. Die Schule hat eine kleine, aber feine *Secție Germană*, in der bis einschließlich zur vierten Klasse auf Deutsch unterrichtet wird. Das Eltern-Publikum ist dementsprechend ein wilder Mix aus sentimentalen Arbeitsmigranten, wenigen deutschstämmigen Verbliebenen und Rückkehrern, aber auch solchen, die es wirtschaftlich geschafft haben und/oder nur das Beste für ihre Kinder wollen. Teilweise nehmen sie weite Strecken auf sich, damit die Kinder von Anfang an anständig Deutsch lernen. Immer noch gilt Deutsch ja als die Eintrittskarte zu den guten Jobs. Sogar im Kindergarten auf demselben Gelände gibt es eine deutschsprachige Gruppe, die Johann gern aufnimmt: »Muttersprachler sind bestimmt ein guter Ansporn für die anderen Schüler«, hofft auch die Lehrerin unserer drei Großen.

Für uns ist es ein echter Glücksfall, denn zumindest in der rumänischen Dorfschule lernt man wirklich fürs Leben:

1) Man muss sein eigenes Klopapier mitbringen. Zu viele schlechte Erfahrungen mit Vandalismus.
2) Als ich meiner Tochter einmal ein Sandwich mit Schinken, Käse und einem Salatblatt mitgab, ließ mir die Lehrerin ausrichten, das doch bitte zu unterlassen: Ein so schönes Pausenbrot würde den Neid der anderen Kinder erregen, deren Eltern sich das nicht leisten könnten. Also nur *einen* Belag, bitte.
3) Aus dem gleichen Grund gibt es auch rumänienweit noch eine Schulspeisung: Täglich werden Gebäck

(abwechselnd Hafer-Vollkornkekse[27] oder ein Kornspitz) sowie ein Apfel, ein Joghurt oder ein Päckchen Milch ausgeteilt. Auf Staatskosten. Für alle Kindergarten- und Schulkinder bis zur vollendeten achten Klasse, wenn die Schulpflicht endet.

4) Auch die Äußerlichkeiten haben sich im Rahmen zu halten – wo ein Drittel der Mütter auch im Winter mit Plastikschlappen unterwegs ist, sollten sich die Kinder nicht mit Glitzernagellack oder Markenturnschuhen nach oben abheben. Die zum achten Geburtstag gewünschte lila Haarsträhne mussten wir wieder herauswaschen.

Das Beste an der Großpolder Dorfschule ist aber, dass der Unterricht erst um 8:30 Uhr beginnt. Denn eine früh aufstehende Lerche wird aus mir Nachteule nimmermehr. Doch notfalls um acht aus den Federn zu kriechen – das schaffen sogar Nosferatu und ich einigermaßen pünktlich!

Und auf der Strecke nach Großpold spiele ich sowieso gern Elterntaxi. Wenn ich Miriam und Johann aus der Mittagsbetreuung abhole, mache ich meine alte Gruftimusik an. Dann brettere ich gekonnt um die Schlaglöcher herum, winke den Leuten und Hunden am Wegesrand, schlängle mich durch die Maisfelder, durchquere im Kriechtempo den brückenlosen Bach, überhole

27 Lustigerweise in Form eines alten Mobiltelefons mit deutlich erkennbaren Tasten und Mini-Bildschirm. Weil in einer Packung immer zwei dieser Kekse sind, kann man auf dem Heimweg vom Kindergarten prima damit »telefonieren«.

den Papa von Nie-Kuh-Schauer auf seinem Pferdewagen und höre dabei laut Neue Deutsche Welle oder die Sisters of Mercy.

Das Dorfschuljahr geht wirklich nett zu Ende. Eigentlich zu schön, um wahr zu sein. Drei Monate später wissen wir, was wir falsch gemacht haben: Die großen Buben das vierte Schuljahr in Großpold wiederholen zu lassen war zwar heilsam für das postpandemische Kind-Lehrkraft-Eltern-Verhältnis, jedoch fatal für die weitere schulische Karriere in Rumänien. Denn nun gelten unsere Kinder nicht mehr als deutsche Staatsbürger mit Anrecht auf einen Schulplatz in der Muttersprache, sondern als bloße Transferkandidaten – weil sie ja bereits eine rumänische Schule besuchten. Das haben wir nicht gewusst. Das Handbuch *Ins rumänische Schulsystem einwandern für Dummies* war gerade vergriffen.

Und von der Großpolder Schule, auf die wir ja eigentlich große Stücke halten, hieß es immer nur diplomatisch, dass es mit dem Wechsel nach Sibiu schwierig werden könne.

Und das wird es wirklich.

Anfangs läuft es noch gut. Wir bekommen Plätze im Ernst-Weisenfeld-Schülerwohnheim. Die Buben dürfen sich das Zimmer sogar mit ihrem besten Freund teilen und freuen sich auf das werktägliche Großstadtfeeling. Doch unsere Erstwahl, das höchst renommierte Samuel-von-Brukenthal-Gymnasium[28], lehnt uns ab, und das auch noch schnippisch: Wir hätten die Kinder ja vorher auf eine Grundschule in Sibiu stecken können. Mithilfe unse-

28 Seit der Absolvent und ehemalige Hermannstädter Bürgermeister Klaus Johannis gesamtrumänischer Präsident ist, wird das »Bruk« noch mehr überlaufen als sowieso schon.

rer drei unsichtbaren Haussklaven und des goldenen Helikopters vermutlich. Macht nichts, denke ich beleidigt. Pah, Brukenthal! Gehen wir eben ans Octavian Goga oder ans Onisifor Ghibu, die sollen auch gut sein und liegen relativ nahe am Schülerwohnheim. Weil die Anmeldefristen dort gestaffelt hintereinander sind, fahren wir wieder zigmal nach Sibiu, lassen Jahreszeugnisse übersetzen, machen neue Passfotos, geben rechtzeitig alle benötigten Dokumente ab, besichtigen die Schulen von außen und zeigen den Kindern den möglichen zukünftigen Schulweg.

Doch auch die Zweit- und schließlich Drittwahl lehnen uns ab. Sie haben genug eigene Übertritte und keinen Platz mehr. Langsam wird die Sache brenzlig, es bleibt nur noch eine Woche bis zum Schulbeginn.

Wir könnten uns an das Schulinspektorat wenden, empfiehlt uns Maria Mann. Dort gebe es eine nette Dame mit Wurzeln in Großpold, die für die Angelegenheiten der deutschsprachigen Minderheit zuständig sei.

Ich rufe an – angeblich kennt der Herr am Telefon die Dame nicht und legt schließlich grußlos auf. Ich rufe noch mal an – man gibt mir eine E-Mail-Adresse. Ich schreibe eine flehende E-Mail mit der Bitte um Hilfe und erhalte keine Antwort. Einen Tag, zwei Tage lang.

Am dritten Tag ruft mein Mann im Inspektorat an und fragt sich zu einer des Englischen mächtigen Dame durch, die ihm erklärt, dass die gute Frau gestern in Rente gegangen sei. Die Stelle zur Betreuung der deutschsprachigen Minderheit sei zwar schon wieder besetzt, der betreffende Nachfolger könne aber noch nicht eingearbeitet werden, weil irgendwelche Dokumente zur Prüfung in Bukarest festhingen.

Kurz zusammengefasst: Pech gehabt, niemand zuständig.

Am Ende bekommen wir gnadenhalber zwei Plätze in der deutschen Klasse der sechsten und letzten Schule, an die wir uns wenden, eine Woche nach Schulbeginn. Man frage nicht, wie sehr wir in diesen zwei Monaten der Ungewissheit gealtert sind.

Es ist okay an der Şcoala Nicolae Iorga. Man muss sein Klopapier nicht selbst mitbringen. Die Klassenleitung ist entzückend und organisiert in ihrer Freizeit allerlei Unternehmungen, Vorträge, Bastelaktionen und Ausflüge. Selbst am Sonntag ist sie permanent erreichbar, um bei Zänkereien in der Eltern-WhatsApp-Gruppe zu vermitteln, und das, obwohl sie selbst Kinder hat. Ich glaube, sie schläft nie. Doch auch hier macht sich wie überall bemerkbar, dass Menschen mit guten Deutschkenntnissen nicht unbedingt als Lehrkraft arbeiten müssen. Deshalb gibt es Informatik, Sport, selbstverständlich Rumänisch und leider auch Mathematik nur auf Rumänisch.

Das Schülerwohnheim ist Gold wert. Mütterliche Ladys kümmern sich um Hausaufgaben, frische Bettwäsche und Wehwehchen, jeden Donnerstag übt ein älteres Mädchen mit unseren Jungs Rumänisch.

Doch obwohl wir theoretisch nur noch Montag und Freitag nach Sibiu fahren müssen, werden wir zweimal kurz hintereinander Zeuge tödlicher Unfälle auf der Autobahn. Es ist und bleibt einfach gefährlich und/oder zermürbend, egal wie man es anstellt: Die jüngere Tochter von Viorica (die mit dem dreihundertjährigen Brot) besucht auch eine Schule in Sibiu. Per Zug. Dafür steht sie jeden Tag um fünf Uhr morgens auf und sitzt eineinhalb Stunden einfache Strecke im Zug, um dann noch ein paar Stationen mit dem Schulbus zu fahren – wenn alles klappt und keine

Verspätungen vorliegen. Abends dasselbe zurück. Es gibt nicht wenige aufstrebende Eltern, die sich einzig und allein aus dem Grund eine Eigentumswohnung in Sibiu kaufen, damit ihr Sprössling dort einmal beschult werden kann. Das ist ein bisschen so wie in der DDR, wenn man den Trabbi schon bei der Taufe bestellte.

Kurz spielen wir mit dem Gedanken, die Kinder an die deutsche Schule nach Sebeş zu schicken. Dort gäbe es ausreichend Lehrkräfte und freie Plätze, man würde uns mit offenen Armen empfangen. Was es in Sebeş nicht gibt, ist ein Schülerwohnheim oder ein Schulbus in unsere Richtung. Wir hätten werktags nichts anderes zu tun, als die Kinder gleichzeitig auf verschiedene Bildungseinrichtungen zu verteilen und wieder einzufangen und uns dabei irgendwie zu klonen.

Wir treffen die bahnbrechende Entscheidung, mit den drei großen Kindern ab dem kommenden Schuljahr an eine deutschsprachige reine Online-Schule zu wechseln. In erster Linie aus Sicherheitsbedenken wegen der vielen Fahrerei. Und in der Hoffnung, dass sich unsere theoretische Ortsungebundenheit damit vielleicht endlich besser verbinden lässt.

36

Heimsuchung mit Heyland

Eines Tages fahren wir ins Nachbardorf Dobârca (Dobring), um die dortige Wehrkirche zu besichtigen. Sie sei nicht mehr in bestem Zustand, das weiß ich schon aus dem Internet. Doch der Besuch schockiert mich zutiefst.

Ich bin nicht religiös. Den katholischen Glauben meiner Kindheit habe ich vor über dreißig Jahren abgelegt. Als altes Gothic Girl schätze ich natürlich auch den morbid-nostalgischen Charme von Friedhöfen und Ruinen im Besonderen. Doch der Besuch der Kirchenburg Dobring treibt mir Tränen in die Augen. Tränen des Mitleids für die verletzten Gefühle einer Gemeinschaft. Für die missachtete Lebensleistung ganzer Generationen, die dieses Dorf doch erst in die Existenz gebracht haben.

Über Dobârca erhebt sich in traumhafter Lage eine altsächsische Kirchenburg mit fast achthundert Jahren auf dem Buckel. Um den ursprünglich noch romanischen Glockenturm herum wurde um 1515 ein zweiter, gotischer Turm herumgebaut, der dadurch die inneren Mauern konservierte. Eine Art Kirchturm-Matrjoschka, weltweit einmalig. Ebenso wie die zarten fünfhundert Jahre alten Freskomalereien über dem Chorgestühl, die unter einer dünnen Farbschicht aus Reformationszeiten nur auf ihre Freilegung warten.

Doch heute duckt sich das Kirchenschiff wie ein geprügelter Hund hinter die einst so uneinnehmbare Wehrmauer. Auf dem umliegenden Bergfriedhof sind Grabsteine umgestürzt oder gar zertrümmert – mehr, als durch Witterungseinflüsse erklärbar wäre. Im Inneren ist nichts mehr. Altar, Bänke, Empore, Kanzel, Orgel, selbst das Taufbecken: alles herausgerissen und verhökert oder verbrannt. Das leere Kirchenschiff wurde als Stall genutzt.

Ich wandere einmal um die gesamte Anlage herum, streune durch wüstes Gebüsch, Ziegenweiden voller Müllablagerungen: Styroporreste, Haufen von abgebranntem Hausmüll, Sägespäne, Altkleiderfetzen und kaputte Schuhsohlen in Schutt, das Übliche. Nur eben direkt neben einer altehrwürdigen Kirche mit Friedhof, verdammt noch mal! Ich versuche, die aufsteigende Wut in den Griff zu kriegen: Es ist »nur« Müll. Kein permanenter Schaden. Ich blicke von der Hügelkuppe zurück: Wie ein Stück Alufolie über einem vergessenen Sandwich wölbt sich ein fürchterlich hässliches, lieblos zusammengeschustertes Behelfsdach aus Zinkblech über die Sakristei. Immerhin regnet es jetzt nicht mehr rein. In einem Bericht der evangelischen Kirche in Rumänien lese ich, wie schwer es war, Handwerker zu organisieren. Der ersten Baufirma wurde in der Nacht direkt das Material geklaut. Zinkblech und Werkzeug, sogar Abdeckplanen kann man prima weiterverkaufen.

Heute versperren Eisengitter und schwere Vorhängeschlösser das, was vom Hause des Herrn geblieben ist. Unten im Dorf grunzen die Schweine und blättert der Putz. Auf dem Dachfirst steht »Fam. Sonnleitner 1897« oder Ähnliches, darunter sitzt ein Goldzahn-Opa auf einer ausrangierten Kleinbus-Rückbank und winkt freundlich.

Jahrhundertelang herrschte einigermaßen friedliche Koexistenz zwischen den Deutschen, den Rumänen und auch den Roma. Dann setzte ab 2009 eine blinde Zerstörungswut ein.

Wahrscheinlich war der Anlass ganz klein, der Beginn schleichend. Das hat ja jeder schon mal erlebt, dass eine Party in die falsche Richtung geht. Dass ein soziales Event ein wenig ausartet. Solche Gedanken sind niemandem fremd. »Ich hab ja nicht angefangen. Das Fenster war sowieso schon kaputt. Die Tür war nicht abgesperrt. Wir sind arm und haben kein Brennholz, sollen die Kinder frieren?«

Dennoch stand am Ende das Schmuckkästchen eines ganzen Dorfes, die über Jahrhunderte hinweg gepflegte und geliebte Kirche als nackte Ruine da. Entblößt, entweiht, beschmutzt. Angesichts der Zerstörung wirkt die Inschrift im Altarraum wie blanker Hohn:

Dieses dem dreieinigen Gott geheiligte Haus / ist im Jahre unseres Heylandes Jesu Christi

1481 Anfänglich aus dem Grunde angelegt.
1515 In einen vollkommenen Tempel erbaut.
1599 In den waywodischen Unruhen verbrannt.
1631 Am verfallenen Gewölbe verbessert.
1741 Zur Verherrlichung der Ehre Gottes erneuert worden …

… und 2010 von einem Rudel Dorfdeppen in Schutt und Kuhfladen gelegt worden, einfach so. Mitten in Friedenszeiten in der Europäischen Union.

Wie lebt es sich in einem kleinen Dorf mit so großen Gräben? Wie ist das tägliche Miteinander, wenn deine Nachbarn den fünfhundert Jahre alten Flügelaltar deiner Vorfahren herausgerissen und kleingehackt haben, um darauf Suppe zu kochen? Wenn die Kühe in die Sakristei kacken? Wenn die Dorfjugendlichen den Grabstein deiner Großeltern umtreten und noch extra Ziegel vom Dach der Kirche werfen, damit das Gemäuer auch so richtig schön schimmlig wird und so schnell keiner auf die Idee kommt, da noch was retten zu wollen?

Wann immer ich jemanden nach Dobârca frage, erhalte ich nur schmerzliches Auflachen und Seufzer zur Antwort.

Natürlich gibt es auch jede Menge Gegenbeispiele für das gelungene Miteinander. An erster Stelle wären da die Roma von Großpold zu nennen: 1943, als die Rumänen noch mit dem Deutschen Reich verbündet waren, kamen Hitlers willige Vollstrecker auch in die kleinen transsilvanischen Dörfer. Eines Tages erschienen also im überwiegend deutschsprachigen Großpold die Lkw, um die »Zigeuner« abzutransportieren und in Todeslager zu bringen. Da hatte allerdings das System nicht mit dem Mut seiner Bürger gerechnet: Was das denn jetzt bitte solle, fragten die empörten Bauern. Das seien doch keine nutzlosen Herumtreiber, das seien doch sämtlich ihre braven Knechte, fleißigen Mägde und bewährte Hilfsarbeiter! Sie bräuchten die Leute dringend! Oder sei die Obrigkeit vielleicht glücklich, wenn sie alle ab sofort keine Ernte mehr einbringen, keinen Wein mehr anbauen könnten?

Der Großpolder Wein war damals schon ein bedeutender Wirtschaftsfaktor für die Region. Die Schergen beratschlagten sich und zogen dann mit leeren Ladeflächen davon.

Es muss ein generationenübergreifendes Gedächtnis geben, besonders bei einer so auf mündliche Tradition angewiesenen Volksgruppe wie den Roma. Und sie wissen das noch. Nicht alle. Aber ausreichend viele.

»Das war mal so ein schönes Dorf«, sagt mir achtzig Jahre später eine Roma-Frau, die ich per Anhalter von Reußmarkt nach Großpold mitnehme. »Wir hatten hier alles, eine Apotheke, eine Bäckerei, eine nette Kneipe … Aber seit die Deutschen weg sind, kann man es hier echt vergessen.«

Jetzt sind ja wieder ein paar Deutsche mehr da. Und die neuen Deutschen hier wollen fest daran glauben, dass eine offene, neugierige Grundhaltung zu einer anständigen Gemeinsamkeit führen kann und wird.

Nicht in jedem Einzelfall. Arschlöcher gibt es überall.

~

SO GANZ NEBENBEI
Weshalb man in Rumänien keine langen Röcke tragen sollte

Es ist sehr heiß, ich trage einen selbst genähten Upcycling-Jeansrock aus einem alten Kleid. Weit und luftig schwingt er bis knapp unter mein Knie. Ich stehe vor dem VW-Bus mit deutschem Kennzeichen, ein Kleinkind auf dem Arm, eine größere Anzahl weiterer Kinder auf den Gehsteig kommandierend, als mich eine gepflegte Dame auf Rumänisch anspricht: »Entschuldigen Sie, wo geht's denn hier zum Versammlungsplatz?«

Ich antworte wahrheitsgemäß, dass ich das erste Mal in Alba Iulia sei und leider keine Ahnung hätte. Die Dame starrt mich eine Weile mit gerunzelter Stirn an und lacht dann. »Oh! Ich dachte, Sie wären eine Sinteza.«

Dazu muss man wissen, dass die Sinti Rumänien im Gegensatz zu den Roma nahezu vollständig verlassen haben und heute größtenteils in Deutschland ansässig sind. Alle paar Jahre im Sommer reisen sie aber aus der halben Welt an und treffen sich zu Hunderten in der alten Heimat – in jenem Jahr eben in Alba Iulia.

~

37

Domnuldomnuldomnul

»Ihr werdet es nicht bereuen, dass ihr über die Feiertage hierbleibt«, versprechen die Mogas. Weihnachten in Rumänien sei ja sowieso großartig, und auch an Silvester passiere etwas ganz Wunderbares!

Das verwundert mich zuerst. Ich hatte gelesen, dass traditionell eingestellte Rumänen Silvester heutzutage eher verschmähten, weil sie im religionsfernen Kommunismus geradezu gedrängt wurden, anstatt Weihnachten doch lieber den Jahreswechsel zu begehen. Ja, ja, das stimme schon, so richtig große Feiern mache man nicht. Silvester sei doch eher etwas Privates, Familiäres. Aber es gebe da eben: die *colindători*!

Ich recherchiere das und bin gleich hin und weg von der Vorstellung. Bei den *colindători* handelt es sich um eine Tradition, die auf vorchristliche Fruchtbarkeitsrituale zurückgeht. Aber es war auch eine ritualisierte Art der Brautschau, bei der sich sowohl die jungen Männer als auch die jungen Mädchen und ihre Eltern im gesellschaftlich akzeptierten Rahmen einen Überblick über das aktuelle Angebot verschaffen konnten: Die Junggesellen des Dorfes gehen zu den Höfen, wo es unverheiratete Mädchen gibt, und singen traditionelle Lieder, während sich alle Parteien ungeniert anstarren. Hinterher kann die betreffende junge Dame ihren Eltern mitteilen, welcher ihr am besten gefallen hat: »Also wenn es schon einer aus dem Dorf sein muss, dann nur der dritte von links.« Genial!

Und da auch wir eine unverheiratete Tochter hätten, würden auch wir in den Genuss der testosterongeladenen Sangeskunst kommen, schwärmt Stefania. Als Dank dafür müsse man allerdings schon etwas springen lassen, hundert oder zweihundert Lei und einen Schnaps natürlich. Es sei ja für alle zusammen, und das seien über zwanzig Leute. »Aber die kommen ganz spät, um Mitternacht oder noch später«, merkt Stefania an.

Oh je. Na, ob wir da noch in der Lage sind, für die entsprechende Bewirtung zu sorgen? Wir sind gespannt. Glücklicherweise kommen die Burschen (womöglich aus Rücksicht auf unsere vermutete deutsche Tradition des Kinder-zu-Bett-Bringens) bereits um zwanzig Uhr. Ich springe, um das Hoftor zu öffnen. Und dann strömen sie herein, zwei Dutzend junger Männer ganz in Schwarz. Sie tragen schwarze Lammfellhüte, die mit Schleifen in den rumänischen Landesfarben Blau, Gelb, Rot und Pfauenfedern (!) verziert sind. Unser Mittlerer bekommt Sorins Hut auf den Kopf gedrückt, dann stellen sie sich im Halbkreis auf und fangen an zu singen.

Jetzt weiß ich auch, warum bereits im November so viel nächtlicher Betrieb bei Sorin war (ich dachte schon, er hätte einen illegalen Nachtclub eröffnet): Die Burschen haben geübt! Und das hat sich gelohnt. Es ist wirklich, wirklich schön, wie klar und harmonisch die Männerstimmen in den Sternenhimmel aufsteigen.

Erhebend. Auch wenn ich dank einiger Tassen Glühwein weitestgehend nur *»domnuldomnuldomnul«* verstehe und sich unsere Tochter – der eigentliche Anlass dieser Veranstaltung – bockig im Haus versteckt. Die geballten Burschen wünschen uns trotzdem Glück, Gesundheit und Gottes Segen für das neue Jahr, bekommen ihr Geld und trinken viel weniger Schnaps als erhofft.

Unseren frisch aufgefüllten Jahresvorrat von *domnuldomnuldomnul* strapazieren wir gleich am nächsten Abend: Da geht mir mitten im Festtagsbraten der Ofen aus, die Gasflasche ist leer. Zum Glück handelt aber jeder zehnte Dorfbewohner nebenberuflich mit Gasflaschen. Die Preise stehen tagesaktuell an den Hoftoren, und geöffnet ist immer dann, wenn jemand da ist, also auch am 1. Januar.

Jürgen und ich sagen den Kindern, dass wir gleich wieder zurück sind, und gehen über die Straße, um die leere Gasflasche gegen eine neue zu tauschen. Weil die Distanz keine zweihundert Meter beträgt, nehme ich nicht mal mein Telefon mit. Deshalb höre ich nicht, wie unsere Söhne vergeblich bei mir anrufen. Wir werden vom Gasflaschenhändler noch auf ein kleines Glas Wein eingeladen und wünschen allen Nachbarn und Passanten ein *Anul nou fericit*, ein glückliches neues Jahr.

Als wir nach insgesamt keiner Viertelstunde mit unserer vollen Gasflasche und der auf der Straße aufgegabelten Familie Moga im Schlepptau zurückkommen, eilt uns schon der Älteste entgegen: »Mama, Papa, die Miri blutet!«

Unsere Tochter wollte unsere Abwesenheit nutzen, um ihr von Jürgen auf den Kleiderschrank verbanntes Smartphone zu angeln. Dafür kletterte sie auf einen Klappstuhl, den sie auf einen umgedrehten Plastikwäschekorb stellte. Natürlich hielt diese

Konstruktion nicht. Miriam verlor das Gleichgewicht und sprang ab. Dabei kam sie so ungünstig auf, dass sie sich zwei ihrer unteren Schneidezähne durch die Lippe schlug. So, dass die Zähne wie bei einem Comicmonster auf der Vorderseite herausschauten und ihr großer Bruder ihr helfen musste, die aufgespießte Lippe wieder von den Zähnen herunterzuziehen.

Fun Fact: Es war der falsche Kleiderschrank, Miriams Handy lag auf einem anderen.

Es dauert keine zehn Minuten, bis mit Blaulicht und Martinshorn der Rettungswagen aus Miercurea Sibiului eintrifft. *SMURD* steht spiegelverkehrt auf der Front: *Serviciul Mobil de Urgență Reanimare și Descarcerare.* Zwei der drei freundlichen Sanitäter entpuppen sich als Väter von Miriams Klassenkameraden. Sie tupfen das Blut weg, verschaffen sich einen Überblick über die Zahn-Situation (alles noch fest) und beschließen, dass die Wunde nicht genäht werden muss. Ihre ruhige Art überträgt sich auf Miriam und schließlich auch auf uns. Wir bekommen Jodlösung und ein paar Pflaster, dann verschwindet das SMURD-Team wieder in der Januarnacht.

Wir verschieben den Festtagsbraten und essen an diesem Tag lieber Suppe. Das Schlimmste an der ganzen Sache ist für Miriam, dass sie drei Tage lang nicht lachen soll, um die Wunde nicht wieder aufreißen zu lassen. Die Narbe an ihrem Kinn wird ganz fein. Fast unsichtbar, wenn man nichts davon weiß.

Immerhin erfahren wir so, wie das Notrettungssystem in der Grafschaft Sibiu funktioniert: exzellent.

38

»Wir haben die Deutschen dabei!«

Vor unserem ersten Winter in Rumänien dachten wir, dass er sich wohl nicht groß von dem in Oberbayern unterscheiden würde. Immerhin spielt sich das nervenzerfetzende Finale von *Bram Stoker's Dracula* auch in den winterlichen Karpaten ab, wo Professor Van Helsing, das leidgeprüfte Ehepaar Harker und ihre treuen Freunde Quincey Morris und Doktor Seward sich im Kampf gegen die Zeit durch Schneestürme quälen. Da müssen sie sich gegen die Eiseskälte in Teppiche einwickeln, die Pferde erfrieren ihnen unter dem Hintern weg, und es ist erst Anfang November!

Ungefähr *so* habe ich mir den transsilvanischen Winter vorgestellt. Und rund um Hermannstadt gibt es mindestens ebenso viele hohe Berge wie rund um Garmisch-Partenkirchen. Vom Stadtzentrum aus zuckelt täglich der Bus ins Skigebiet Păltiniş, unsere Bekannten verbringen ihre Skiferien im Domeniul Schiabil Şureanu oder in Borşa an der ukrainischen Grenze, und auch rund um Braşov sieht es durchaus nett aus. Ganz zu schweigen von den aufsehenerregenden Handyvideos aus dem Wintersport-Hotspot Predeal, wo einem unter Umständen neugierige Bärendamen kilometerweit hinterhertollen.

Unser Ältester fährt sehr gern und gut Ski, und auch ich komme so eine Piste schon irgendwie runter (das Problem in den Alpen ist wegen Kostengestaltung und Überfüllung eher das Raufkommen). Jedenfalls: Sobald unser Jüngster nicht mehr ganz so betreuungsintensiv ist, werden wir all diese Skigebiete nacheinander runterrocken.

Da also Schneeräumen und Schlittenfahren für uns zum winterlichen Alltag gehören, haben wir beim Auszug aus Ägypten im letzten Moment noch eine Auswahl von Rodeln ganz oben draufgepackt. Aus Plastik, wegen des Gewichts.

Doch bei genauerer Betrachtung liegt der Borgo-Pass, auf dem Bram Stoker Draculas Schloss verortet, noch mal fast dreihundert Kilometer nördlich von Sibiu und Sibiu selbst fast dreihundert Meter niedriger als Garmisch-Partenkirchen.

Man muss es sagen, wie es ist: Der rumänische Winter ist *anders*. Nicht unbedingt schlechter. Nur anders! Zögerlicher, kapriziöser. Zuallererst lässt er ewig auf sich warten. Nix da mit weißen Weihnachten.[29] Unsere Plastikschlitten stehen in der Scheune im Weg, ich kann noch Ende Dezember meine Gartenarbeit im T-Shirt machen. Die Kinder ärgern sich, haben zum ersten Mal richtiges Heimweh – nach Schnee.

Als der Winter dann schließlich doch noch kommt, ist er knüppelhart kalt. Genau in dem Moment Mitte Januar, als wir bei

29 In Rumänien ist Weihnachten sowieso eher rot – vom Blut der vielen Schweine, die rechtzeitig zum Fest der Liebe ihr Leben lassen müssen.

unseren Freunden schon prahlen, wie angenehm mild und südländisch wir es doch hätten. Am Dreikönigstag grabe ich noch im dünnen Pulli mein Gemüsebeet um. In der Woche danach friert uns das Hauswasserwerk ein, und wir können weder duschen noch das Klo spülen, bis wir den entsprechenden Rohrabschnitt mühevoll wieder warm geföhnt haben. Vorteil Plumpsklo – sofern man mit den halb erfrorenen Fingern rechtzeitig seine Gürtelschnalle aufkriegt. Obwohl es tagsüber eigentlich gar keine richtigen Minusgrade hat, fühlt sich bei dem nebligen Nieselwetter der kleinste Windhauch an, als würde einen Väterchen Frost persönlich abwatschen. Jeder Gang über den Hof zum Holzstapel will dreimal überlegt werden, und die zwei Meter zwischen Haus- und Küchentür werden zu einer schier unüberwindbaren sibirischen Eiskluft. Unsere innerfamiliäre Kommunikation besteht zum Großteil aus dem Schrei »Tür zu!«.

Meine weise Nachbarin Ana sagt, das sei noch gar nichts. Als im Jahr 2012 ihr Vater starb, habe es *douazeci si şapte* Grad gehabt. Sie spricht es ganz langsam aus, damit ich es auch sicher verstehe. Siebenundzwanzig. Minus! Damals gab es noch keine richtige Aussegnungshalle, und das Weihwasser sei gefroren (ihr toter Papa natürlich auch, aber dem war es ja egal). Und sowieso, wer brauche schon eine Heizung in einer Aussegnungshalle, das wäre doch eher kontraproduktiv.

Erst Mitte Januar, am letzten Wochenende der Weihnachtsferien, bleiben endlich mehr als zwei Zentimeter Schnee liegen. Ungefähr drei! Egal, der Hügel hinter der Kirche erstrahlt in schönstem Weiß. Also gehen wir Rodeln. Dann kommt auch noch die Sonne raus. Die Kinder kugeln durch die Gegend, unsere Hundebeteiligung Dacki flitzt um uns herum, glitzernder Schneestaub fliegt durch die Luft, keiner streitet. KEINER STREITET! Cool. Im Wortsinne. Wir haben wirklich, wirklich viel Spaß.

Und wir sind nicht allein mit dem Spaß, denn am letzten steilen Stück treffen wir mehrere rumänische Familien bei derselben Freizeitbeschäftigung. Die Kinder haben Schlitten, die Damen setzen auf Plastik. Kreischend und kichernd stürzen sie sich auf Mülltüten zu Tale. Die von der schwarzen, reißfesten Sorte. Aber auch die Schlitten der Kinder wirken wahrlich antik. (Die Herren übrigens rodeln nicht, die gucken zu und rauchen.)

Am nächsten Tag ist es noch kälter. Wieder lassen sich die einheimischen Kinder zum Schlittenfahren ziehen – aber diesmal von einem Pferd. Mit roten Troddeln und Glöckchen behängt kommt es die Straße herunter wie eine Sparversion von Santa Claus. Ein vielleicht zwölfjähriger Kutscher sitzt auf dem Holzkarren, an dem hinten eine ganze Schlange von Schlitten hängt. Fünf Stück sind es schon. Als unsere Jungs mit ihren Plastikschlitten aus dem Hof kommen, hält der Pony-Express an. Der Kutscher entpuppt sich als Nicu, einer der elf Brüder Marias. Fuchtelnd bedeutet er unseren Söhnen, sich anzuschließen. Die trauen sich erst nicht so recht, doch die rumänischen Jungs machen einfach kurzen Prozess, schnappen sich ihre Zugschnüre und verkeilen die Griffstücke am letzten Schlitten.

Dann geht es wieder los, bimmelnd und prustend trabt das Pferd um die Ecke. Ich höre Nicu dabei noch triumphierend rufen: »Aus dem Weg, aus dem Weg! Wir haben die Deutschen dabei!«

Ja, das Dabeihaben von Deutschen ist hier noch schwer angesagt.

Ein andermal ziehen wir unsere Schlitten am Friedhof vorbei, wo gerade ein vierundachtzigjähriger Herr aus der Hauptstraße bestattet wird. Ich falle hundert Meter zurück, weil ich noch eine vergessene Mütze organisieren muss. Da ertönt hinter der Aussegnungshalle (in unserem kleinen Dorf handelt es sich eher um ein »Aussegnungshäuschen«) ein deutliches »Psst!« Zwei Trauergäste rauchen dort gerade Beruhigungszigaretten. Einer raunt mir zu: »*Vecina, vecina!*«

Ich kenne den Mann, er hat unseren Johann schon mal auf einem Stierkalb reiten lassen. Er wird Zaza genannt und verdient sein Geld mit der Ziegenzucht, seine Frau Lucia macht super *telemea*[30]. Ich bleibe stehen. »*Da?*«

Er guckt sich verschwörerisch um: Eine seiner Ziegen habe gestern Drillinge bekommen. Die Mutter könne aber nicht alle drei säugen, deshalb müsse eines weg. Er macht die bekannte Geste mit der Handkante vor dem Hals.

Zuerst denke ich, er will mir das Ziegenbaby verkaufen, doch nein: Der gute Mann ist praktisch veranlagt und bietet an, dass mein kleiner Johann doch noch ein paar Stunden mit dem Ziegenbaby spielen könne, bevor es sowieso im Kochtopf landet.

Und warum auch nicht? Dem armen Ziegenkind ist schließlich auch nicht geholfen, wenn vor der Schlachtung keiner mehr mit ihm spielt. So hat es wenigstens einmal im Leben Spaß gehabt, wird gestreichelt und kann seinen neugierigen Ziegencharakter entfalten … Mir wird etwas eng im Hals, aber ich sage zu.

30 Milder Weißkäse aus Kuh-, Schafs- oder hier eben Ziegenmilch, von der Konsistenz her irgendwo zwischen Feta und Mozzarella.

Als Johann und ich Ziegen-Zaza wenig später besuchen, hat sich das Problem allerdings schon von selbst gelöst: Im Gedränge des Stalls hat sich einer der älteren Böcke auf das Jungtier gelegt und es erdrückt. Steifgefroren liegt es am Rand. Die verbliebenen zwei Geschwister, für die jetzt genug Milch da ist, meckern ängstlich und legen keinen gesteigerten Wert darauf, mit Johann zu spielen.

Mir fällt ein Satz ein, den ich im Autoradio bei einer rumänischen Comedy-Morgenshow aufgeschnappt habe: *Nu este nici primă, nici ultimă.* Es ist nicht das Erste und auch nicht das Letzte.

39

Märtyrer im Märzchenwinter

Mit vorchristlichen Traditionen hat man mich ja immer. Der nächste Nagel in meiner imaginären Zeitreisen-Silberflinte sind die *marţişoare* – Märzchen –, die es am 1. März für alle Mädchen und jungen Frauen gibt.

Was so weihnachtlich klingt wie eine Mischung aus Marzipan und meinem rumänischen Lieblingswort *scorţişoara* (Zimt), ist in Wahrheit ein Armband aus roter oder rot-weiß geringelter Schnur, meist verziert mit mehr oder weniger glitzerndem, glücksversprechendem Bling-Bling (Herzen, Blumen, Lebensbaum, eine liegende Acht, Kaminkehrer, Marienkäfer …). Das Rot steht für das Leben, das den weißen Winter/Tod besiegt. Seit fünftausend Jahren ist es in Südosteuropa Brauch, sich zum Frühlingsbeginn rot-weiße Wollbändchen zu schenken. Als Fruchtbarkeitssymbol. Die Kinder basteln sie im Kindergarten für ihre Mütter, aber die meisten werden heutzutage billig in China hergestellt. Unsere Tochter hat dieses Jahr sieben Stück bekommen. Ich glaube, wir werden mal viele Enkel haben.

Ein paar frühlingshafte Tage mit Plusgraden sind uns vergönnt, dann geht es zu unserem Leidwesen wieder los. Ein Temperaturtief erfasst Rumänien. Polarluft aus Nordosten – also aus Russland. Nie habe ich meinen Ehegatten so bewundert wie in diesen klirrend kalten Nächten, wenn er stoisch über den Hof stapft und Woody füttert. Auch bei minus zwanzig Grad scheut er weder Gänsehaut noch Frostbeule, um seine Familie zu wärmen. Und das auch noch, weil er Jogginghosen nicht mag, grundsätzlich nur in T-Shirt und Unterhose. Immer.

Es. Ist. So. Kalt!

Ohne es zu wissen, stellt auch der in seiner Unterhose durch den Schnee schlurfende Jürgen eine uralte Legende nach … die Legende der Vierzig Märtyrer:

Es geschah im dritten Jahrhundert in der Stadt Sebaste, heute Sivas in der Türkei. Dort weigerten sich vierzig römische Soldaten eines Tages, den alten Göttern zu opfern, weil sie jetzt Christen seien. Die Befehlshaber fürchteten, dass derlei Glaubensdurcheinander den Zusammenhalt der Armee gefährde. Man zwang die Christen, sich auszuziehen und die Nacht auf einem zugefrorenen See zu verbringen. Um die Gegenargumente zu verstärken, wartete am Ufer ein gut geheiztes römisches Badehaus auf Wankelmütige. Tatsächlich entschloss sich einer der Frierenden zur Abkehr und betrat das Badehaus – nur um im selben Moment tot umzufallen, vermutlich mit einem Kreislaufkollaps. Nun waren es nur noch neununddreißig, doch nicht mehr lange: Einer der römischen Bewacher erblickte ein unerklärliches Licht über dem zugefrorenen See und vernahm eine Stimme, die ihm sagte, dass die frommen Frostbeulen im Recht seien. Ergriffen legte er seine Waffen nieder, zog blank und gesellte sich zu der nackten Truppe auf dem Eis. Zum Ausgang der Geschichte gibt es verschiedene wundermächtige Varianten, doch seither haben es die vierzig Märtyrer schön warm im Himmel.

Das Gedenken an die armen vierzig Märtyrer wird gefeiert, indem man vierzig süße dicke Nudeln in Walnuss-Soße isst und dazu vierzig Schnäpse trinkt. Oder vierzig Gläschen Wein, das kann man sich aussuchen. In beiden Fällen muss man schon frühmorgens anfangen, damit man abends noch zählen kann und nicht versehentlich bei neununddreißig aufhört.

Das passiert immer am 9. März. Sehr praktisch, weil am 8. März ja der internationale Frauentag ist: Da bekommen die Frauen schon mal vorausschauend Blumen und Schokolade, um sie für das anstehende Besäufnis ihrer Männer milde zu stimmen.

Mitte März haben wir nachts immer noch zweistellige Minusgrade und tagsüber Schneestürme. Wir fassen den Beschluss, den alten Schweinestall in eine Sauna umzuwandeln. In einen richtigen Sau(na)stall sozusagen. Denn ein Schwein werden wir uns so schnell nicht anschaffen, an Schweinen herrscht ja bekanntlich in unserem Dorf kein Mangel. Unsere alten Knochen jedoch bedürfen der Durchwärmung, und welcher Platz wäre da besser geeignet als das ungeliebte schattige Eck hinter dem Plumpsklo, eingeklemmt zwischen Komposthaufen und feuchten Ziegelmauern?

Kein Problem! Dazu müssen wir nur dreimal nach Sebeş zu unserem Lieblingsholzhandel Coma Construct fahren – wobei wir immer die Spanngurte vergessen und deshalb nur einen Teil des Baumaterials kaufen können –, auf der Suche nach Schamottemörtel und dem richtigen Steinlack zwanzig Läden im Umkreis von fünfzig Kilometern abklappern, zentnerweise Ceaușescu-Beton und von Schweinepipi versteinertes Altholz entsorgen und natürlich noch einen Saunaofen nebst Kaminrohr bauen. Haben wir noch nie gemacht, aber einmal ist ja immer das erste Mal.

Der erste Ofen besteht aus drei übereinandergestapelten Keramik-Hohlstücken und wird von oben beheizt. Damit er die Wärme auch hält, umwickeln wir ihn aufwendigst mit maßgeschneiderten Kalziumsilikatplattenresten, Glasfasermatte und einer dicken Schicht Zementputz. Im Testlauf zeigt sich, dass diese Isolierung zu gut funktioniert: Die Hitze kommt gar nicht erst bis in die Sauna. Nach einer ersten zähneklappernden Sitzung in Bademantel und Tennissocken, die wir nur dank reichlich Wischi-Waschi-Zufuhr überleben, reißen wir alles wieder ab.

Das zweite Mal klappt dann schon besser. Jürgen nötigt mich, den schönen alten Jugendstil-Badeofen des sowjetischen Verteidigungsministers, den ich als Blumenkübel benutze, wieder herzugeben. Mein patenter Mann, den ich ab sofort nur noch MacGyver nenne, ergreift eine rostige leere Kabeltrommel von 1947, die ich auf dem Speicher des Schweinestalls gefunden habe. Weil ihr Mittelstück genau den Durchmesser eines handelsüblichen Ofenrohrs hat (13 cm), sägt er der Kabeltrommel auf einer Seite den Rand ab und schweißt sie als Deckel auf den Ofen.

Ich perfektioniere meine Grundkenntnisse im Zementanrühren und -verspachteln, Jürgen sägt und schraubt im Lichte meiner Handytaschenlampe (das Verlängerungskabel reicht nicht). Wir *druckluftnageln* gemeinsam.

Bei alldem beflügelt uns der Gedanke daran, dass so eine Außensauna in Bayern aus verschiedenen Gründen völlig undenkbar wäre, zumal eine selbst gebaute. So viele Brandschutz-, Klima-

und Energieberater gibt es gar nicht, die wir mit diesem einen Projekt in den Wahnsinn treiben könnten. Vorausgesetzt, dass sich nicht vorher der gesamte Grainauer Bauausschuss schon bei der informellen Voranfrage kollektiv in die Luft gesprengt hätte. (Nichts gegen den Grainauer Bauausschuss, da sitzen ganz liebe Freunde von mir drin. Aber Gesetz ist Gesetz, und Gestaltungssatzung ist Gestaltungssatzung.)

»Eine Sauna baut ihr? Die wird fertig sein, wenn es sowieso schon wieder dreißig Grad hat«, sagt die kluge Birgit.

Sie hätte vermutlich auch recht behalten, wenn es nicht eines schönen Freitagvormittags mal wieder einen Stromausfall gegeben hätte. Richtig lange, fünf Stunden. Theoretisch hätte man das auch wissen können, wenn man die Zeichen der Zeit korrekt gedeutet hätte: Die konspirative Versammlung von mindestens zwei Dutzend beratschlagenden Nachbarn und Arbeitern des lokalen Stromversorgers am Vortag, der Aushang am Rathaus. Aber okay, so bekommen wir eben unerwartet einen Sauna-Arbeitstag geschenkt. Die Schweinestallsauna wächst und gedeiht also schneller als erhofft, und so können wir sie doch noch bei einstelligen Graden Außentemperatur einweihen.

Stolz male ich ein Schild mit der Aufschrift *SauNAstall*, und als ich bei der ersten Bergtour im April eine prächtige Abwurfstange vom Rothirsch finde, haben wir die ideale Aufhängung für Bademäntel und Handtücher.[31]

31 Theoretisch muss das der Besitzer des Waldes erlauben. Praktisch zählen zu den Problemen der rumänischen Wälder neben Vermüllung und einer mörderischen Holzmafia durchaus auch dubiose Besitzverhältnisse.

Auch im Sommer erweist sich die Sauna als wichtiges Element unserer Gesundheitsvorsorge. Besonders unser Ältester mit der frisch diagnostizierten Pollen-Milben-Katzen-Allergie genießt das Saunieren sehr, selbst an Tagen mit dreißig Grad im Schatten *(take this, Birgit!)*. Denn: Er, dem ansonsten immer alles viel zu heiß ist, mag die trockene Hitze und den heimeligen Geruch nach Fichtenholz. »Wie im Bergwald zu Hause«, findet er.

40

Wie man aus nichts etwas macht

In den Frühlingsferien fahren wir für zwei Wochen nach Deutschland, mal wieder Oma und Opa besuchen. Der eigentliche Anlass ist kein schöner: Meine eigene Oma, zu der ich ein sehr enges Verhältnis hatte, ist im Alter von dreiundneunzig Jahren endlich erlöst worden. Meine Oma war eine Ehren-Rumänin. Was ich alles von ihr gelernt habe: Pflanzen identifizieren, richtig kompostieren, nähen, stricken, Marmelade kochen, Holunderlikör herstellen …

Die Überlebenssuppe (heute würde man sagen: Survival-Onepot Regional Edition) war ein liebgewonnenes Spiel zwischen meiner Oma und mir. Morgens schnappten wir uns jede einen ausgewaschenen Joghurteimer und schlichen hinaus in den Garten. »Jetzt stellen wir uns vor, dass es keinen Supermarkt mehr gibt«, sagte Oma mit ernster Miene. »Wir können nichts mehr kaufen. Wir können nur das essen, was wir finden.« Und das war im schwäbischen Garten mit Gewächshaus zum Glück eine ganze Menge, von Himbeeren und Gurken über Tomaten und allerlei Wurzelgemüse bis hin zu sämtlichen Kräutern.

Die Rumänen machen es auch so: Gegessen und verarbeitet wird, was reif ist und wegmuss. Und auch wenn der Garten gerade nichts Frisches hergibt, kann man daraus immer noch einen Kriegskuchen backen: Das ist ein Familienrezept der Nachbarn. Ein trockener Rührkuchen vom Blech, nach Möglichkeit mit Nüssen, einer Schicht Marmelade und vielleicht noch etwas Honig obendrauf.

»Eigentlich gehört in so einen Kuchen ja noch ordentlich *smântână* oder Sahne rein, aber im Krieg mussten wir die Milch immer abgeben«, erklärt mir Radus Mama. »Doch wir haben uns so an den Kriegskuchen gewöhnt, dass wir ihn immer noch freiwillig backen. Schmeckt er dir?«

Na klar. Mindestens genauso gut wie Überlebenssuppe.

Niemals hätte meine Oma freiwillig irgendetwas weggeworfen oder unnötig Geld ausgegeben. Wer kauft denn bitte Plastikgefäße, wenn er auch leere Farbeimer oder ausgespülte Joghurtfässchen umsonst haben kann? Noch zwanzig Jahre nach dessen Tod schnitt sie Putzlappen aus Opas alten Unterhemden. »Das kann man vielleicht noch mal brauchen«, sagte sie immer, und oft genug stimmte das auch. *That's the spirit.* Genau so machen es die Rumänen.

Was die zum Beispiel alles aus alten Reifen zaubern! Blumenkübel, Kinderspielgeräte, Sitzgelegenheiten, Zierfischteiche …[32] Auf dem Hügel hinter der Autobahn gibt es eine 1A Viehtränke aus halbierten Traktorreifen, wirklich hübsch anzusehen und auch praktisch. An dem elastischen Material können sich die Tiere nicht wehtun, und wenn es sich der Landwirt irgendwann anders überlegt, bleibt keine Betonruine in der Landschaft zurück. Und das Wichtigste: Es kostet nichts. Schwäbische Sparsamkeit und rumänisches Organisationstalent in perfekter Union.

32 Wer's nicht glaubt, möge sich mal bei Pinterest, Instagram oder TikTok informieren, Hashtag »*DIY tire ideas*«.

AUS MEINEM RUMÄNISCHEN KOCHBUCH

Kriegskuchen à la Mimi (turta de război)

Dieser Kuchen ist aus planwirtschaftlichen Gründen seiner Zeit voraus und fast vegan: Er enthält keine Milchprodukte! Selbst wer damals eigene Kühe hatte, musste deren Milch nämlich komplett abliefern. Wer auch noch die Eier durch Alternativen wie beispielsweise Banane oder Apfelmus ersetzt (dann Zuckermenge reduzieren), kommt komplett ohne Tierisches aus. Nachbarin Mimi sagt dazu: »Mit einem schönen Rahmguss schmeckt er natürlich besser, aber manchmal muss man halt nehmen, was man hat.« Und so passt der Kriegskuchen auch gut in die häufigen orthodoxen Fastenzeiten.

500 g (Puder-)Zucker
1 Tasse warmes Wasser
1 Tasse Öl
2 Eier
1 Päckchen Backpulver oder ein EL Sodium-Bicarbonat
1 TL Salz, 1 TL Zimt, etwas Kakaopulver für die Farbe (geht auch ohne)
Ungefähr 500 g Mehl

Den Puderzucker auf zwei Schüsseln aufteilen:
Eine Hälfte mit dem warmen Wasser auflösen, die andere Hälfte mit zwei Eiern und dem Öl schaumig schlagen.
Zu der Eier-Zucker-Mischung die Gewürze geben.
Dann mit dem Zuckerwasser und so viel Mehl verrühren,

bis ein dicker Teig entsteht. Auf ein gefettetes Backblech gießen und die Oberfläche mit etwas Mehl bestreuen. Bei mittlerer Hitze ca. 30 Minuten backen. Wer hat, streicht noch eine Schicht Marmelade oder Zuckerguss drüber, auch Mandelblättchen oder zur Not geröstete Haferflocken machen sich gut.

Wichtig: Der Kriegskuchen muss ziemlich flach sein und wird in kleine Stücke geschnitten, die man mit der Hand essen kann. Er soll schließlich für viele hungrige Leute reichen.

41

Es ist vorbei

Irgendwann stelle ich fest, dass ich meine Jackentasche mit dem Hundetrockenfutter schon lange nicht mehr nachgefüllt habe. Keine Spur von Dacki und Werner, auch nicht beim Spazierengehen. Ich frage Stefania. Ach ja, der Hundefänger sei da gewesen, erzählt sie, als wäre das eine Selbstverständlichkeit. Ist es wohl leider auch.

Das System funktioniert so: Staatlich angestellte Hundefänger fahren über die Dörfer und sammeln alles ein, was draußen unterwegs ist und kein Halsband trägt. Der Hundefänger wird pro Fang bezahlt, das heißt, er erhält für jeden Hund eine Pauschale. Offiziell kommen die Tiere für drei Monate in eine Auffangstation – und wer in dieser Zeit nicht von entrüsteten Besitzern oder hilfsbereiten Tiervermittlern wieder dort herausgeholt wird, kriegt eine Kugel in den Kopf oder wird eingeschläfert. So einfach ist das. Ob und inwieweit dabei nachgeholfen wird, dass sich das Problem in den sicherlich wenig einladenden Auffangstationen schon vorher von allein erledigt, ist unklar. Es heißt, bei aussichtslosen Fällen werden aus den drei Monaten schon mal drei Minuten, um Futterkosten zu sparen.

Nachdem wir nun schon mehrere Unerwünschte-Welpen-Hundefänger-neue-Welpen-wieder-Hundefänger-Zyklen und die darauffolgende Rudel-Neubildung erlebt haben, zweifeln wir an der Ernsthaftigkeit dieser Vorgehensweise. Es ist schon immer wieder erstaunlich, wie sich die Straßenhundepopulation über Nacht wie durch Zauberhand verringert und ausgerechnet ein, zwei schüchterne junge Weibchen überleben. Haben die sich besser versteckt als die anderen? Ich fürchte, da steckt Kalkül dahinter. Denn solange der Hundefänger nach Anzahl der gefangenen Hunde bezahlt wird, dürfte er am Mitnehmen von gesunden, fruchtbaren Weibchen kein gesteigertes Interesse entwickeln. Er will ja schließlich im nächsten Halbjahr auch wieder was zum Einfangen haben.

Wir wollen die unglaublichen drei Monate Sommerferien nutzen, um vier Wochen mit dem Wohnwagen durch den Balkan zu zuckeln, weiter nach Süden als jemals zuvor.

Als wir Ende August zurückkommen, hat sich unsere Katze Fritzi auf der Suche nach sozialem Miteinander zwangsweise mit Nachbar Radu angefreundet. Erst kamen Katie und Stefania jeden Tag zum Füttern und Spielen, doch dann fuhren sie selbst für zwei Wochen in den Urlaub. In die Bresche sprang der tüchtige Radu, der eigentlich gar keine Katzen mag. Und nach ein paar Tagen, als Fritzi sich mit dem neuen Dosenöffner vertraut gemacht hatte, fing sie an, ihn zu besuchen. Über all die Mauerkronen, Scheunendächer und Regenrinnen hinweg, in sicherer Entfernung zu den frei herumlaufenden Hunden im Hof, balancierte sie bis hinüber in Radus Schlafzimmer und kuschelte sich ungefragt in sein Bett.

Katie erzählt uns später grinsend, wie sich die beiden angefreundet hätten.

Radu selbst streitet das natürlich ab. Er sagt, dass Fritzi ihn schrecklich genervt habe und er eigentlich schon wisse, wie man mit nervigen Haustieren umgehe. Dabei macht er eine Halsabschneidegeste. Aber da es ja schließlich unsere Katze sei und wir sie scheinbar mögen würden …

Und wir vermissen Dacki. Die Straßen sind ein weiteres Mal wie leergefegt. Weder am Lkw-Parkplatz noch entlang der Bundesstraße nach Sebeş ist ein einziger Hund zu sehen.

»Ich weiß, ich werde irgendwann einen Hund haben«, spricht der mittlere Sohn. Ich weiß das auch. Er ist gut im Umgang mit Kindern und Tieren.

Ich bin traurig. Das selbst angesetzte Sauerkraut ist in der Zwischenzeit verdorben. Ebenso der Spinat, den ich so liebevoll-mühsam eingekocht habe. Was für ein unheilvoller, grauenhafter Gestank! Noch Tage später schwebt er in der ganzen Küche und als geisterhaft-giftgrüne Wolke besonders über dem Komposthaufen, wo ich das Glas ausgekippt habe. So ungefähr stelle ich mir den »modrigen Atem des Todes« vor, der Abraham van Helsing in Graf Draculas Gruft erwartete. Dass ich den Spinat des Todes am 26. Mai einkochte und *Bram Stoker's Dracula* exakt hundertfünfundzwanzig Jahre davor erschienen ist, war bestimmt purer Zufall.

Dann verpassen wir auch noch den Gedenkgottesdienst für Nicolaes Sohn, den mit dem Blitzschlag. Er hatte uns extra eingeladen, danach mit der Familie und den Freunden einen *colac*[33] zu essen und ein Stamperl auf das Seelenheil des Verstorbenen zu trinken. Die sogenannte Parastase, die man in der orthodoxen Kirche in fest vorgegebenen Abständen feiert. Ehrensache. Doch wir wollten nicht zu früh kommen und warteten aus falscher Bescheidenheit zu lange. Niedergeschlagen drückt Nicolae uns eine Plastiktüte mit dem übrigen *colac* in die Hände, als wir gerade in unserem besten Traueroutfit losziehen wollen.

»*S-a terminat*«, sagt er nur. Es ist vorbei.

Selten habe ich mich so geschämt.

33 Ein *colac* ist meist ringförmig, seltener wie ein Knoten in der Art eines Osterbrots geformt und sehr elastisch-fluffig. Nicht zu verwechseln mit dem kastenförmigen oder geflochtenen *cozonac*, der mit Nuss- oder Mohnfüllung zu Weihnachten gereicht wird und oft noch mit Rosinen *(stafide)* oder kandierten Früchten *(rahat)* angereichert ist. Beides gibt es rund ums Jahr unter anderem vom Backwaren-Giganten Boromir – aber hausgemacht schmeckt's natürlich *noch* besser.

42

Fac Sport!

Ich liebe die wohlklingende rumänische Sprache. Vor allem die erste Person Singular des Verbs »machen« muss man einfach lieben: »Ich mache« heißt nichts anderes als *Fuck*. Ja, genau so wird das ausgesprochen: *Fac*. Das inkludiert bereits die Täterschaft, in diesem Fall das Personalpronomen erste Person Singular. Wer es ganz genau und deutlich haben möchte, setzt noch das eigentlich unnötige »Ich« davor: *Eu fac*. Jo fuck. Besonders gut nachvollziehbar am Morgen, wenn der Wecker mal wieder viel zu früh klingelt: »*Fuck cafea*«, ächzt der Mann und rollt schwerfällig aus den Federn.

Ich will ja nicht angeben, aber als gebürtige Oberbayerin habe ich einen eindeutigen Sprachvorteil. Ich bin sogenannte Diphtonge gewohnt. Das sind Doppellaute aus zwei verschiedenen Vokalen. Im Hochdeutschen sind das vor allem ei, au, äu und eu – im Bairischen aber eben auch ia, ou und oa. Und meine heimische Mundart, der Werdenfelser Dialekt, ist da sowieso noch mal eine Stufe härter.

Das bekannte Touristen-Veräppel-Testwort *Oachkatzerlschwoaf* macht mir also keine Probleme. Und so bin ich auch nicht wirklich erschrocken, als ich auf die zahlreichen rumänischen *oaras* stieß: Timişoara, Sighişoara, Feldioara ... das sind Ortschaften. Aber die *oaras* verstecken sich überall, auch in Frauennamen (Marioara, Anişoara) und im wirklich schwer auszusprechenden Gewürz Zimt: *şcorţişoara*! Das flüstere ich manchmal beim Einschlafen vor mich hin, weil es für mich die exotische Essenz der rumänischen Sprache bedeutet: skortzischoara, skortzischoara, skortzischoara ...

Manche rumänischen Begriffe dagegen sind sowieso aus dem Deutschen entlehnt und daher ganz simpel zu merken.

Das Schnitzel heißt *şniţel.*

Die Bohrmaschine heißt *bormaşina.*

Sogar wir Bayern haben sprachliche Spuren hinterlassen: *o halba şlampăta* = Eine schlampige (g'schlampert ei'gschenkte) Halbe Bier.

Andere Worte sind einfach so wunderschön, dass ich als Literatur-Nerd schon beim Lesen fast heulen muss. Vorteil romanische Sprache!

Der Mauerputz = *tencuiala.*

Und spazieren heißt *plimbare.* Wir gehen spazieren = *ne plimbam.* Ist das nicht schön? *Plimbam, plimbam!*

Spazierengehen ist immer noch nicht so das Ding in Rumänien. Zum Glück. Denn so kann man kilometerweit durch Wald und Wiesen streifen, ohne einer Menschenseele zu begegnen.

Schon noch ein Ding ist dagegen das Fahren per Anhalter. Wir selbst nehmen ständig Leute mit nach Großpold, von Miercurea nach Sălişte, von Sălişte nach Sibiu oder von Sibiu Richtung Sebeş. Gar nicht, weil es keine öffentlichen Verkehrsmittel gäbe –

aber die bedienen nur wenige Strecken und fahren auch wirklich nur selten.[34]

Und weil im Leben ja bekanntlich alles zu einem zurückkommt, hält bei meinen Spaziergängen oft genug auch neben mir ein Wagen und möchte mich ein Stück weit mitnehmen. Meist ist es ein Kleinbus, der Gemüse, Altmetall oder Schafwolle zwischen den Dörfern hin- und herkarrt und jedes Schlagloch auswendig kennt.

»*Bună doamnă*, nach Großpold?«, fragt dann der fleißige Geschäftsmann am Steuer durch die heruntergekurbelte Scheibe.

»Ja, da hole ich meine Kinder ab«, nicke ich.

»Na, steig ein!«

Wenn ich dann dankend ablehne, gibt es erst Stirnrunzeln beim Fahrer. »Vertraust du mir etwa nicht? Wir kennen uns doch über zwei Ecken, meine Nichte geht in dieselbe Kindergartengruppe wie dieser kleine Blonde, das ist doch dein Sohn? Ja, und mein Cousin ist der beste Freund vom Elektriker von Maria Mann, bei der hab ich dich schon öfter gesehen! Also wirklich, wir sind doch Ehrenmänner, ich würde doch niemals …«

»*Desigur, desigur*«, rechtfertige ich mich. »Keine Sorge, aber ich arbeite im Büro und sitze den ganzen Tag herum, und jetzt brauche ich eben ein bisschen Bewegung. *Plimbare, ști?*«

»Aaah«, sagt er schließlich, und die Erkenntnis wischt die Beleidigung hinfort. »*Faceți sport!*«

34 Der Zug nach Sibiu fährt zum Beispiel dreimal täglich. Auch an den Bushaltestellen in den Dörfern stehen häufig Leute und warten. Es wird seit Langem ernsthaft diskutiert, die Marginimea Sibiului, also den Hermannstädter Speckgürtel, auch an das Stadtnetz anzuschließen.

»Da, da«, grinse ich und gebe ein Daumen-hoch-Zeichen. *»Fac sport!«*

Irgendwann erfahre ich am eigenen Leib, weshalb Spazierengehen in Rumänien nicht so das Ding ist. Ausgerechnet am 1. November, Allerheiligen, gehe ich allein wandern. Okay, allein wandern ist vielleicht grundsätzlich einfach nicht so empfehlenswert. Könnte ja was passieren. Aber nachdem Jürgen zu seiner ersten Auslandskonferenz seit Corona geflogen ist und ich eine Woche lang ohne ihn Kinder und Tantenbesuch gewuppt habe, brauche ich dringend etwas Ruhe und Frischluft um die Ohren. Außerdem hat mir meine neue Großpolder Freundin Elke vom Teufelsaltar erzählt: Das soll ein ikonischer Felszacken mit Panoramablick über die einsamen Hügel des Hinterlands sein, gar nicht weit weg von unserer Standardroute zum Grillplatz am Birkenrück. Teufelsaltar? So was muss man mir alter Schwarzromantikerin natürlich nicht zweimal sagen. Ich rechne mir auf Google Maps aus, dass die Strecke hin und zurück gut zehn Kilometer betragen sollte. Genau das Richtige bis zur Abholzeit der Kinder um etwa sechzehn Uhr. Mittags schnüre ich die Wanderstiefel, parke unseren Bus an der Schule und marschiere los.

Leider verpasse ich die von Elke beschriebene Abzweigung am Birkenrück, weil zu viel Laub auf dem Weg liegt. Ich folge einem Bach bis zur Quelle und komme in wegloses, steiles Gelände. Doch nach einigem Gekraxel und Gefluche finde ich den Teufelsaltar tatsächlich und beschließe, bald mit der ganzen Familie zum Picknick hier heraufzukommen. Der Teufelsaltar ist ein natürlich entstandener Menhir, wie von Obelix persönlich hier abgeliefert. Ein wirklich idyllisches Plätzchen, und so schön einsam … Nur eine rustikale Sitzbank aus einem halbierten Baumstamm und eine kleine, aber saubere Feuerstelle verraten, dass ab und an noch andere Menschen hier heraufpilgern. In der Ferne, hinter dem Buchenwald, höre ich Gebell und eine laut schimpfende Männerstimme. Wird wohl ein Hirte sein, denke ich. Ich kenne die Strecke und weiß, dass dort viele Schafe weiden.

Der Rückweg auf der gewundenen Forststraße ist angenehm und eindeutig. Gut gelaunt komme ich aus dem Wald, in dem um diese Jahreszeit glücklicherweise keine Blutsauger mehr unterwegs sind, und betrete das offene Gelände rund um die Ferienwohnungsanlage Cabana dintre Vii (Hütte zwischen den Weinbergen). Es ist ein kleines Juwel von einem Naherholungsgebiet. Im Sommer vor Corona hat hier ein Electro-Festival stattgefunden. Mit dem schönen Motto: *In the woods I go, to lose my mind and find my soul.*

Rechts neben mir ist ein Zaun, dahinter etwas hangabwärts die Schafherde. Natürlich haben mich die Hütehunde längst entdeckt. Von links kommt neugierig eine mittelgroße, schwarzweiße Hündin und wedelt mit dem Schwanz. Ich mache, was man in solchen Situationen eben macht, und begrüße sie beim Weitergehen mit ruhiger Stimme: »Ja, schau mal, so eine Hübsche bist du, ganz eine Brave!« Sie freut sich und gibt den Kollegen Entwarnung. Ein paar Meter darauf kommen weitere mittelgroße Hunde und sogar mehrere niedliche Welpen herbeigesprungen und wollen gelobt werden, was ich natürlich gerne mache. Sechs, sieben Hunde insgesamt. Sie sind gepflegt und so lieb, dass ich schließlich in die Hocke gehe, um rundherum alle nacheinander mal kurz knuddeln zu können. Das ist mein Fehler. Denn als ich mit dem Verteilen von Streicheleinheiten fertig bin, mich wieder aufrichte und umdrehe, steht da ein Mondkalb vor mir. Oder besser gesagt ein Oger. Ein ausgewachsener *Ciobănesc Românesc Carpatin*, ein Karpaten-Schäferhund. Matschgraubraun, zottelig, gleiche Gewichtsklasse wie ich selbst.[35] Ein riesiger Quadratschädel mit einem Gebiss wie eine Schlagfalle, das auch Bärenfell durchdringen kann.

Die anderen sind die Cleveren, die Hütehunde. Die checken die Lage. Er hier ist der Mann fürs Grobe. Er checkt nicht so viel, er ist eigentlich nur körperlich anwesend für den Fall, dass ein Raubtier oder eben ein menschlicher Schafdieb angreift. Und er hat noch nicht mitbekommen, dass ich keine Bedrohung darstelle. Während ich mich mit seinen schlauen Kollegen angefreundet habe, lag er hinter einem Busch beim Nickerchen. Jetzt hat er sich aufgerappelt, um auch mal nach dem Rechten zu sehen.

Überrascht schaue ich ihm direkt in die Augen. Das ist mein zweiter Fehler.

»Sag was, sag was!«, schreit der nur wenige Meter entfernte Hirte.

In meinem Gehirn ticken die Millisekunden in Zeitlupe vor sich hin. Ich soll was sagen, denke ich. Was soll ich denn sagen? Äh … Bis ich den Gedanken beendet habe, ist es schon zu spät. Der Hirte rennt und schreit und fuchtelt, doch der Oger hat die Situation bereits selbst eingeschätzt und sich entschieden, im Zweifelsfall lieber zuzubeißen.

35 Und da hatte ich ja noch Glück, dass es von den drei original rumänischen Schäferhundrassen Bucovina, Mioritic und Carpatin der letztgenannte war: Der schwarz-weiß gescheckte Bukowina-Schäferhund wiegt bis zu neunzig Kilo!!!

Zack, schließen sich seine Kiefer um mein linkes Schienbein. Ich reiße instinktiv die Hände nach oben, um sie zu schützen. Ansonsten mache ich nichts, kein Geräusch, um ihn nicht weiter zu provozieren. Als das Mondkalb loslässt, gehe ich ganz langsam weiter, immer noch mit erhobenen Händen. Jetzt habe ich meine Sprache wiedergefunden, sage so etwas wie »Na, wer wird denn gleich, ist doch alles in Ordnung, ich bin ganz lieb und wollte dir garantiert kein einziges Schaf klauen, keine Sorge!«

Doch das Mondkalb ist so in Rage, dass es noch mal um mich herumspringt und mir von schräg hinten in die rechte Kniekehle beißt. Zwick. Er knurrt und schüttelt noch ein bisschen mein Bein, bevor er widerstrebend loslässt.

Hat gar nicht wehgetan! Ehrlich. Im Moment des ersten Bisses schüttet mein Körper so viel geilen Drogenscheiß aus, dass ich mich anschließend noch nett mit dem Hirten unterhalte.

»*Doamne ajută*, alles in Ordnung? Das tut mir jetzt wirklich leid, aber du hättest einfach nur irgendwas sagen müssen«, sagt er.

»Ja, was denn?«

»Na, irgendwas: *Ce faci*, wie geht's, *bună ziua*, *ciao câine* oder so.«

»Sorry, vielleicht versteht dein Hund kein Deutsch!«, lache ich, während ich die Bissstellen abtaste. Ich trage eine schwarze Stretchjeans, die zu eng ist, um sie hochzuschieben. Um meine Beine genau zu inspizieren, müsste ich sie schon runterziehen. Aber das will ich natürlich nicht, mitten in der Pampa. Und es scheint sowieso okay zu sein. Tut ja nicht weh. »Alles in Ordnung, kein Blut«, sage ich also.

Als ich mich verabschiede, sehe ich noch, wie der Hirte dem Mondkalb ordentlich was um die Ohren gibt und ihm die Leviten liest. »Was machst du denn für einen Scheiß, die war doch nicht gefährlich, *prostule*![36] Die wollte doch nur spazieren!«

Beschwingt gehe ich die letzten zwei Kilometer bis zum Auto zurück. Es war ja grundsätzlich ein sehr schöner Spaziergang. Erst beim Einsteigen spüre ich die Feuchtigkeit in meiner Kniekehle, und auch um meinen linken Knöchel herum zeichnen sich jetzt dunkle Flecken ab, die man sogar auf der schwarzen Jeans sieht. Blut. Ziemlich viel Blut.

Ich hole tief Luft, mache laute Lieblingsmusik an und funktioniere. Das heißt, ich fahre erst mal pünktlich die Kinder abholen.

Zu Hause gehe ich auf die Toilette und ziehe mit klopfendem Herzen die Hose herunter. Eine Handbreit über meiner rechten Kniekehle prangt ein fünf Zentimeter langer Riss. So tief, dass mir erstaunlich gelbes Fettgewebe entgegenleuchtet wie das schiefe Grinsen eines obdachlosen Kettenrauchers. Vor Schreck ziehe ich die Hose sofort wieder hoch, setze mich hinüber ins Wohnzimmer, fange an zu heulen und muss mir doch eingestehen, dass ich einen kleinen Schock habe. »Oh nein, das muss bestimmt genäht werden, und es soll sich bitte nicht entzünden!«

Ich schaue auf die Uhr und erinnere mich dumpf, dass das *Centrul de Sănătate* im Dorf Dienstag und Donnerstag Sprechstunde hat. Heute ist Donnerstag.

»Bin gleich wieder da, macht bitte keinen Scheiß, ich muss nur schnell rüber zum Doktor«, sage ich und gehe die fünfhundert Meter hinüber zum *Centrul de Sănătate.*

36 »Du Depp!«

Es ist geschlossen. Die Sprechstunde ging nur bis mittags.

Ich überquere die Straße und frage im Dorfladen, wo wohl der nächste Arzt sei.

»In Săliște«, sagen die Mädels einstimmig. »Da ist eine Notambulanz, die hat rund um die Uhr geöffnet, die Leute da sind gut.«

Nach Săliște sind es fast zwanzig Minuten auf der Autobahn. Es dämmert. Ich fahre ungern im Dunkeln, weil ich sehr blendempfindlich bin. Und außerdem bin ich allein und muss mich um die Kinder kümmern. Ich könnte natürlich auch das SMURD-Team anrufen, das schon bei Miris Silvesterunfall so prompt erschienen ist. Aber damals haben Nelutu und Stefania das Telefonieren übernommen. Nelutu und Stefania sind gerade in Sibiu. Allein traue ich mich nicht, einen Notruf abzusetzen. Ich fühle mich außerstande, mich in meinem Ausnahmezustand auf Rumänisch verständlich zu machen.

Wie ich es auch drehe und wende, es ist alles Scheiße, und langsam tun meine Beine doch weh. Erneut breche ich heulend auf dem Sofa zusammen. Die Kinder hören auf, Duplotürme zu bauen, und wechseln besorgte Blicke.

»Eigentlich müsste ich jetzt zum Doktor, aber ich muss doch auf euch aufpassen und ich kann euch doch wohl schlecht mitnehmen, ich muss mich doch konzentrieren und ich heule ja jetzt schon so rum«, schluchze ich.

»Ich will aber keine hässliche Mama. Bevor du eine ganz schlimme Narbe kriegst, solltest du schon zum Doktor fahren«, rät die Tochter einfühlsam und verspricht, sich so lange ganz lieb um ihren kleinen Bruder zu kümmern und auch garantiert nicht mit ihm zu streiten.

Sie setzen den Duploturmbau fort. Ich wechsle die blutige Jeans gegen eine saubere, locker sitzende Schlafanzughose und fahre nach Săliște.

Doch damit ist meine Odyssee noch nicht beendet: Die Uschi schickt mich erst zum örtlichen Altenheim. Hier irre ich mit meiner mittlerweile durchgebluteten Schlafanzughose (Vorteil Goth – sie ist natürlich schwarz) durch die Gänge, vorbei an vielen neugierigen alten Damen mit Kopftüchern und Rollatoren, bis ich auf eine ehrlich besorgte Pflegerin treffe. Sie bemitleidet mich mütterlich und begleitet mich zum Heimarzt. Der kann mir zwar mangels Zuständigkeit und aus Versicherungsgründen auch nicht helfen, aber immerhin sagt er mir die richtige Adresse der Notambulanz und ruft auch dort an, um die baldige Ankunft einer vom Hund gebissenen deutschen Dame anzukündigen.

Theoretisch war ich gewarnt.

»Was, du gehst zu Fuß nach Großpold?!«, hatte Bauer Nicolae schon im Frühling entsetzt nachgehakt. »Zu Fuß? Allein?! *Doamne ajută*, du musst einen Stock mitnehmen!«

Lachend hatte ich damals abgewunken. »*Sunt prietenii cu caînii. Nu imi frica de caÎnile!*« Ich bin eine Hundefreundin. Ich habe keine Angst vor Hunden!

Jetzt schon.

Na ja, nicht direkt Angst, aber doch deutlich mehr Respekt. Wenn ich heute so einem kalbsgroßen Zottel-Oger mit Säbelzahntigergebiss begegne und nicht weiß, wem er gehört, dann geht mir ganz schön die Pumpe. Stehen bleiben und fremde Hunde streicheln mache ich nicht mehr, selbst wenn sie noch so lieb sind. Und ich habe bei Geländetouren tatsächlich einen Stock dabei, einen richtigen, eineinhalb Meter langen Fichtenprügel. Bisher musste ich ihn nur zur Stabilisierung und als Sprunghilfe über Matschlöcher einsetzen und nicht gegen Lebewesen. Aber er verleiht mir doch eine gewisse Haltung. Mit so einem schönen Stock, da bist du gleich wer in der Natur.

Zum Leidwesen meiner Kinder ist das Hundedrama erst *nach* Halloween passiert. Das heißt, sie konnten nicht mit den zahlreichen blutigen Verbandsmull-Metern behängt als Reality-Mumien zur Schule gehen. Echt der Horror.

Ich trage aber nicht nur ein paar Narben davon, sondern auch gute Kontakte ins örtliche Gesundheitswesen und eine weitere Freundschaft. Die diensthabende Krankenschwester in der Notambulanz von Săliște entpuppt sich als in Großpold wohnhaft und bietet mir an, dass sie die Wundversorgung auch bei sich zu Hause machen könne. Ich nehme das Angebot gerne an und kombiniere die nachmittägliche Kinderabholung in den folgenden zwei Wochen mit dem Verbandswechsel.

Mit Eltern, Tochter, jeder Menge Federvieh und einem tagsüber sicher angebundenen Hofhund lebt die Krankenschwester auf einem uralten kunterbunten Bauernhof, wo sie auf dem Küchensofa neben dem gusseisernen Holzherd die dringlichste medizinische Grundversorgung für die Dorfbewohner stemmt. Eine bewundernswerte, unerschrockene Frau mit einem großen Herzen und dem notwendigen Durchsetzungsvermögen. Zusätzlich zur Jodtinktur und der Desinfektionscreme aus der Apotheke trägt sie mir eine selbst angerührte Fettsalbe mit Propolis auf die fast verheilten Wunden auf. Es ist sehr warm in der kleinen Wohnküche, und die vielen verschiedenen grellfarbigen Muster der Wandbehänge, Zierdecken und Sofakissen nebenan in der guten Stube wirken fast halluzinogen. Dadurch komme ich mir ein bisschen so vor, als wäre ich bei einer indianischen Heilerin in der mythischen Schwitzhütte gelandet. Ich weiß nicht, ob es wirklich an der selbst gemachten Salbe liegt, aber die Narben werden wunderschön.

Stolz erzählt mir die Krankenschwester, dass sie das Haus von Deutschen gekauft habe.

»Und ich habe mein Haus von Rumänen gekauft«, sage ich. Wir verstehen uns. Genau andersherum, aber genauso wunderbar.

Einmal sitzt ihr Papa dabei, am bollernden Herdfeuer. Neugierig fragt er nach den Beweggründen unserer Auswanderung. »Weißt du, ich bin hier geboren. Früher war das Dorf ja voller Deutscher. Wir waren gute Nachbarn. Ich bin mit denen in die Schule gegangen, mit dem Helmut und dem Hans und der Erika. Und dann sind sie alle abgehauen nach der Revolution. Das kann man auch verstehen, das Leben war nicht schön damals. Aber dass du jetzt herkommst, wo du doch gar nicht von hier bist, das verstehe ich nicht …«

Ich erzähle so gut ich kann von der Naturnähe, von der Kinderfreundlichkeit der rumänischen Gesellschaft, von der zunehmenden Ellbogenmentalität in Deutschland. Ich erwähne, dass wir vieles natürlich auch noch nicht verstehen, dass Rumänien ja an manchen Stellen noch ganz schön chaotisch sei.

Der alte Vater der Krankenschwester ist ein weiser Mann. Er hebt resigniert die Hände und wackelt mit den Augenbrauen. Tja, die Leute mögen eben das Chaos gern, sagt er. Manche vielleicht zu gern. Denn im Chaos lässt es sich besser durchwursteln, im Chaos lassen sich Vorteile erhaschen. Im Dunkeln ist gut Munkeln, sozusagen.

SO GANZ NEBENBEI
Warum man überall die Medusa sieht

Auf meinen Spaziergängen stoße ich auf ein ungewöhnliches, häufig verwendetes Ornament. Es schmückt zumeist neuere Hoftore, aber auch Metalltüren und Zäune. Bei einer Radtour im Herbst dann entdecke ich sogar zum Trocknen aufgehängte ganze Teppiche mit diesem Ornament. Besagtes Motiv ist rund und zeigt einen stilisierten Frauenkopf mit Schlangenhaar. Ganz klar das Haupt der Medusa. Vermutlich soll es unerwünschte Gäste abschrecken, denke ich und freue mich über die weit verbreitete klassische Bildung. Bis wir uns selbst ein neues Hoftor machen lassen wollen und ich zum Preisvergleich die Internetsuche anschmeiße: Dieses vermeintlich traditionelle Schmuckelement ist nichts anderes als das abgekupferte Markenlogo der italienischen Modemarke Versace. Und das findet man bei genauem Hinsehen natürlich nicht nur in Transsilvanien, sondern recht gleichmäßig über Südosteuropa verteilt. Gut, dass Versace nicht Apple ist: Der Weltkonzern hat schon mal einen Kindergarten wegen eines angebissenen Apfels im Logo verklagt. Andererseits war beim Kindergarten in städtischer Trägerschaft auch was zu holen – bei der typischen Familie mit Versace-Tür wohl eher nicht so.

~

43

In Rumänien fällt ein Sack Weizen um

Eines Tages hält mich die Nachbarin Frau Cretu davon ab, eine Staude Sonnenhut vor unser Stoppschild zu pflanzen: Es komme doch der Weizen! Der *grâu*! Und zwar Montag bis Mittwoch, jeden Tag. Und wenn der Weizen kommt, dann ist Schluss mit lustig. Ich erinnere mich dumpf an Gerumpel und Gedrängel vom letzten Jahr und sehe erst einmal davon ab, meinen Sonnenhut einzupflanzen.

Und wie dann der Weizen kommt! Es ist Slapstick pur, beste Unterhaltung direkt vor meinem Bürofenster. Wiehernde Pferde, bellende Hunde, hupende Dacias. Vom Schreibtisch aus kann ich zusehen, wie …

… ein Sack reißt.

… Frau Cretu und Frau Giurgiu mit dem Mann am Füllstutzen diskutieren.

… die Schweißperlen über die Stirn des mit der Abwicklung beauftragten jungen Bürokraten laufen.

… noch ein Sack reißt.

… fast alle elf Brüder von Maria sich mehr oder weniger nützlich machen.

… Herr Olariu und Herr Fleşeriu ihren Anhänger überladen.

… die Klappe vom Anhänger bricht.

… die Säcke auf die Straße fallen.

… Herr Olariu und Herr Fleşeriu sich mächtig in die Haare kriegen.

… das Pferd, das am Anfang wieherte, endgültig durchgeht.

Manchmal auch alles gleichzeitig. Und dazu das leidenschaftliche Gezanke, wenn sich jemand auf den Schlips getreten fühlt! Manchmal kommen nach Stunden des genervten gemeinschaftlichen Wartens in der Sonne die Frauen hinzu und geben lautstark ihrer Meinung Ausdruck, dass ihr Mann jetzt aber wirklich endlich mal dran sein müsse, gefälligst. Die Weizenverteilung ist eine kräftezehrende, langwierige Angelegenheit für alle Beteiligten, eine Demonstration des dörflichen Mikrokosmos unter dem Brennglas meines Bürofensters.

»Dacă nu pleci, te omor!«, schreit ein Mann im BMW eine Frau im Hyundai an und lässt daraufhin so oft den Motor aufheulen, bis sich die Situation unter wüsten Beschimpfungen auflöst. Wenn du nicht abhaust, fahre ich dich um!

»Das muss dann wohl dieses berühmte südländische Gemüt sein«, sagt Jürgen und erinnert an meinen halbitalienischen Cousin und seine tansanische Frau, die eine genauso leidenschaftlich-lustvolle Streitkultur etabliert haben.

Wenn abends um achtzehn Uhr der letzte Lkw des Tages abgefahren ist und alle mit ihren hart verdienten Säcken nach Hause streben, kehrt die nimmermüde Frau Cretu die liegen gebliebenen Körner zusammen: »Hühnerfutter, *gratuit*!«

Ja, ich weiß. Die globale Politik interessiert sich nicht dafür, wenn in unserem Dorf ein Sack Weizen umfällt. Sollte sie aber! Denn so, in diesem jahrhundertelang gewachsenen, durchaus erprobten Durcheinander, funktioniert das organisatorisch-kleinteilige Miteinander. Nur weil diese irgendwie zusammengedengelten Strukturen noch Stellschrauben bieten. Es geht vielleicht nicht immer perfekt, aber doch irgendwie immer gut aus. Das Chaos kann sich anpassen. Der Amtsschimmel nicht.

Am dritten und letzten Tag der *grâu*-Verteilung kehrt langsam Frieden und Entspannung ein. Ich schlendere mit Johann hinüber, um uns das Körner-Zapf-System am unteren Ende der gekippten Ladefläche genauer anzusehen. Dort halten zwei Männer den Sack fest, und der dritte bedient den Füllstutzen. Staubig rauscht der Weizen in den Sack, dieser wird eine Station weiter gewuchtet, wo Frau Cretu und andere Damen mit dem Zubinden beschäftigt sind. Johann bückt sich, lässt die auf dem Boden gelandeten goldenen Körner durch seine Hände rieseln und wird gleich integriert: Die Damen winken ihn herbei und lassen ihn den Stoff festhalten, während sie die Schleifen binden. Ganz stolz hilft er mit, bis die letzten Säcke eingetütet sind.

Vor dem Hintergrund der globalen Nachrichten prägt sich diese Szene ganz tief bei mir ein.

Der Krieg. Die Dürre. Versorgungsengpässe.

Mitte August sind wir durch die pannonische Tiefebene gefahren, in der es monatelang keinen Regen gab. Rechts und links der Autobahn nur schwarz vertrocknete Sonnenblumenfelder und fahlgelber, viel zu niedriger Mais ohne Kolben. Und hier im Dorf rieselt das Korn zwischen lachenden Kindern auf den Boden. Ich höre im Radio, dass man in diesem Jahr sogar etwas Weizen exportieren könne und dass die Maisproduktion Rumäniens voraussichtlich für den Eigenbedarf ausreiche.

Und tatsächlich kommt Ende Oktober auch der Mais. Nur zwei Tage lang und mit gefühlt viel weniger Stress, weil es zehn Grad kühler ist und die Gemüter schon in Herbststimmung. Den Mais verwendet man ebenso wie den Weizen in erster Linie als Viehfutter. Bei der maschinellen Ernte werden die leuchtend orangegelben Körner bereits auf dem Feld von den Kolben getrennt, sodass sich nach der Verteilung alle Bauern in Dagobert Duck verwandeln: Sie zuckeln mit hochbeladenen Karren von dannen, hinter sich strahlende Haufen, die in der Sonne glänzen wie pures Gold.

Mich beruhigt der Anblick der goldenen Maisberge. Okay, es mag nicht die allerköstlichste Sorte und schon gar kein exquisiter Popcorn-Mais sein (habe ich natürlich schon probiert – der poppt nicht), aber man würde schon die menschlichen Bewohner der ganzen Umgebung damit satt bekommen. Zehntausende Portionen *mămăligă* könnte man daraus kochen, wenn Not am Mann wäre. Dann müssen die Hühner und Schweine halt mal was anderes fressen!

Nur zwischen mir und der *mămăligă* – das wird keine Liebesgeschichte mehr. Es tut mir ja selbst leid, aber von Maisbrei muss ich leider zu viel pupsen.

44

Stars und Suff

Es ist kein Geheimnis: Ich schreibe gerne. Ich bin einfach, um im rumänischen Bedeutungsspektrum zu bleiben, eine Erklärbärin. Wenn auch keine Erklär-Braunbärin, sondern eine Erklär-Schwarzbärin (die sind nicht so gefährlich). Und ich recherchiere auch gerne. Stelle Zusammenhänge her und versuche, sie meinem Lesepublikum unterhaltsam mitzuteilen.

Abends sitze ich mit einem Glas Wein im Bett und studiere die Werke von Doktor Lucian Boia. Allen voran *Geschichte und Mythos. Über die Gegenwart des Vergangenen in der rumänischen Gesellschaft*. Bis heute ein Skandal! Denn darin nahm es der Geschichtsprofessor auf sich, den Rumänen ihre beiden liebsten Legenden zu zerpflücken: Nein, nicht Dracula. Den lieben ja bekanntlich nur die nordwestlichen Nationen. Sondern sowohl die Verklärung Michael des Tapferen als Gründer Großrumäniens als auch die Kontinuitätstheorie.

Ich mag Herrn Boias klare und doch pointierte Sprache und die Tatsache, dass er so etwas wie der Ober-Ghostbuster Rumäniens ist: Nicht nur mit den Kommunisten, auch mit den Außerirdischen hat er sich schon beschäftigt und beide ganz wissenschaftlich korrekt entzaubert.

Beim zweiten Glas Wein aber wird mir der Herr Boia zu komplex, dann greife ich zum Smartphone und lasse mich durch die Informationshäppchen des Internets treiben. So finde ich heraus, dass der Vater von John DeLorean – der mit dem stählernen Flügeltürenauto aus *Zurück in die Zukunft* – aus dem winzigen Hirtendörfchen Şugag stammt, nur ein paar Kilometer Luftlinie entfernt. Und weil Delorean, auch Deloreanu, hier ein durchaus gebräuchlicher Nachname ist, kann man in Sebeş sogar seinen Führerschein zwar nicht unbedingt *in*, aber auf jeden Fall *mit* einem echten Delorean machen: Nämlich bei der *şcoala de şoferi Delorean*, der Fahrschule Delorean.[37]

In der näheren und nächsten Umgebung wimmelt es nur so von Gestalten, die Einfluss auf die Kultur- und ganze Menschheitsgeschichte nahmen und nehmen! Man kann es ja angesichts der ganzen Pferdekarren kaum glauben, aber besonders das Transportwesen hat durch die Transsilvanier sehr gewonnen.

In Miercurea Sibiului, diesem bunt-verpennten Flecken mit dem grandios überdimensionierten Marktplatz, wurde zum Beispiel erst 1973 der Vater des Apple-Cars geboren. Ein gewisser Johann Jungwirth. Er lebt seit vielen Jahren in den Vereinigten Staaten (und arbeitet schon längst nicht mehr für Apple, sondern für den israelischen Automobilzulieferer MobilEye).

37 *Şcoala de şoferi* klingt für mich immer wie *school of suffering*. Ich glaube, die Ähnlichkeit ist Absicht. Vor allem auf Sibius zwei- oder gar dreispurigen Kreisverkehren, aber auch bei vielen unentwirrbaren Autobahnkreuzen und in komplett Bukarest.

Womit wir wieder bei Al Capone wären: Gleich mehrere von dessen Mitarbeitern stammten aus der Grafschaft Sibiu – neben dem Erbauer unseres Hauses auch einer der engsten Vertrauten von »The Boss« selbst. Kaum zwanzigjährig wurde der Mann namens Ieronim Budac für Capones florierendes Unternehmen rekrutiert. Anfangs nur als Fahrer. Als er einmal mit einem Lastwagen voller Whiskey am Mississippi unterwegs war, hielt ihn die Polizei an. Budac aber, nicht entscheidungsschwach, steuerte den Lastwagen ungebremst in den Fluss. All die Fässer mit dem guten Whiskey und damit die Beweismittel schwammen davon, Budac selbst wurde leicht verletzt gerettet. Er gab an, er habe vor Schreck über die Polizisten die Kontrolle über das Steuerrad verloren. Man konnte ihm nichts nachweisen und ließ ihn ziehen. Zurück in Chicago war ihm die Sache erst schrecklich unangenehm. Warum hatte so etwas Blödes ausgerechnet ihm passieren müssen, gleich am Anfang seines neuen Jobs! Hatte er doch nicht nur die wertvolle Fracht, sondern auch noch den Lastwagen unwiederbringlich vernichtet! Was für ein schlimmer Schaden!

Der Boss aber war höchst beeindruckt. Was für ein Mut, was für eine Fähigkeit zum entschlossenen Handeln im richtigen Moment! Genau solche wie dich können wir brauchen, sprach er und machte den Jungen zu seinem persönlichen Leibwächter und Chauffeur in Personalunion.

In seinen dreizehn Jahren auf US-amerikanischem Boden war Herr Budac aber nicht nur der Fahrer und Bodyguard Al Capones gewesen, sondern auch ein direkter Produzent von dessen begehrter Schmuggelware: Nachdem die Prohibition Fahrt aufgenommen hatte und die Amerikaner nicht einmal mehr Alkohol zum Eigenbedarf erwerben durften, erinnerte sich der junge

Ieronim an das gute alte *țuica*-Rezept seiner Vorväter. Mitten in Michigan baute er mit ein paar anderen Glücksrittern eine geheime Destillerie auf, um die amerikanische Gesellschaft mit rumänischem Pflaumenschnaps zu versorgen. Al Capones Mobster brachten das Gesöff über ihre gut organisierte Vertriebsstruktur so schnell unter die Leute, dass Herr Budac mit dem Brennen kaum hinterherkam. Kein Wunder, dass ihnen der *rachiu de prune* nur so aus den Händen gerissen wurde: Schließlich knallte er ordentlich und machte nicht blind.

Nachdem man ihn insgesamt dreimal festgenommen hatte und er immer knapp an größeren Konflikten mit dem Arm des Gesetzes vorbeigeschrammt war, ging Herr Budac auf dem Höhepunkt seiner Tätigkeit jedoch rechtzeitig wieder zurück in sein Heimatdorf Cârțişoara, wo er Bürgermeister wurde und als allseits geachteter Mitbürger im Jahr 1976 verstarb.

Unglaublich, welch kreative Geister die nächste Nähe hervorgebracht hat. Der transsilvanische Karpatenrand wimmelt nur so von Daniel Düsentriebs! Besonders aus dem naturwissenschaftlich-technischen Spektrum, scheint mir. Aber wirklich. *Breaking Bad* ist ein müder Abklatsch dagegen.

Leider kommt von hier aber auch einer von der anderen Seite der Macht: Victor Capesius, der Apotheker von Auschwitz. Auch der stammt nämlich aus unserem geschätzten Kreisort Miercurea Sibiului.

45

Ceauşescus Vollpfosten

Im Sommer 2022, der ja nicht arm war an schlechten Nachrichten, kamen nicht so viele rumänische Erntehelfer nach Deutschland wie sonst. Man weiß nicht genau, woran es lag. Vielleicht waren sie einfach genauso coronamüde wie alle anderen. Vielleicht aber sparten sich die Rumänen den weiten Weg nach Deutschland, weil sie zu Hause dringend benötigt wurden: In unserem Dorf sollten nämlich die Stromkabel unter die Erde verlegt werden, und leider hatte sich die ausführende Baufirma die extra dafür angeschaffte sündteure Horizontalbohrmaschine klauen lassen, weshalb man dieses Jahrhundertprojekt manuell ausführen und gefühlte fünfzigtausend zusätzliche Hilfsarbeiter einstellen musste.

Im Jahr 2022 haben Vlad, Radu und Ionel also keine Erdbeeren gepflückt, sondern unsere Straßen durchlöchert. Monatelang baggern und schaufeln die versammelten rumänischen Arbeitskräfte vor sich hin, verlegen kilometerweise Kabel und stellen drei wunderschöne nagelneue Trafohäuschen auf. Die alte Straßenbeleuchtung wird durch schlanke, elegante LED-Lampen auf stricknadeldünnen Metallpfosten ersetzt. Eine davon steht direkt neben unserer Scheune. Sie strahlt so ungewohnt hell, dass ich in der ersten Nacht schimpfend in den Garten schlurfe und das vermeintlich vergessene Hoflicht ausschalten möchte. Mit etwas gutem Willen könnten wir nun auch um drei Uhr vierundzwanzig draußen den *Hermannstädter Boten* lesen.

Der Kopf des Ganzen ist ein gewiefter Elektriker namens Titi, vierundzwanzig Stunden auf den Beinen und omnipräsent, bis auch wirklich alle Haushalte Strom haben. Den guten, wackelfreien, aus der Erde.

Und dann, an einem sonnigen Tag im nächsten Februar, steigen die Herren in Blaumännern auf Hebebühnen und schneiden die Stromkabel durch. Einfach so. Nichts passiert, keine Funken fliegen, keiner kriegt einen Elektroschock. Nicht so wie zum Beispiel in Timişoara unter dem berüchtigten ehemaligen Bürgermeister Nicolae Robu, als man unter viel Medienrummel die falschen Kabel durchschnitt und ganzen Straßenzügen einen Blackout bescherte.

Anschließend kreischen die Sägen, im Weg stehende Pkw werden gemeinschaftlich davongeschoben, die für das rumänische Ortsbild so typischen Beton-Strommasten fallen wie Fichten. Es sieht aus wie ein ganz anderes Dorf. Als hätte die Hand eines Riesen über Nacht den schützenden Schleier weggerissen. Das Dorf ist *nackt*.

Vor dem Dorfladen liegt einer der frisch gefällten Masten, daneben steht grüblerisch Neluţu. Ich teile meine Beobachtung mit ihm. Er stimmt mir zu und erweitert meinen Wortschatz um das rumänische Wort für Masten/Säule/Pfosten: *stâlp*. Auch das Verb für »ausziehen« bringt er mir bei – *a desbrăca* –, doch wirklich fröhlich wirkt Neluţu trotzdem nicht.

»Weißt du, Rita, diese Pfosten standen da seit über sechzig Jahren. Meine Eltern haben ziemlich gleichzeitig Strom und mich bekommen. Und später hat meine Mama immer gesagt: Du musst schön brav alles aufessen, damit du auch mal so groß und gerade wirst wie dieser Pfosten!«

Neluţu seufzt, strafft die Schultern und starrt in die kabellose Ferne, wo rosarot die Sonne versinkt. »Und ich habe immer brav alles aufgegessen, und ich bin so groß wie dieser Pfosten geworden. Weißt du, damals war es noch nicht ganz so schlimm mit Ceauşescu, und wir waren stolz auf unseren Pfosten. Jedes Jahr zu Ostern oder spätestens zu Pfingsten haben wir ihn weiß gestrichen, damit er ordentlich aussieht. Er gehörte eben dazu. Und jetzt? Es fühlt sich an, als hätten sie ein Stück von mir abgesägt.«

46

Die Wahrheit über unser Plumpsklo

Jedes Mal, wenn ich auf diesem (bis auf das Huschen der Lieblingsmaus) tatsächlich sehr stillen Örtchen sitze, denke ich über die Anordnung der Motive an der Bretterwand nach. Hatte Herr Popa einen Plan? Kann das musikalisch-erotische Durcheinander zwischen *Bild der Frau* (»Wie viel Haushaltsgeld können Frauen verlangen«) und dem traurig dreinblickenden Prinz Charles wirklich dem Zufall geschuldet sein – oder hat Onkel Nicolae gar eine geheime Strategie verfolgt? Liegt meinem Bilder-Klo eine Struktur zugrunde, die vielleicht abgründige Einsichten in die rumänische Volksseele ermöglicht? Und wenn ja, was genau verbirgt sich zwischen Prinzessin Diana, dem Schloss Peleş und dem »Trio de Santa Cruz«? Worauf deuten die dazwischen eingesprenkelten Tierfotos hin?

Mein detektivischer Spürsinn erwacht. Die Tapezierung muss sich über einen längeren Zeitraum erstreckt haben. Die Idee, dass zehn, zwanzig Jahre vor meiner Geburt ein rumänischer Junggeselle in seinem abgelegenen Dorf saß, im Altpapier blätterte und sich dachte: »Das könnte jetzt was für mein Klo sein!«, ist bestechend schlicht. Zu schlicht.

Erst mal hatte bei der Ausgestaltung des Plumpsklos hoffentlich auch die reale Damenwelt ein Wörtchen mitzureden. Anfangs hätte Nicoale wohl seine Mutter fragen müssen, denn die lebte noch bis 1994 und musste ja mangels Alternativen auch immer auf dieses Klo. Als Nicolae dann seine Victoria heiratete, war die womöglich auch ein wenig eifersüchtig auf die schicken Strumpfhosenmodels, die wimpernklimpernden Schmonzettensängerinnen und die über allem thronende, lasziv die Brust herausstreckende Marilyn Monroe.

Und woher hatte der Mann inmitten der dunkelsten Ceauşescu-Ära überhaupt das internationale Material? Bekam er Altpapier aus dem Westen zugesandt? Womöglich steckte dahinter ein weit verzweigtes Netz an Mittelsmännern. Global agierende Schmuddelblattschmuggler. Hatte die Familie Popa ihre Kontakte zur Unterwelt von Chicago am Ende doch aufrechterhalten? Dies war kein einfaches Örtchen, dies war der letzte Rückzugsort, der geheime Teilzeitthron eines ungebrochenen Kapitalisten!

Allein die penetrante Zurschaustellung der geschassten Pompilia Stoian spricht doch schon von stiller Rebellion. Man muss sich vorstellen: Jederzeit hätte jemand Staatstreues das Popa'sche Plumpsklo besuchen und das papierene Widerstandsfanal entdecken können! Was hätte die Familie Popa denn tun sollen, wenn ein Undercover-Agent der Securitate unter dem Vorwand eines Magen-Darm-Problems um Einlass gebeten hätte? Ihm knallhart die Erleichterung versagen und damit womöglich noch größere Aufmerksamkeit auf sich ziehen?

Die Auflösung des Klo-Rätsels erfolgt von gänzlich unerwarteter Stelle. Der zwölfte Geburtstag unseres Ältesten steht an, sein Kinderreisepass läuft ab. Zur Beantragung eines neuen Ausweisdokumentes wenden wir uns an die Deutsche Botschaft, die glücklicherweise auch in Sibiu eine Niederlassung unterhält. Wir buchen online einen Termin, suchen von Eheurkunde der Eltern bis Kaufvertrag des Hauses alles zusammen und finden uns rechtzeitig am massiv gesicherten Tor in der Strada Lucian Blaga ein.

Oh. Abmeldebescheinigung von Deutschland fehlt. Und Passfotos haben wir auch keine gemacht, wir Dödel. Geht auch ohne, sagt die durchaus freundliche Männerstimme durch die Gegensprechanlage, kostet aber sechzig Euro extra. Die wollen wir uns sparen, zumal wir die Passfotos ja sowieso noch nachreichen müssten. Terminverschiebung ist kein Problem.

Doch dann fängt der Kindergarten wieder an. Das Maskentragen und die soziale Zurückhaltung rächen sich, einer nach dem anderen fällt der ersten Es-ist-nicht-Covid-Seuche zum Opfer. Schließlich liege ich selbst schniefend flach und verschiebe den Termin erneut.

Beim dritten Anlauf, als wir endlich mit frisch gemachten Passfotos und sämtlichen möglichen und unmöglichen Dokumenten durch die Sicherheitsschleuse gelangen und dem Herrn hinter der Panzerglasscheibe unser Anliegen schildern dürfen, habe ich die Geburtsurkunde zu Hause vergessen. Knallrot vor Ärger über mich selbst darf ich den Security-Mann am Tor besuchen, mein Smartphone aus dem Safe holen und die Geburtsurkunde als PDF einreichen.

Als ich endlich die richtige E-Mail-Adresse eingebe, das PDF im Posteingang der Botschaft landet und ich zurückkehre, finde ich aber mitnichten genervte Familienmitglieder und schnaubende Amtsschimmel vor. Im Gegenteil: Mein Mann unterhält sich angeregt mit dem Sachbearbeiter. Sehr interessiert hört dieser zu, wie Jürgen von Rumänien schwärmt und unsere Anfänge im Dorf schildert. Fast akzentfrei hakt er nach: Ob die Hausnummer, die wir notiert hätten, wirklich stimme? Das große Haus unter der Kirche?

Wir bejahen erstaunt. Woher …?

»Da war ich schon drin, in diesem Haus. Schon oft. Ich habe auch viele Fotos gemacht. Wollen Sie mal sehen? Moment …«

Auf seinem Smartphone ruft er das Bild eines ochsenblutroten Scheunentors auf, davor ein etwas liebesbedürftiger, karger Innenhof. Unser Innenhof. Er zeigt uns auch Fotos der Innenräume mit den pastellbunten Walzenmustern und den alten kleinteiligen Fenstern, genau so, wie wir das Haus zum ersten Mal gesehen haben. Doch auf seinen Fotos sind auch Dinge, die wir bei unserer Erstbesichtigung zum Glück nicht mehr vorfanden. Da stehen meterhohe, prächtige Kerzenleuchter und ein großer Tisch mit einer weißen Spitzendecke, durch die verhängten Fenster fällt müdes Spätherbstlicht auf einen schwarz lackierten Sarg mitten in unserem heutigen Büro. Der Kopf des Toten liegt exakt dort, wo ich heute zwischen den Schreibeinheiten meine Gymnastikübungen mache.

Auch wenn ich eine wirklich große Liebe für die Nachtseite des Lebens kultiviere und so schnell vor keinem düsteren Detail zurückschrecke: Das ist schon starker Tobak. Gut, dass ich keine Anhängerin von fernöstlichen Yoga-Praktiken bin – da müsste ich sonst ganz schön heftig an der korrekten Ausbalancierung der Chakra-Energie arbeiten.

Der nette Herr vom Konsulat entpuppt sich als treuer Freund der Familie Popa in dritter Generation. Seit dem neunzehnten Jahrhundert stellte man sich wechselseitig die Trauzeugen und Taufpaten, und selbstverständlich kümmerte er sich nach dem Tod von Victoria um den herzkranken Witwer. Der selige Nicolae lebte damals schon viele Jahrzehnte lang in einem Hermannstädter Wohnblock, hatte aber den letzten Wunsch, in seiner geliebten alten Villa aufgebahrt zu werden. Und diesen Wunsch erfüllte ihm niemand anderes als unser Sachbearbeiter Dan, den wir ohne den ablaufenden Kinderpass niemals kennengelernt hätten.

Ganz gerührt tauschen wir Telefonnummern aus, schicken Fotos von der Renovierung. Es gefällt ihm. Und ich bin neugierig darauf, mehr von der Geschichte des Hauses zu erfahren.

Ein paar Wochen später kündigt er an, anlässlich des vierten Todestags von Nicolae ins Dorf zu kommen. Er fragt, ob wir mit ihm das Grab besuchen wollen. Aber natürlich! Der Friedhof ist ja nur hundert Meter entfernt und wirklich wunderschön. Ich habe sowieso schon ein paar Mal halbherzig nach dem Grab gesucht, aber angesichts der schieren Masse an toten Popas wieder aufgegeben.

Zusammen rupfen wir Unkraut, kratzen Moos, stellen Blumen auf und zünden ewige Lichter an. Als ich anbiete, in Zukunft öfter nach dem Grab zu schauen, haben wir beide feuchte Augen.

Dan bringt uns auch *colac*, das die Unsterblichkeit der Seele symbolisierende Hefegebäck, etwas Wein dazu, Gedächtniskerzen zum Anzünden in der Kapelle neben der Kirche und sechs Portionen *coliva*, einen süßen Brei aus Weizenkörnern speziell für Trauerfeiern.

Wir haben ein erhellendes Gespräch über die Familie Popa und ihre glanzvolle Vergangenheit, bis Dan ein dickes Fotoalbum hervorzieht. Ich kann mich an den intimen Zeitreise-Momenten in Schwarz-Weiß gar nicht sattsehen, fotografiere die Bilder ab. Vor allem die, auf denen man den ursprünglichen Zustand des Hauses erkennen kann. So erfahre ich, dass der Fassadensockel früher eine deutliche Relief-Prägung hatte, dass vor der großen Scheune ein hoher Holzzaun für die Hühner stand, dass die Ferkel frei herumlaufen durften und dass wir unser Feuerholz heute an genau derselben Stelle lagern wie einst die Popas.

Nur das Plumpsklo entdecke ich nirgends.

»Das haben sie wohl nicht fotografiert, weil es nichts Besonderes war«, vermute ich. »Aber ich liebe dieses Klo. Es ist wahrscheinlich das bunteste Klo von ganz Rumänien mit den ganzen Bildern.«

Und da stellt sich heraus, dass ich die ganze Zeit auf der falschen Spur war. Ich hatte meinen Klo-Tapezierer an der verkehrten Stelle gesucht. Nicht der Besitzer selbst griff damals unermüdlich zu Schere und Reißzwecken, sondern ein junger Besucher. Ein Mann des Geistes, der in der Sommerfrische auf dem Dorfe eine Bastelarbeit brauchte und zu Scherzen aufgelegt war.

»Ja, das war ich«, grinst Dan. »Damit man auch eine Unterhaltung hat, wenn man da mal etwas länger sitzt.«

Ganz verdattert frage ich, wo er denn das ganze internationale Altpapier herhatte.

»Ach, was halt so herumlag bei meinen Eltern in der Stadtwohnung.«

Da mag man über deutsche Bürokratie sagen, was man will: Ohne die Mitarbeit des deutschen Konsulats hätte ich das Mysterium um unser Plumpsklo niemals lösen können!

Und einen schönen neuen Ausweis hat das Kind auch noch bekommen. Trotzdem werde ich dem imaginären antikommunistischen Rebellentum unseres stillen Örtchens noch eine Weile hinterhertrauern.

~

SO GANZ NEBENBEI
Wie Rumänen Klopapier sparen

Anfang Dezember bringen die Kinder mal wieder einen hartnäckigen Magen-Darm-Virus mit nach Hause. Dank Superimmunsystem Typ »Mehrfachmama« bleibe ich glücklicherweise verschont. Jemand muss ja das Bad putzen und für Klopapier-Nachschub sorgen! Ich kaufe also im Dorfladen gleich den ganzen Mega-Pack von der flauschigen, dreilagigen Sorte mit vierundzwanzig Rollen. Die Rollen werden sonst einzeln verkauft, zu je 2,50 Lei die Einheit. *»Ajunge până de crăciuni«*, witzele ich hoffnungsfroh. Das reicht bis Weihnachten.

»*Dar nuuu*, aber nein, du machst das ganz falsch«, grinst die Verkäuferin und zieht eine offene Packung Standard-Klopapier hervor. Das einlagige Graue mit dem Schmirgel-Effekt. »Guck mal, eine Rolle von diesem hier kostet nur 50 Bani – und da reicht euch dann eine einzige garantiert bis Silvester!«

~

47

Fast ein Fazit

Nein, unser Weg nach Transsilvanien war nicht einfach. Er ist mit Leichen gepflastert: gefressene Katzen, gerissene Kühe, erfrorene Straßenhunde, erstochene Schweine, geköpfte Truthühner. Und Rumänen, die sich über uns totgelacht haben.

Vollkommen zu Recht! Wer kauft denn bitte im tiefsten Winter ein Haus, ohne Holz hacken zu können? Wer zahlt 1500 Lei für eine einzige Brunnenreinigung und lässt sich beim Spazierengehen vom Schäferhund beißen? Wer hat fünf Computer, aber keine Ahnung vom Ackerbau? Wer hat seinen schönen alten Backofen für eine Marsrakete abgerissen und muss nun jede einzelne Brotscheibe teuer kaufen? Wer kann nicht mal anständig Spinat einkochen?

Manch schöne Illusion schmilzt dahin. Wir lernen einen Jäger kennen, dem ich stolz meine Fotos von der winterlichen Wolfsspur im Schnee hinter dem Friedhof zeige.

»Nö«, sagt er. »Das war auf keinen Fall ein Wolf, sieht man ganz deutlich an den versetzten Zehenballen. Garantiert ein ganz normaler Streuner.«

Auch die sprachlichen Fehler, die ich natürlich immer noch mache, sind episch. Ich verwechsle die Verben *surprinde* (überraschen) und *supăra* (sich ärgern) und behaupte beim Smalltalk im Dorfladen, ich wäre vom Sonderangebotspreis für das Hausbrot angenehm verärgert.

In der Autowerkstatt ist es besonders schlimm. Weil da so viele halbnackte Pin-ups herumhängen und provokativabschätzig auf mich herabstarren, will ich als Frau besonders kompetent erscheinen und versuche, schneller zu sprechen als zu denken. Und ich bin oft in der Autowerkstatt. Aus Gründen. Als wir mal wieder einen Platten haben und mich der Mechaniker fragt, ob er einen neuen Reifen bestellen soll, sage ich, dass das knapp werden könnte, weil wir am Tag darauf in den Urlaub fahren wollten: »*Problema este că mâine plecam în incendiu!*« Nur, dass Urlaub nicht *incendiu* heißt, sondern *concediu*. *Incendiu* ist ein Brand. Ich habe also gesagt, dass wir morgen ins Feuer fahren würden. Der Mechaniker zuckt mit keiner Wimper. Es ist Februar, und sehr wahrscheinlich hat auch er eine Holzheizung.

Anschließend vertausche ich noch die Silben der Redewendung »Damit nichts passiert« – *A nu se întâmpla ceva* – und rufe den netten Jungs in der Autowerkstatt zu, dass sie sich das nicht implantieren lassen sollten. *A nu se implanta ceva.*

Dabei habe ich selbst mir längst etwas implantieren lassen, und zwar eine unerschütterliche Zuneigung zu diesem wild vor sich hin wurstelnden Volk und seiner gnadenlos schönen Heimat.

Aber erst langsam, weit in unserem zweiten Jahr in Rumänien, beginne ich die wahren Gründe zu verstehen, die uns hierhergetrieben haben.

»Wegen der Ruhe und der guten Luft natürlich!«, glaubt Dorfpate Neluțu.

Wenn mich der Pfarrer von Großpold nach dem Grund unserer Auswanderung fragt, erwähne ich den sozialen Zusammenhalt und die Kinderfreundlichkeit.

Deutschen Freunden zeige ich Bilder vom Haus, das so viel gekostet hat wie ... geneigte Leser wissen das mittlerweile.

Aber das ist alles nur die halbe Wahrheit.

In Wirklichkeit sind wir hier, weil sich das Leben in Rumänien intensiver anfühlt. Echter. Richtiger. Durchaus anstrengender.

Klar gibt es auch Momente der Überforderung und sogar der Verzweiflung. Wenn wir uns einfach nur ganz normale frische Brezen zum Frühstück wünschen, ein mollig warmes Badezimmer und Nachbarn ohne Sprachbarriere. Wenn wir frühmorgens verschnupft hinaus in die Kälte schlurfen, Woody einfach nicht anspringen will, die Kinder streiten und dann wegen einer Fehlspannung auch noch die Kaffeemaschine kaputt geht. Wenn ich mitten im Ort von einem wild hupenden Trainingsanzugs-Pascha überholt werde und durchs offene Fenster den Stinkefinger gezeigt bekomme, weil ich nur zehn Kilometer zu schnell fahre. Wenn nicht mal die kleine Maria mit den elf Brüdern gute Laune hat. Es gibt Wochenenden, an denen wir uns auf unserem Hof einigeln wie in der Zombieapokalypse.

Manchmal fragen wir uns schon, wieso wir uns das eigentlich antun. Wieso wir uns freiwillig zurück in die Steinzeit gebombt haben. Wäre es im deutschen Hamsterrad, im Kampf gegen deutsche Windmühlenflügel nicht auch weitergegangen? Natürlich wäre es das. Irgendwie.

Aber das rumänische Hamsterrad und die rumänischen Windmühlenflügel sind so viel greifbarer und geerdeter. Und der Lohn all dieser Mühen ist eine ganz andere Art von innerer Befriedigung, als es in seinem gewohnten deutschen Umfeld allen recht machen zu wollen.

Das Deutschsein allein hebt uns schon irgendwie positiv heraus und ist sogar ein Schutzschild für die Individualität. Wir müssen uns gar nicht verrenken oder bis zur Selbstaufgabe assimilieren, wir müssen nur ungefähr in einen großzügig geschnittenen Erwartungskorridor hineinpassen.

Wenn ein Rumäne irgendein Problem mit mir hat, dann bezieht er das nicht auf meine Persönlichkeit, sondern auf meine Staatsangehörigkeit. Meine Macken, Vorlieben und Eigenarten werden achselzuckend hingenommen: »Das ist wohl so bei diesen Deutschen, *Doamne ajută*!«

Man begegnet uns einerseits mit Vorschusslorbeeren – »Wie, ihr kommt zehn Minuten später? Aber wie ist das möglich, ihr seid doch Deutsche!« –, andererseits mit gerührter Nachsicht. Und das ist ungemein wohltuend.

Die Welt rotiert schneller, immer schneller, teilweise viel zu schnell. Auch in Rumänien. Aber in Rumänien laufen die Uhren sprichwörtlich anders, und zwar vorwärts *und* rückwärts. Gleichzeitig. Es fühlt sich so an, als ob man das Rad der Zeit anhalten und so lange zurückdrehen könnte, bis man wieder mit seinem eigenen atemlos hinterherhetzenden Bewusstsein vereinigt ist. Es ist sogar möglich, zwischen den Epochen hin- und herzuspringen. Sich auf eine gewisse Art vor den Zumutungen der Moderne zu verstecken. Im Angesicht der Geschichte, aber unter dem Radar der Gegenwart einfach sein Ding zu machen.

Rumänien ist mehr als ein Abenteuer. Rumänien ist das wilde Kind, das sich erst abwendet und bockt, nur um sich einem dann umso heftiger ans Bein zu klammern und nie wieder loszulassen. Es trägt abwechselnd Sonntagsstaat und zerfetzte Jogginghosen, erstaunt mit seiner Faulheit und macht sich dann zu den unpassendsten Gelegenheiten schick. Das Land zwingt zum Runterkommen. Alles geht irgendwie. Irgendwie geht alles, irgendwann. Diese absolute, permanente und fast wie nebensächlich hingenommene Gleichzeitigkeit, das Miteinander der krassesten Kontraste. In Rumänien können Kinder vormittags Programmieren lernen und nachmittags eine Bärenhöhle erkunden. Der Cousin verkauft unter der Woche vegane Sandwiches in der Großstadt und schlachtet am Wochenende das selbst aufgezogene Schwein. Auf dem Acker wird in wenigen Wochen eine Luxus-Shoppingmall hochgezogen, die jeden BER-Verantwortlichen zum Heulen bringt. Im Buchenurwald dahinter, der jederzeit als Naturreservat durchgehen könnte, posieren die Hochzeitspaare wenige Meter neben der illegalen Müllkippe. Hinter dem Haus brennt die Oma Schnaps für die gesamte Nachbarschaft, und auf der Terrasse sitzt die Enkelin im Zoom-Meeting mit der Firmenzentrale in Neuseeland.

Nur in Rumänien kann ich vormittags eine interaktive Augmented-Reality-Quest für eine deutsche Kleinstadt konzipieren und nachmittags einen vergammelten hundertjährigen Schweinestall zu Kleinholz hacken, um es abends beim Nudelnmachen mit den Kindern schön warm zu haben. Der Teig dafür besteht aus regionalen Eiern, die per Pferdekarren angeliefert wurden, doch beim Rezept für die Soße lasse ich mich vom Internet inspirieren und verwende Gewürze, die per Luftfracht aus Asien stammen. Vielleicht kommt noch ein bisschen Schafskäse vom Nachbarn rein und obendrauf ein paar selbst getrocknete Braunkappen vom »rostigen Hügel« …

Und es funktioniert! Beides. Alles. Jedenfalls so einigermaßen.

Es wird dunkel. Irgendwann kommt der nächste Krieg oder ein richtig schlimmes Erdbeben oder beides zusammen. Irgendwann passiert die Singularität. Man weiß gar nicht, was das kleinere Übel wäre. Vielleicht erwacht in genau diesem Moment in einem Rechenzentrum irgendwo auf der Welt ein künstliches Bewusstsein, das die Probleme der Welt ganz brachial und umfassend lösen möchte, indem es die Wurzel allen Übels kappt: uns. Meine persönliche Theorie ist ja, dass diese Superintelligenz schon längst versteckt unter uns weilt und sich das ganze beschämende Treiben der Menschheit nur noch so lange anguckt, wie sie sich davon unterhalten fühlt.

Womöglich endet alles im Elend, und zwar bald.

Ich glaube, dass wir unsere kostbare analoge Existenz bestmöglich in Transsilvanien auskosten können. Wir wollten ein Abenteuer. Hier haben wir jeden Tag gleich mehrere zur Auswahl. Nach zwei Jahren fruchtlosen Geklappers sind die Störche von gegenüber stolze Dreifacheltern. Um uns herum herrscht Aufbruchstimmung. Es werden Höfe gepflastert, Fenster ausgetauscht, Fassaden gestrichen, Grünflächen aufgehübscht. Der Dorf-Betonmischer rotiert reihum. In Abwandelung eines angeblichen Luther-Sprichworts: Wenn ich wüsste, dass morgen die Welt untergeht, würde ich heute noch schnell ein Solarpanel auf mein Plumpsklo montieren.

Bis zur KI-Apokalypse jedenfalls sitzt Rita Klaus unter dem Storchenschatten und bemalt Knochen.

Doch noch gibt es in jedem rumänischen Dorf einen braven Bauern Nicolae mit guten Tomaten und glücklichen Hühnern. Womöglich sogar mehrere. Also, sowohl glückliche Hühner als auch brave Bauern. Es gibt auch in jedem rumänischen Dorf weise Nachbarinnen mit handwerklichem Geschick und praktischer Lebenshilfe. Und ganz bestimmt gibt es noch in jedem rumänischen Dorf ein altes Haus, das aus seinem Dornröschenschlaf geweckt werden möchte.

Man muss es nur finden wollen.

DANK

Mein Dank geht an alle Rumäninnen und Rumänen, egal ob auf zwei, drei, vier oder gar acht Beinen, Hufen, Klauen oder Pfoten, mit Flossen, Fühlern, Flügeln und auch die mit Fang- oder sonstigen Zähnen.

Ganz besonders an die Familie Lutsch, die mich vor ein paar tiefen Fettnäpfchen bewahrte.

DUMONT